U0116252

中西相遇　文明互鉴

儒学在日本历史上的文化命运

『神体儒用』的辨析

王健 著

国际汉学研究书系

张西平 主编

中原出版传媒集团
中原传媒股份公司
大象出版社
·郑州·

图书在版编目(CIP)数据

儒学在日本历史上的文化命运:"神体儒用"的辨析 / 王健著. — 郑州 : 大象出版社, 2023. 12
(国际汉学研究书系 / 张西平主编)
ISBN 978-7-5711-1519-7

Ⅰ. ①儒… Ⅱ. ①王… Ⅲ. ①儒学-研究-日本
Ⅳ. ①B222. 05 ②B313

中国版本图书馆 CIP 数据核字(2022)第 131161 号

RUXUE ZAI RIBEN LISHISHANG DE WENHUA MINGYUN

儒学在日本历史上的文化命运

——"神体儒用"的辨析

王 健 著

出 版 人 汪林中
责任编辑 杨 倩
责任校对 张绍纳
装帧设计 张 帆
责任印制 张 庆

出版发行 大象出版社(郑州市郑东新区祥盛街 27 号 邮政编码 450016)
发行科 0371-63863551 总编室 0371-65597936
网 址 www. daxiang. cn
印 刷 北京汇林印务有限公司
经 销 各地新华书店经销
开 本 890 mm×1240 mm 1/32
印 张 10. 375
字 数 233 千字
版 次 2023 年 12 月第 1 版 2023 年 12 月第 1 次印刷
定 价 78. 00 元

印厂地址 北京市大兴区黄村镇南六环磁各庄立交桥南 200 米(中轴路东侧)
邮政编码 102600 电话 010-61264834

总　序

改革开放四十二年来，国内学术界对海外汉学（中国学）的研究已经取得了长足的进步。我将其描述为：坚冰已经打破，航线已经指明，影响已经产生。学术界已经充分认识到，中国人文社会科学走向世界，展示自己的学术成果，扩大自己的学术影响力，第一步就是要了解海外中国文化研究（汉学或中国学）的历史与现状，唯有此，才能迈出走向世界的坚实步伐。

同时也应看到，海外中国学与中国近现代的中国学术进展紧密相连。从晚明时期开始，在全球化的初期，中国已经被卷入世界贸易体系之中，关于中国的知识、文化、历史、典籍已经开始被这些来华的传教士、外交官、商人研究。从那时起，中国的知识已经不完全归中国学者独有，开始有了另一套新的讲述中国文化和学术的叙述，这就是海外中国文化研究（汉学或中国学）；而且在1814年的法国，他们已经把中国研究列入其正式的教育系统之中，在西方的东方学中开始有了一门新学问：汉学。更为引起我们注意的是，1905年中国科举制度被废除，经学解体，中国知识的叙述系统发生了根本性变化。目前我们这一套人文社会科学体系，完全是从西方传过来的。中国作为后发性现代化国家，自己的知识系统的独立发展已经被打断了，而帮助我们建立这套现代学术体系的人中，西方汉学家起到很重要的作用。在这个意义上，如果不了解海外的中国文化研究（汉学或者中国学），我们就搞不清自己的近代知识系统的形成与变迁。

更为重要的在于，今天中国崛起后，我们希望走出百年欧风美雨对我们的影响，重建中国的学术体系，如果要做到这一点也必须了解海外中国文化研究；不这样做，我们自己的近代到当代的学术历史就搞不清，中国学术的当代重建也是一句空话。

中国学术已经在全球范围内展开，为了让中国学术回到世界学术的中心，为了重建好自己的学术系统，我们都必须了解海外的中国文化研究（汉学或中国学）。

如何展开海外中国学的研究呢？以下三点是很重要的。

首先，要了解各国中国学研究的历史与传统。每个国家对中国的研究都有自己的历史和传统。所以，摸清其历史和传统应该是与其对话的基本要求。近30年来，中国学术界在这方面已经取得了初步的成果。《国际汉学》《世界汉学》《汉学研究》等期刊已经成为重要的学术阵地，“海外中国研究书系”“国际汉学研究书系”“列国汉学史书系”等多种系列丛书在学术界受到了欢迎。我们对各国的中国文化研究传统有了一个初步的了解。

其次，要注意海外中国文化研究的学术背景和文化背景。西方的中国学研究是在西方的学术背景下展开的，他们的基本理论、框架、方法大都是西方的，因此，在把握这些海外的中国学研究时，特别是西方的中国学研究时要特别注意这一点，万不可以为，他们讲述的是中国的知识和内容，就按照我们熟悉的理论和方法去理解它们。对待海外的中国文化研究应从跨文化的角度加以分析和研究。这是一个基本的出发点。

最后，积极与海外中国学展开学术互动，建立学术的自信与自觉。长期以来，由于国内学术界未在国际学术领域展开中国学研究，在这个原本属于我们掌握话语权的研究领域中，国际范围起主导作用的仍是西方的中国学研究者。这在社会科学或者人文学术研究领域十分明显，虽近年来有所好转，但基本格局尚未扭转。因此，我们走向世界的第一步是了解海外的中国文化研究，同时，我们所面临的第一波学术论争也可能是和海外的汉学家们之间展开的。在解释中国文明与文化和当代中国的发展上，西方中国学研究领域已经形成了一整套的理论和方法，其中一些对我们很有启发，值得我们深思，而有些则明显是有问题的，这就需要我们和他们展开学术性的讨论。所以，在与国外汉学家们打交道时，文化的自信和自觉是一个基本的立场。世界的重心在向东方转移，走出“西方中心主义”是一个大的趋势，西方文明和中国文明一样都是地域性的文明，同时都具有普世性的意义，一切理论都来自西方的看法肯定是有问题的。在中国文化研究上更不应如此，因此，在世界范围内展开中国文化研究时，在熟悉国际范围内的中国文化研究成果，学习汉学家们的宝贵经验，理解他们在跨文化背景下中国文化研究的特点的同时，要纠正他们当中的一些汉学家在知识论和方法论上的问题，与其展开学术的对话。这是更新我们的学术和推动中国学术走向世界的重要举措之一，是全球化时代中国学术走向世界的必由之路，是中国学术重建的必由之路。

海外中国文化研究的存在，表明中国的学术已经是一个世界性的学术。我们只有在世界范围内展开与海外中国学术界的对话与合作，才能逐步拥有在世界学术领域中的发言权；我们只有在世界范围表达我们中国学术的理想、中国学术的立场、中国学术的传统与文化，才能在当下这个“百年未有之大变局”的背景下，真正重建中国当代学术体系和理论，开创属于中国学术界人士的学术事业。

我们应该看到，海外中国文化研究是在中西文化交流背景下展开的，从事海外中国文化研究的主体是汉学家，由此，我们在“国际汉学研究书系”再版之际对丛书内容及体例等作了适当的调整。本书系将包含以下几个方面：

首先，该书系包含西方早期汉学经典译著的内容，旨在翻译和整理西方早期汉学历史名著。可以说，这方面已经形成了自己的风格与特点。目前国内西方汉学早期历史的重要著作基本是在大象出版社出版的。我们将继承这个传统，将翻译的范围逐步扩大到能涵盖西方各国汉学历史的名著。

其次，开拓出海外中原文化和黄河文化研究著作翻译新系列等新内容。大象出版社地处中原，中原是中国文化的发祥地，黄河文化是中国文化的主干。在世界范围展开中华文明的研究，这个新的系列将拓宽我们对中原文化和黄河文化研究的视野。

再次，增加中西文化交流史翻译与研究系列内容，旨在介绍西方出版的中西文化交流史著作，同时展示国内对中西文化交流史的研究。近代以来的中西文化交流史涉及中国和西方两方的社会与文化思想变迁，它们构成了西方汉学的发生和中国明清思想文化发生变化的基础。这是一批具有双边文化特点的著作，是研究全球化初期中国和西方文化关系的基础。

最后，补充汉学家传记与研究等内容。汉学家是国际中国文化研究的重要力量，系统地展开对重要汉学家研究并整理和翻译重要汉学家的传记，可以为读者提供一个海外中国文化研究的更为生动、具象的画面。

四十二年风雨兼程，四十二年初心不改，“国际汉学研究书系”已经成为大象出版社在全国有学术影响力的品牌。新时代、新开拓、新成就，我们期待“国际汉学研究书系”再出新成果。

“江山代有才人出，各领风骚数百年。”我们期盼国内外年青的学者们加入到“国际汉学研究书系”的写作和翻译中来，在这里书写汉学研究的新篇章，我期待着你们。

张西平

2023 年 5 月写于一个天气晴好的夜晚

目　录

绪　言

从宏观的人类发展史来看，当今世界上人们所面对的问题都在现代化的视域之内。美国比较现代化学者布莱克（C. E. Black）把人类历史上的三次根本性转变称为三次伟大的革命。第一次革命性的转变发生在100万年前，即人类的出现；第二次革命性的转变是人类由原始状态进入文明社会；第三次革命性的转变则是近几个世纪以来直到目前我们正在经历的事，全世界不同民族、不同国家、不同地区的人民，从农业文明或游牧文明逐渐向工业文明过渡。[1] 未来学学者托夫勒从经济学的角度，把人类的历史视为三次浪潮的转化。约10000年前农业生产的出现，属于第一次浪潮的体制；300年前，欧洲的工业革命引发了第二次浪潮，以农业劳动为基础的经济模式转向大规模的城市生产；70多年前，也就是在第二次世界大战期间，美国开始卷起了第三次浪潮。从布莱克和托夫勒的描述中，我们可以肯定两点：其一，现代化是一种不可逆转的历史过程，它与“现代性”不同，不是指后者所表述的静态文明结构及共性的特征，而是意味着一种连续的过程，一个当代世界正在持续着的历史演进；其二，现代化是一种不同以往的新

---

〔1〕参见［美］布莱克：《现代化的动力——一个比较史的研究》，杭州：浙江人民出版社，1989年，第1—4页。

的文明形态，因此它必然有着更丰富、更深刻的内涵。换句话说，现代化不是一个简单的向欧美国家认同的过程，也不仅仅是生产方式的转变或工艺技术的进步，而是一个民族在其历史变迁过程中文明结构的重新塑造，是包括社会的政治、经济、文化诸方面在内的全方位的转型。

就其第一点来说，它意味着现代化是我们人类无可逃于天地间的历史处境，不论你对它有怎样的价值评判，或是多么严厉的现实批评，你都只能面对它，你的一切作为和行动都只能在它的舞台上施展。而第二点告诉我们，既然现代化是一个文明结构的重新塑造，那么它就意味着每个国家或民族都必然要依据各自的历史文化视野，沿着自己的心路历程和发展轨道，对现代化的不同的价值取向和模式进行选择。既生活在给定的历史境遇中，又背靠着自己的历史文化在给定中选择，这就是包括中华民族在内的所有现代人的历史命运。

选择是一种主体行为。面对历史摆出的事件或机遇，进行怎样的选择，决定了一个民族或国家在转型中所付出的社会成本的高低。不付成本的历史进步是没有的，但付出血本才换来进步，恐怕这个民族或国家前进的元气和动力也就渐趋衰微了。回顾中国100多年来的现代化历程，风风雨雨，颠簸坎坷，中国人失去的主动太多了，选择的正确率也不令人自豪，只是这些年来的成就，才使我们可以扬眉吐气地说一句：中国人终于选择了一条正确的前进之路。但是，前方的历史变量仍然是很多的。在诸多的变量中进行选择，仍然是一件非常艰难的事情。

选择需要参照，至少有两个参照应该注意：一是回头看自己，总结历史经验，所谓“以史为鉴”；二是从有可比性的类似实体中寻找资源，增长见识，所谓“他山之石，可以攻玉”。日本的现代化转型特别是明治维新的成功，虽然时隔100多年，但仍不失为我们可以分析和参照的重要对象。笔者在本书中所阐发的观点就是以这样一种现实关注和问题意识为出发点的。

日本之所以能成为中国现代化路程的借鉴和参照，在于它们有两个主要的相似性：一是日本与中国同为现代化的后来者，二是儒家学说都是前现代社会的传统资源。现代化是一个活生生的动态概念，是一个持续着的历史演进，这本身就意味着它与传统社会的联结。可以这样说，传统是现代化的历史性的先决条件，甚至现代化启动的根源亦存在于传统社会之中。比如马克斯·韦伯认为西欧现代化的根源是前现代社会中的新教伦理，而卡尔·马克思则认为是比新教伦理还要早几个世纪的城市公社运动。美国学者布莱克也指出，现代以前的传统社会内包含着现代化过程的重要变数。他说：“在任何社会内，一切比较现代的特点都是由以前的特点变革而来的。特别是对参加现代化行列比较晚的国家来说，这些变革更有可能是在旧的形式继续存在的情况下发生变化的结果，而不是由旧到新的直接变化的结果。当旧与新并存的时候，这种旧同原来的旧已经根本不同了。实际上，一个社会实现现代化的能力所受到的限制只能来自以下两个方面，即现代以前的形式和现代化形式的生命力。”[1]

传统与现代之间有着内在性的联结，这几乎已经成为人们

[1] 参见［美］布莱克：《日本和俄国的现代化——一份进行比较的研究报告》，北京：商务印书馆，1983年，第23页。

的共识。然而，如何使一个国家或民族所选择的现代化形式具有生命力，关键在于从传统社会中延引出一条能够使现代人类健康前进的文化之路。这是深层次的联结，也是决定现代人命运的基点。不如此，我们就无法建构一个支撑现代人全部生活的价值系统，从而失去凝聚民众、整合认知的精神之魂。理性而智慧地对待传统，是达到形塑合理现代文明形态目标的重要路径。正如有些学者所说：“发现问题较少意味着大量排除旧的模式和价值观，而是较多意味着发现传统如何能够促成而不是阻碍当前……目标的实现。”〔1〕

基于这样的考虑，笔者在将日本作为分析和研究对象的前提下，重点探讨儒家思想与日本精神文化之间的关系，试图从某种精神历程中思考现代化的转型问题。

关于日本现代化转型中的精神文化，人们一般将视点集中在精神文化与日本如此迅速取得工业化成功之间有何关系的问题上。的确，从工业革命以来的世界现代化进程来看，在第二次工业化——现代化的大浪潮（即 19 世纪下半叶到 20 世纪初）中，面对共同的挑战，在东亚地区，只有日本对此作出了迅速、敏感和强烈的反应，取得独一无二的成功。“应该说，这个新文明、新机遇是给予整个东亚各国的，但是其他国家在较长的一个时期内均处于十分麻木无为的状态，其结果是东方最后接触这一浪潮的日本却最先抓住了机遇。”〔2〕机会是有偶然性的，但更为重要的是自己创造的机会。正如日本著名

〔1〕参见罗荣渠主编：《现代化：理论与历史经验的再探讨》，上海：上海译文出版社，1993 年，第 9 页。

〔2〕张旅平：《文明的冲突与融合——日本现代化研究》，北京：文津出版社，1993 年，第 2 页。

武士西乡隆盛所说："在非常艰难的时刻，一定要自己创造机会。"[1] 日本抓住了第二次世界现代化浪潮的机遇，完成了自己的工业化的历史使命，可以说，既是利用了世界变化的机会，又是自己创造了条件。那么，为什么日本会有这种抓住机遇，创造条件的主动性？对于这一问题的解答，中外学者有种种不同的真知灼见。在此有必要就主要观点作些述介。

其一，文化动力学上的解释。一方面，有学者指出日本人具有一种"台风心理状态"，这种心态导致宿命论与战胜命运的双重性格。日本气候有一个明显特点，每年夏末秋初多有台风频繁袭击。忍受自然灾难并泰然处之，使日本人的精神里含有某种听天由命的思想。另外，日本山脉活火山的爆发和日本列岛经常性的地震，也强化了这种宿命论观念。但是，另一方面，日本人在忍受的同时，也积蓄了一种灾难之后重新奋发建设的巨大能量。还有学者从人种学上找原因，认为从日本人多种多样的脸型上可以推测，日本人曾有过长期的、无记载的混合血统的历史，而混血人种的特征之一就是善于模仿。这就是说，种族构成奠定了日本文化的自然条件。日本人模仿美国和其他先进国家的发明技术，在古代模仿中国的政治制度，都取得成功，就与这种文化的自然条件有关。

其实，无论从自然地理环境上找原因，还是从人种学上作解释，都是不能准确地说明问题的。自然灾害严重的国家和地区并不只有日本民族，而他们却与日本人有着显著的差异。从历史上看，日本人在文化上一向是独具一格的，并不是简单地

---

〔1〕［美］本尼迪克特：《菊花与刀——日本文化的诸模式》，杭州：浙江人民出版社，1987 年，第 25 页。

模仿。无论是在古代接受儒家文化，还是在近代学习西方技术，日本人民都保持着自己的独立文化风格和精神气质。

另外，有人认为日本人有“经济动物”的性格，这种性格可以成为讲究高度组织效率，追求最大经济效益的内在驱动力。这种观点或许失之偏颇。在激烈甚至残酷的经济竞争中，出现某些唯利是图、违背人性的情况并不奇怪。这在其他国家也是存在的。日本人虽同属同一民族的同一文化，但其中每个人的生活态度、价值取向迥然有异，极为复杂，不是“经济动物”一词就能简单概括的。

其二，从日本的文化传统上来理解。一种观点认为，与中国的原生性文化不同，日本的文化是继发性的。日本没有卡尔·雅斯贝斯所说的“文明轴心期”时代，不是文化圈的发源地，本身缺乏文化自创性，因而历来靠引进外来文明丰富和发展自己。日本文化的这种继发性特点，使得日本在文化上自古以来就有一种学习和接受他者文化的取向。日本在古代形成“和魂汉才”的文化类型，在近代转向“和魂洋才”的发展方式，都得益于这种文化特征。文明的融合使日本获得了迅速的发展和现代化的成功。在非基督教世界，日本之所以成为唯一逃脱殖民地或半殖民地恶境的国家，显然是与这种文明的内在融合分不开的。

另一种观点认为，日本传统文化的特质是所谓“变异性”。经过“嫁接”，日本文化逐渐形成了混合性和综合性的文化结构，其中包容着宗教、哲学、政治、经济、文学、语言等多元文化体系。这为以后的各种发展可能性提供了充分选择的余地，也为日本文化得以叩响近代历史的大门打下了基础。

其三，某些西方学者从历史社会学的角度解释日本近代化的模式。如布莱克认为，日本具有迅速实现现代化的先决条件，即在前现代的历史中已经具有进行变革和实现高度现代化的先期准备。他说："这许多特征同西欧和美洲早实现现代化的社会的特征是相似的。……日本……可被认为是同实现现代化比较早的社会一道形成一个具有现代以前的和现代化特征的共同模式，而我们倾向于认为这种模式是普遍用得上的。"[1] 布莱克把这些前现代的历史特征归结为几种能力：集中进行政治控制和协调的能力，管理资源支持经济增长的能力，鼓励社会互相依赖的能力，通过研究和教育来产生和分配知识的能力。

在这里，我们有必要特别了解一下美国的日本问题研究学者约翰·惠特尼·霍尔（John Whitney Hall）的观点。

霍尔认为，日本虽然在历史上有过两次大的文化吸收，但是并没有失去自己的文化个性。6 世纪到 19 世纪中期，日本一直沉浸在中国文化之中；1854 年以后，现代化的狂潮把日本卷进了日益扩大的西方影响之中。在这两段时间内，日本虽然没有起什么领导作用，但它的作用也很重要。至少从 8 世纪开始，日本吸收了很多中国文化的成分——汉字、政府组织、建筑和艺术的风格、哲学和宗教的体系等。这使日本在围绕中国的东亚各国中，其政治和文化的成就名列前茅。1000 年以后，日本在东亚各国中又带头学习西方文化。但是，这两个历史时期不仅没有使日本人丧失自我，反而形成了自己独特的文化传统。"几乎在每个领域里，他们都把学到的东西打上自己

---

〔1〕［美］布莱克：《日本和俄国的现代化——一份进行比较的研究报告》，第 436—437 页。

的印记，从而保留了他们自己的文化风格。”无论是与中国文化接触，还是向西方文化学习，“文化会合的结果带有日本自己文化传统的鲜明印记”。

这种具有“鲜明印记”的文化传统在日本完成现代化转型的过程中起了重要的作用。日本何以形成这样的文化传统？霍尔从历史社会学的视角作出了解释。霍尔的观点以翔实可靠的材料为基础，论断平实，分析细致而辩证。本书在有些思路上参照了霍尔的观点，因此提前作些介绍，也是为全书的论说作个铺垫。

霍尔认为日本的文化传统与其内在的历史特点分不开。第一，日本群岛的孤立，使它的历史非常单纯而完整。没有别的文化与之抗争，又没有异族侵略的干扰，日本人民在历史上过的日子比较平静。当然，日本的文化也经历了一连串的变化：从6世纪以前的原始氏族社会变成7世纪到12世纪的贵族官僚国家，然后又变成一个封建势力你争我夺的国家，而最后又变成今天这样一个民族国家。日本的变化没有周期性，而是直线发展累积起来的。也许是由于它的孤立性，而全国社会和文化的状态又比较相同，所以追溯日本的历史进程，认识外来文化对它的影响，以及国内制度的衰亡与再生就相对容易些。第二，日本人处于中国文化圈的遥远边缘地带，这就有可能在大量吸收中国文化的同时，紧紧保住自己的主要制度和价值标准。虽然在古代处于中国文化圈的强大影响之下，然而日本的历史制度与中国还是有着根本不同。日本人并不是简单地推出一个中国文化的小型翻版，他们创造出的某些社会制度和政府类型，反而与西方有惊人的类似。日本的封建制度、对海洋的向往、强烈的民族意识，都是和中国传统大不相同的。这也许是为什么在东亚人民当中日本人最有条件去接受西方影响的原因之一。第三，日本的政治和社会进化特别缓慢，这与长期与世隔绝有一定关系。日本人民幸免于大革命或破坏严重的外族侵略。在现代以前的历史上，日本社会结构变化缓慢，并且这些缓慢的变化也不是由外部压力而是由内部力量促成的。其结果，日本就倾向于把换掉的制度放在一边，可以弃而不用，但很少把它扫除干净。艺术和建筑珍品，几百年都保存维修得很好。正如同某些家族和官职，虽然早已没有权力和影响，也要保留。毫无疑问，日本皇室是今天全世界皇家中统治最久的，因而连续的因素也经常反映到文化史上。总之，霍尔认为日本很好地保持着自己的文化传统，而这种传统与日本的社会历史特点有很大关系，在整个现代化过程中，文化传统起着相当重要的作用。[1]

对于文化动力学、文化传统、历史社会学的三种解说，我们可以作一个学理上的引申，即都说明着传统资源在现代化的进程中所发挥的历史文化功能。结构对功能起着重要的作用。在本书中，笔者想从日本精神文化的结构着眼，找出儒学在其中的功能性定位，以便为现代社会的精神文化的方向，提供一种尝试性的思考。

这种结构性的思考，是基于这样一个历史事实，即日本和中国及其他许多国家一样，在发生学的意义上同为现代化的后来者。美国社会学家 M. 列维根据不同国家现代化历程的起步时间以及启动方式将其分为“内源发展者”和“后来者”两

---

〔1〕 参见［美］约翰·惠特尼·霍尔：《日本——从史前到现代》，北京：商务印书馆，1997 年。

大类型，即“早发内生型现代化”与“后发外生型现代化”的区别，我们可以简称为“先行者”与“后来者”。所谓“先行者”，以英、美、法等国为典型个案。这些国家的现代化早在16、17世纪就开始起步，现代化的最初启动因素都源自本社会内部，是其自身历史自然发展的结果。所谓“后来者”，包括德国、俄国、日本以及当今世界广大的发展中国家。显然，中国也属于这一行列。这些“后来者”国家的现代化大多迟至19世纪才开始起步，其最初的启动因素主要源自外部世界的生存挑战和现代化的示范效应。

无论是现代化的“先行者”还是“后来者”，都必定要面临某些共同的历史主题。比如布莱克认为，所有现代化国家都会经历四个阶段：第一，现代性的挑战——现代观念和制度，现代化拥护者的出现，这一切使社会在传统知识范围内遇到最初的对抗；第二，现代化领导的建立和稳固——权力从传统领袖向现代领袖转移，在这一过程中，尖锐的革命斗争有可能达数代人之久；第三，经济和社会的转型——经济增长和社会变迁达到生活方式的转变，即社会从农村以农业为主的生活方式转向城市以工业为主的生活方式；第四，社会整合——经济和社会转型导致整个社会基本结构的重组。[1]

布莱克的观点是就现代化发展的一般过程而言，是一种普遍性的设定。但是，就那些现代化的“后来者”而言，它们所遭遇的历史境遇与“先行者”国家很不相同，因此无法按照一种自然性的历史演进依次完成现代化的各个发展阶段，有些历史主题会因特殊的历史环境而提前或同时提出。关于

---

〔1〕 参见［美］布莱克：《现代化的动力——一个比较史的研究》，第60页。

“后来者”国家在现代化转型初期的历史和社会主题，论说颇多，但是有一点是人们共同肯定的，即后进国家的现代化也必须完成“由产业革命开始的，使用非生物动力资源和高效率工具这种技术和经济的变革，即工业化”[1]的过程。在社会发展的意义上，马克思认为“工业较发达的国家向工业较不发达的国家所显示的，只是后者未来的景象”[2]。总之，几乎所有的现代化研究者都认为，实现科学技术的革命以及由此带来的经济变革是“后来者”国家绕不过去的历史门槛。

但是，在人们肯定这个历史趋势或社会事实的时候，必须回答“如何可能”的问题，即如何将这种“未来的景象”变为“后来者”国家的人民所能够享用的福祉。[3]关于这一点，有许多理论上的设计，如经济学的、政治学的、文化学的等等。如果我们将这些学理上的思考作为后一步的概括和总结，而首先从历史事实发现问题，就会发现制度条件和政治因素是“后来者”国家跨过现代化转型“门槛”的关键保证。

美国经济史学家格尔申克隆认为，后进国家完成技术上的

---

[1] 罗荣渠主编：《现代化：理论与历史经验的再探讨》，第108页。

[2] 马克思：《资本论》第一版序言。

[3] 对于工业化的价值评判，大致有两种态度：一是在自然主义历史观的观照下，认为落后的社会和先进的社会在时间轴上保持着同一的历史方向，处于一前一后的关系，由此得出先进社会比落后社会好的价值判断。比如马克斯·韦伯认为，经济行为的最合理化形态是资本主义，资本主义是由合理化的法、合理化的统治方式（现代科层制）、合理化的知识（科学、技术）和合理化的艺术以及现代化的社会结构诸要素组成的。二是以历史主义的历史观为基点，承认落后社会本身也有存在的理由，主张一切社会都可以作为其个体存在。在这个意义上，有学者认为“先行者”为“后来者”展示的未必都是幸福前景。特别是在抽象谈论“世界经济”时，“后来者”国家往往是处于弱势的一方。如埃及学者盖拉尔·A. 阿明就指出：“不平等的双方在经济交往中一定使一方受益，而使另一方受害。”笔者肯定现代化是历史的必然趋势，并相信社会的自组织原理，基于这两点，笔者在本书中是以对现代化的肯定态度来谈论问题的。

变革并不困难。他援用凡勃伦的“借用技术”的概念指出，后进国家无须自己建立技术，而可以利用“借用技术”；因此，后进国家应当有可能比先进国家更快速地实现工业化并赶上先进国家；许多后进国家之所以未能使这种可能性变为现实，是因为存在着两个障碍，一是缺少资源，二是制度保障。[1]

格尔申克隆所说的两个障碍，其实只有后者是个关键。因为像日本那样缺少资源的国家，仍然成功地实现了工业化的变革。从世界性的现代化的实践情况来看，当现代化启动之后，为了在变迁的社会中形成统一的全国经济和政治网络，以便更有效地重新平衡和利用社会资源，达到国家内部的政治整合和社会整合，就必须建立新的政治共同体。而要达到这一目标，关键在于实现从传统领袖向现代领袖的权力转移，进而建立一个具有现代取向的、高效有力的中央政府，这是现代化早期的普遍法则。[2] 而作为“后来者”国家，由于已经丧失了历史自然发展的机会，再加之外部挑战和自身生存的危机，建立开放、高效、有力的政治共同体就显得尤为重要。这种政治共同体的关键功能就在于我们以上所说的为全国的现代化运动提供制度保证。这样可以更有效地利用本来已显急迫的时间资源，缩短与“先行者”国家的差距。

依上所述，实现经济变革和建立现代政治共同体，是“后来者”国家必须首先完成的两个历史主题。然而，如同任何社会变革一样，传统社会向现代社会的转型，必须要有思想

---

〔1〕 罗荣渠主编：《现代化：理论与历史经验的再探讨》，第114—115页。
〔2〕 参见孙立平：《后发外生型现代化模式剖析》，载《中国社会科学》，1991年第2期。

文化的支持。这种支持有两层含义：一是为新时代的出现提供合理性的论证；二是建构适应现代社会的思想文化系统，实现整个文明结构的深层次转换。历史的发展，特别是思想文化的发展是连续性的，因此这两层意义上的文化支持都不可回避地要建立在传统文化的基地之上。换句话讲，传统文化必然要为现代社会的转换提供重要的精神资源。我们前文所讲的，“既生活在给定的历史境遇中，又背靠着自己的历史文化”，其本质的意义就在于此。具体来说，作为第一主题的引进技术，实现技术革命和经济变革，需要一个民族具有很强的实用精神。“后来者”国家在学习和接受外来技艺时，保持一种功用性的心态，不作政治价值的推测和判断，是非常重要的。另一方面，作为第二主题的现代政治共同体，若要实现对现有社会资源重新平衡和配置，则需要全体社会成员的积极参与和配合。实现这一目的，必须在精神层面上有合法性的象征以及被人们认同的本体性的价值理念。这是保持一个民族的凝聚力和生命力的根本所在。借用马克斯·韦伯的概念来说，工具理性和价值理性之间的合理张力是现代社会健康发展的基本条件。而传统文化原有的精神结构对实现这一张力有着重要影响。

就日本明治维新的变革实践来看，传统文化中的儒学与神道所形成的精神结构恰好为现代化的启动提供了主要精神动力。儒学传入日本大致始于5世纪，中间经过1000多年的发展，至德川时代达到全盛。虽然日本儒学作为社会意识形态体系曾在历史上发挥过重要作用，然而它始终定位于政治社会领域内，为维持社会秩序和政治制度的合法性提供理论支持。正如中材正直所说：“中国的道德主义，所谓孔孟之教，儒者之道，即使在我国，从应仁之朝至今，虽盛衰兴废，因时不一，上从朝廷百官，下至闾巷百姓，几乎是自觉遵守执行，使秩序得到维持。”[1] 进一步说，儒学在日本的主要历史文化功能在于“维持”社会秩序的外在“执行”性（如士、农、工、商的等级）。这种实用性、功能性和经验性的思维方式虽然没有积淀在日本深层次的文化心理之中，更没有提升为类似中国儒学“天理”“人道”那样的终极价值理念，但是它却为现代社会工业革命所需要的工具理性提供了重要的精神通道。日本儒学的功用性定位不仅没有成为现代转型的障碍，反而保持了传统与现代的高度连贯性。维新之后，涩泽荣一提出“论语加算盘”，把儒家伦理变为引导封建武士转事资本主义工商业的思想，就是很好的说明。原来作为维持等级秩序的儒家“忠”“孝”观，在变革过程中，继续为新的政治结构和社会关系提供支持。日本学者十时严周经过举例之后指出，忠与孝、恩与情等传统的道德和伦理规范在社会转型中进一步深化和扩大，“在这一过程中，政治结构中以领导层和被领导层之间的相互亲近性为交接点的特殊关系也发挥了作用。领导层对传统价值取向的依赖性和被领导层对传统价值取向的执着性相结合，使明治时代前期与上一历史阶段保持了高度的连贯性”[2]。

日本传统文化的主干或核心是其本土的神道信仰系统。神道观念中所包含的大和魂或大和精神长久渗透在日本文化之中和日本人的心里，成为凝聚日本民族的终极价值理念。在《古事记》和《日本书纪》的记载中，天皇是太阳神的直接后裔，神的谱系和天皇的政权谱系是相配相称的。由于天皇是天

---

[1] 转引自徐水生：《中国古代哲学与日本近代文化》，台北：台北文津出版社，1992年，第21页。

[2] 罗荣渠主编：《现代化：理论与历史经验的再探讨》，第396—397页。

照大神家系在人间的领袖，因此人们对神的信仰也就变为对天皇的崇拜。天皇成为神在人间的象征符号。正像霍尔所说："国家管理和神的崇拜联合在一起……政治上的权威——不论是得自武力或者是长期以来社会声誉，都要得到宗教信仰的认可。早年的传说里有许多繁琐的世系资料，其重要性在于把神的阶梯写进神的世界，让它和大和政权刚建立起来的政治体制相配相称。"〔1〕在日本的封建时代，天皇的世俗权力曾逐渐衰微，但是作为信仰符号的天皇神权却从没有被动摇过。德川时代，儒家朱子学被幕府确立为"正学"，但那只是作为维持幕藩体制君臣关系和君民关系的理论依据，并没有动摇天皇神道的至高地位。

林罗山是朱子学的举大纛者，也是幕藩体制的坚决维护者，他甚至提出"泰伯皇祖"说；但是，对于朱子学所谓的"理"，他不是像中国的理学家那样，将其视为宇宙和人的终极本体，"而是作为应当接受的外在规范而强调其实在性"〔2〕。在他的理论系统中，神道思想是根本性的，是日本民族的精神本体。他在《神道传授》中反复强调"此神道即王道也。心之外无别神，无别理。心清明者神之光也。……政行者神之德也。国治者神之力也。是由天照大神相传。神武以来，代代帝王御一人所治也"〔3〕。显然，林罗山以"神道"为王道，在心之理中求取神之本体，而朱子学则是体现神道的外在理论工具。可以说，儒学在日本的历史，实质上是"神体儒用"的发展史。

---

〔1〕［美］约翰·惠特尼·霍尔：《日本——从史前到现代》，第28—29页。
〔2〕［日］三宅正彦：《日本儒学思想史》，济南：山东大学出版社，1997年，第83页。
〔3〕［日］三宅正彦：《日本儒学思想史》，第83页。

正因为神道信仰在日本民族中从没有丧失过终极价值的本体地位，所以在历史的发展过程中，尤其是转折的关键时刻，天皇作为天照大神在人间的代表就必然成为凝聚人心、动员社会的合法象征。德川幕府时期，国家权力集中于总领主——将军的手中，天皇的权力被“空洞化”〔1〕。幕藩末期，当西方文明的挑战真正来临，国家安全真正出现危机时，幕府的政治力量却无法担当起拯救民族安危的重任。此时新的社会力量积极倡导改革，建立了以天皇为合法象征的明治维新政府。新政府所实施的一系列改革都是在天皇的旗帜下完成的。霍尔总结这段历史时说：“结果是把注意力又集中在天皇身上，把他看作有历史意义的杰出领袖。……以天皇的名义，产生了一个统一的国家。1868 年这个运动成功了，新政府就努力巩固自己的力量，并把日本提高到西方列强的地位。许多激烈的改革完成了日本的现代革命。”〔2〕 的确，在倒幕维新这场资产阶级变革运动的大旗上，写的不是自由、平等、民主等口号，而是“尊王攘夷”四个大字。“王”就是天皇，就是天照大神在人间的代表。

“神体儒用”可以说是日本特有的传统精神结构（当然，佛教传入后，对日本人的精神世界亦有很大的影响。这应该在另一个论域里详加研究）。这种精神结构对于日本的中古社会产生过重要影响，至近代，又成为社会转型的主要传统资源。在日本的现代化过程中，没有发生中国现代化进程中那样的文化认同和价值思想的危机而是通过对神道和儒学这些传统价值

〔1〕［日］三宅正彦：《日本儒学思想史》，第 19 页。
〔2〕［美］约翰·惠特尼·霍尔：《日本——从史前到现代》，第 193—194 页。

的重新阐释，发掘出了支撑日本现代精神的本土资源，最终以“和魂洋才”的中介形式实现了从传统到现代的文化转型。

这里，我们必须重视一个问题：虽然日本传统的精神结构有助于现代化的转型，但是文化本身的社会功能是不能够直接显示出来的，必须依据适当的社会载体才能实现。具体来说，即在社会的发展或变革中，处于社会结构关键部位的政治权力系统如果能够顺应历史的趋势，有效地选择改革方向，理性地利用传统价值资源，文化才能在深层次上支撑社会的转折和发展。在中国的现代化进程中，直至今日仍有不少人把步履维艰的改革推诿于传统的儒家文化。这种巫术性的思维方式，既是对自己责任的回避，也是对历史的轻怠。文化作为一种精神资源只是为社会的进步提供了可能，而将可能变为现实，必须借助适当的社会载体。我们在研究传统文化与现代化的关系时，思想视野至少应该顾及可能与现实这两个层面。社会变革中的政治的有效性，是保证一个社会以最小的成本换取最大变革成功的关键。日本工业化的成功，其根本点就在于维新政府对社会改革的有效操作和对传统价值的有效利用。亦如霍尔所说：“在从传统秩序到新的政治秩序过渡的关键时刻，日本人对西方冲击的反应的突出特点在于它成功地保持了民族的凝聚力。许多别的国家在这一时刻分崩离析、陷入内战。日本人的政治‘革命’，几乎说不上是什么革命，因为它只是在武士阶级这一老的掌权集团中进行，并且是以忠心和政治价值的连续性为依托的。”[1]

基于这样的思想视野，本书在探索日本儒学的发展历程

---

〔1〕［美］约翰·惠特尼·霍尔：《日本——从史前到现代》，第188页。

时，大致涉及以下几个论域：考察儒学在日本传统精神结构中的定位；在文化发生学的背景下探索日本本土文化——神道信仰的产生，为儒家文化传入日本及日本接受外来文化的心理基础提供基本的解读平台；阐述儒学在日本的发展及日本社会历史对儒学的功用性选择；反思儒家文化在日本的工具性命运及现代化运动中的普遍适用的价值观。

现代化作为世界性的文明运动，其内容之繁多、过程之复杂，是我们无法彻底把握的。但是在探索中思考，在思考中前进，却是我们完全能做到的。思考和探索离不开参照。如果本书能够掬一捧思想之水，引一缕参考之线，那将是非常幸运的。

第一章

在历史的源头中考量

——“神体儒用”的发生学原因

思考日本传统精神结构的形成，在学理上可以有两种视野：一是文化接受史的，将日本文化思想的历史发展分为两大阶段，第一阶段从奈良时代大量吸收中国的汉文化和制度开始至明治维新止，日本文化始终在儒家文化圈内运行，如森岛通夫所说：“明治维新前，日本一直处在中国文化的影响之下。”[1] 1854年以后，世界的现代化浪潮又把日本卷入西方文化的轨道之中，“脱亚入欧”成为日本开始新一种文明的起点。对这两个阶段的典型表述即所谓“和魂汉才”及“和魂洋才”。霍尔大致也是这样划分的：“6世纪到19世纪中期，日本一直沉浸在中国文化之中。1854年以后，现代化的狂潮把日本卷进了日益扩大的西方影响之中。”[2] 第二种视野为文明形态的，指出日本文明与中国“原生态”的文明不同，属于“变形态”或继发性的、吸纳—外向性的混合型文明形态。有人形象地把这种形态比喻为“苹果梨”。[3]

---

〔1〕［日］森岛通夫：《日本为什么“成功”》，成都：四川人民出版社，1986年，第31页。

〔2〕［美］约翰·惠特尼·霍尔：《日本——从史前到现代》，第3页。

〔3〕参阅张旅平：《文明的冲突与融合——日本现代化研究》第一章。

从思想文化运动的一般规律来看，无论是哪种思想视野，都离不开文化发生学的基础，即日本原初的生活方式决定和影响着对外来文化的吸收以及自身的文明形态。因为日本文化既不是中国儒家文化的平移，也不是西方文化的照搬，而是经过与外来文明的“嫁接”，逐步形成的包括宗教、哲学、政治、经济、文学、语言、艺术等内容的多元的文化体系。日本之所以能够形成具有独到思维方式和价值标准的文化体系，根本原因在于它深深地植根于自己的原初文化之中。由于文化的基因不同，日本在吸收儒家文化之时，没有成为中国儒学的复制品，而是成功地把儒学安置在自己的精神结构之中，使其发挥特有的历史文化功能。如霍尔所说：“从历史上看，日本是在以中国为中心的东亚文化环境中成长起来的。……就起源而论，日本人民不属于中国血统。和中国接触以前，典型日本的原始生活方式，在一些根本方面，把他们和中国区别开来。语言的不同最为明显，而基本的宗教信仰、社会模式和政府观念也在本质上有所不同。这些不同不仅存在于原始时期，在整个历史发展过程中，许多相异之点都被日本人顽固地保存下来。”〔1〕

那么，日本民族的原初状态是怎样的呢？我们这里所说的“原初状态”，是相对于7世纪系统而大规模地接受中国汉文化的阶段而言。其实，早在远古时代，中国的铁器和农耕文明就已传入日本，参与了早期文化的形成。不过，7世纪前的日本列岛，基本处在本土文化的养育之下。氏族制、母系制残余明显存在，整个社会尚没有找到一套适合自己的政治模式和秩

〔1〕［美］约翰·惠特尼·霍尔：《日本——从史前到现代》，第9页。

序结构，也还没有进入乔治·桑瑟姆所说的“觉醒、为中国的超级文化所震惊的时代”。[1]

依据“系统性”这一标准，本书大致将7世纪前的日本称作“原初状态”，并从历史环境、早期文化、统一国家的形成等三个方面来思考日本精神文化的特性。

一、瑞穗之厨

——日本的历史地理环境

日本列岛的面积和位置为日本人民提供了一个很有特点的基地。本州、九州、四国和北海道4个大岛和6800多个小岛组成了群岛国家。地质资料表明，日本列岛是经过漫长的地质运动形成的。现今的日本一带，原先是一片汪洋，无一寸陆地。大约在更新世时代，日本一带的海底徐徐隆起，逐渐出现了陆地。从日本土地上出土的一些冰河期动物的骨骼和牙齿来推测，当时的日本与亚洲大陆连接，成为突出在太平洋中的半岛。日本海则是陆地环抱的一个内湖。此后，由于气候的变化，冰期和间冰期反复交替，东亚大陆的陆地面积，也随着海水的进退而扩大或缩小。日本与亚洲大陆的陆地连接，或由于间冰期海水的上升而阻断，或因为冰期的到来而恢复。在这种反复的变动中，日本列岛逐渐形成。大约在18000年前，朝鲜海峡、津轻海峡相继出现；在12000年前，宗谷海峡出现，从而日本与大陆的陆地连接被割断，形成了孤立于西太平洋的弧状列岛。

---

〔1〕［美］约翰·惠特尼·霍尔：《日本——从史前到现代》，第30页。

地质和自然现象的变化，造成日本特有的地理环境。而这种地理环境是了解日本民族特性及文化精神结构的重要因素。这可以从三方面看：

第一，日本临近海洋暖流，就是在冰河期间，低地地带也是植物茂盛，针叶林和阔叶林相杂而生。如此良好的生态环境，自然是动物和原始人类生存的胜地。考古发掘表明，冰河时期，确有大群的大陆动物，通过与亚洲大陆连接的“陆桥”来到现在的日本。大约在距今 100 万年至 38 万年间的更新世早期，分布于中国华北地区的泥河湾动物群的一部分，经过黄海平原到达日本；距今约 60 万年至 30 万年间的更新世前期，中国南方的万县动物群的一部分，渡过大陆桥到达日本；距今约 30 万年至 15 万年间的更新世中期，中国周口店的部分动物群也抵达日本；距今约 15 万年至 1 万年间的更新世后期，分布于北欧、西伯利亚等地的猛犸，通过库页岛南下北海道；此时期，分布于中国北部的黄土动物群中的蒙古马、野驴、野牛、鹿等，从华北、东北经黄海平原进入日本的九州、四国和濑户内地区。这些动物群是当时大陆原始人追捕狩猎的对象。因此，随着动物群的移动，一些大陆原始人也在追捕中进入日本。〔1〕

经考古发掘证实，日本列岛上确实有过原始人类的生存。比如 1949 年，考古学家在日本群马县的岩宿发掘并找到越来越多的石器。这些石器制作粗糙，有些大件工具和中国、东南亚及印度常见的工具很相像，大约属于距今 10 万年到 20 万年

〔1〕 参见赵建民、刘予苇主编：《日本通史》，上海：复旦大学出版社，1989 年，第 1—2 页。

之前的前陶文化时期。另一种晚期的前陶文化石器，小且薄，有比较锋利的抛射体。联系大陆上类似的考古发现，可以推测，使用这些工具的人已经具有现代人的体型。今天日本人的祖先很可能是随着新石器文化进入日本群岛的。

有学者认为，大约 2 万年以前，有原始人从中南亚向东部迁徙。从这些人具有不同的体格特点来看，最早的一批属于原始黑人和原始高加索人血统，前者的后代生存于半岛马来西亚、新几内亚和菲律宾的偏远地区，而日本北部的阿伊努人和澳大利亚的布须曼人则是后者的苗裔。晚些时涌入东亚的是蒙古人，他们把以前的居民推开，或是在某种程度上加以同化。[1] 这些向东部迁徙的人群，肯定有一部分进入日本，这部分人与中国的原始人类有着密切关系。1929 年 10 月，早稻田大学的直良信夫在兵库县明石市西八木海岸附近，先后发现加工过的旧石器和古象的颌骨残片。1931 年又发现了古人类的一片男性腰骨化石。此后，日本列岛上又多次发现人骨化石。1950 年在栃木县葛生町发现了下颚骨、上腕骨、大腿骨等 6 件人类的遗骨化石。1957 年在爱知县牛川町发现了人类的上腕骨片和大腿骨片化石。同年，在静冈县三日町，又发现了人类的前头骨片、头顶骨片、左侧头骨片、右肠骨、右大腿骨骨干等 7 件化石。进入 60 年代以后，先后在静冈县滨北市、大分县圣岳洞穴、冲绳县港川、宫古岛等遗址中，分别发现了人类的头骨、锁骨、上腕骨、尺骨、大腿骨、胫骨、肠骨、智齿、脊椎骨等化石。据研究，上述人类遗骨化石反映了原始日本人不同阶段的发展轨迹：明石人遗骨是一枚男性腰骨，其形

---

〔1〕 参见［美］约翰·惠特尼·霍尔：《日本——从史前到现代》，第 13 页。

质明显地显示了原始性。从伴生的动物化石所处层位分析，它与中国的蓝田猿人和北京猿人同处于第二冰河期；宫古岛人的后头骨，有显著的横隆起，不少学者推测它与中国南方的猿人有渊源关系；葛生人、圣岳人、牛川人、三日人、滨北人、港川人分别属于更新世中期至晚期。其中圣岳人、三日人的遗骨计测数字表明，与中国的山顶洞人相接近。[1]

依据上述资料可以得知，原始日本的人种来源相当复杂，这与东亚大陆的地理变化有着直接的关系，可以说在几万年前为日本民族的融合奠定了原始基因。如霍尔所说：“日本列岛和不列颠诸岛很相似，是许多民族在不同时间、从不同地点来定居的根据地，他们来自大陆，也可能来自南方的岛屿。经过历史上的岁月，乌合之众逐渐变成为一个相当融合的群体，在语言、体型、宗教、政治和社会结构诸方面，都和他们的大陆邻居如中国人、朝鲜人和蒙古人迥然不同。”[2]

第二，日本是四面环海的岛国：东、南濒临浩瀚无垠的太平洋；西、北隔日本海、朝鲜海峡、黄海，与亚洲大陆相望。这种地理位置决定了日本在古代只能同亚洲大陆，尤其是该大陆上的中国文明以及深受中国文明影响的朝鲜半岛交往。

海洋对于岛国日本有着非同寻常的意义。同样面对大海，有着很长海岸线的古代中国，与日本人对海洋的理解却大为不同。这里略作比较。中国虽然东、南临海，历史上也有过“郑和下西洋”那样的航海壮举，然而在古代，中国文明和中国人活动的主要场所是在内陆。一方面，内陆地大物博，物产

---

〔1〕 参见赵建民、刘予苇主编：《日本通史》，第2—3页。
〔2〕 ［美］约翰·惠特尼·霍尔：《日本——从史前到现代》，第12页。

丰富；另一方面，中国汉文化的天下秩序实质上是一个文化概念，它以礼乐文化为根本点，来区分华、夷的不同。由于物质上可以自给自足，文化上自为中心，因此，海洋对于古代中国没有特殊的生存和文化意义。

与中国不同，海洋对于日本却有着绝对重要的意义。因为它既是形成特殊岛国文化的基本条件，又是古代日本接触新文明的唯一途径。四面环海，在某种意义上意味着自然环境的封闭。然而，这种封闭所带来的孤独感却使日本民族形成了特有的文化心理，即对外部世界充满了好奇与敏感。有学者说岛国日本“对海洋彼岸的一切总是怀有强烈的好奇心和新鲜感，日本民族自古就有一种冒险或探险精神，而这种精神与因孤独和封闭得太久太深而总想打破此种状态的意向有着直接的关系”。〔1〕毋宁说，好奇与敏感正是学习和吸纳不同文明的心理功能。

第三，日本虽然在世界地理环境中处于四面环海、与世隔绝的状态，但是岛内的陆地环境却横跨三个气候带：北端寒带，中央部分属温带，南端亚热带。三种不同的气候，分别适应不同的农作物，海产捕捞业也比较容易实行。“早年的日本人对他们的祖国很满意，称之为‘瑞穗之厨’。”〔2〕古代的日本，就是在四面环海的与世隔绝以及内陆的丰产农业的环境中营造出自己的精神文化的。在这方面，霍尔的概括值得注意：“就大小而论，按亚洲的标准，它是相当大而富足的；但就大陆文化的中心而论，它的位置又是最偏远、最贫瘠的。目前它

〔1〕张旅平：《文明的冲突与融合——日本现代化研究》，第8页。
〔2〕［美］约翰·惠特尼·霍尔：《日本——从史前到现代》，第7页。

的资源匮乏，当时并未认为是不利条件，因为在技术方面，它有丰富的土地、水力、阳光和劳动力。……与世隔绝和相当丰产的农业基础，就是日本地理环境两个很明显的决定因素。这两个因素加起来，使日本人有可能发展出一种高水平的文化生活。它能和大陆的文化接触，而不被它的影响所压倒。”〔1〕的确如此，在漫长的文明发展过程中，日本民族两次系统地学习和接纳外来文明，但它都不是被动的吸收体。19世纪之前的日本，以中国为范本而又没有成为中国文化的翻版，其特殊的历史地理环境是其重要原因之一，同时迪尔凯姆所说的文化“前定（约前）因素”（Precontract elements）也起着规定和引导的作用。从某种意义上说，“前定因素”也可谓之历史的“给定条件”，这种“给定”具有某种自然性和必然性。因此，问题的关键在于，人类不能无视它的存在，更不能截断各自的历史传承之统绪。对于这一点，后面还有相关叙述。

在日本远古的绳纹、弥生文化时期，这种文化“约前因素”开始成型。特别是在弥生文化时期，中国的稻作技术传入日本，引起所谓“弥生维新”，然而由于此前绳纹文化的历史积累，使得传入的中国农业文明只是成为日本原始社会变革的催化剂，而没有转化为本土文明的恒常条件。

二、断开与居中

——绳纹文化与弥生文化

日本的农业文明发轫比较晚。当中国已进入封建社会时，

〔1〕［美］约翰·惠特尼·霍尔：《日本——从史前到现代》，第7—8页。

日本仍在新石器时代缓慢地发展着。如埃德温·赖肖尔所说，日本的农业文明“比欧洲、中东、印度次大陆和中国晚了几千年”[1]。

公元前3世纪前后，由于大陆文化的影响，日本社会发生了质的变化，很快进入了阶级社会。因为当时的日本尚无文字，所以有关远古时代的日本社会的状况，只能依靠考古资料进行探测。公元前3世纪以前的时期，考古上称绳纹时代，相当于新石器时代。在此时期的遗址中，出土了大量外部有草绳样花纹的陶器，称之为绳纹陶器，相应的文化时期又称为绳纹文化时期。公元前3世纪至3世纪，考古上称弥生时代，因代表这一时期文化特征的陶器，首先发现于东京都文京区弥生町，因此命名为弥生文化时代。这是日本历史发展的关键时期，是介于原始社会和奴隶社会间的过渡时代，是日本列岛开始步入农业文明的时代。

弥生时代之所以被称为“维新”或变革的时代，根本点在于实现了由狩猎采集经济向农耕经济的转变。所谓“农耕”，主要指水稻的种植。关于水稻种植的时间和普及的过程，日本学者多有争议，中国学者亦有不同观点。比如关于水稻稻种传入日本列岛的途径，日本学术界有下列几种看法：其一，历史学者如滨田耕作认为是由中国，经朝鲜半岛北部至南部，传到日本九州北部，然后再由九州沿濑户内海向中部扩展；其二，民俗学者如柳田国男主张由中国经南岛（指琉球、宫左等岛）而进入九州；其三，农业学者以安滕广太郎为代表，主张稻种由中国直接传到朝鲜半岛南部，然后传至日本九

[1]［美］埃德温·赖肖尔：《日本人》，上海：上海译文出版社，1980年，第42页。

州北部；其四，考古学家如冈崎敬、坪井清足等认为是由中国长江下游传到山东半岛，然后渡海直接传到日本中部。再比如，日本远古何时出现农作物种植，不仅日本学者，就是中国学者也意见相左。有学者认为早至绳纹中期最迟晚期就已经存在陆耕经济，即“绳纹中期农耕论”。另有学者则指出，日本列岛进入以水稻种植和耕作为中心的农耕经济，最早是在绳纹时代结束以后；而普及到大部分地区，以代替渔猎的采集经济，则要到弥生中期。[1]

无论中外学者的观点有何不同，他们对于两个说法都是肯定的：其一，日本的稻作，其故乡是中国的长江下游地区。也就是说，日本列岛上的水稻，无论是稻种、耕作技术还是耕作工具，都是由中国的长江流域传入的。其二，也是题中应有之义，稻作由人的活动来实现，这些人就是当时到达日本列岛的中国移民。

对于这两个定论，从出土的遗迹和遗物中可以得到证实。日本最早种植水稻的地域是九州北部。福冈县板付弥生遗迹中的碳化米痕迹和朝鲜半岛出土的金海碳化米同型，这说明稻作农业首先从朝鲜半岛传入。但是日本列岛上较大规模种植的水稻，其稻种一般都具有粒圆、芒长的特征，和板付碳化米痕迹的特征不同，而和中国江南的稻米一样。出土的石刀，也和中国江南的石镰同型。从这些考古发掘来看，水稻的种植和食用，虽然是从九州开始，但在日本列岛上的普及和发达，却是以近畿地区为中心，时间大致在公元前后，即弥生中期。至弥

〔1〕参阅汪向荣：《古代的中国与日本》，北京：生活·读书·新知三联书店，1989年，第32—33页。

生晚期，则扩展到除北海道以外的整个日本。

另外，根据弥生前期的板付水稻遗址和后期的登吕遗址的发掘，可知弥生时代的水稻耕作已摆脱粗耕，开始实行细作。在板付遗址中，不仅发现了水田畦畔、灌溉水路，而且还发现了与水路成直角的供水沟和排水沟的断面。登吕遗址中发现的水利设施已具有相当的水准：在7万余平方米的水田中筑有畦畔；一条由西北向东南走向的长数百米的水渠，有灌溉与排泄两种功能，水渠中部有两个调节水量的堰，灌溉与排泄水路相交的地方，筑有过水通道；因水田的地势由北向南倾斜，所以为防水土流失，西南和东南的田畦，都用木板防护，西北和东北的田畦，则用小木桩加固。

随着农业耕作的发展，弥生时期的生产工具也有了很大的改善。熊本县斋藤山遗址出土的两刃铁斧，说明弥生前期日本已开始使用铁器。中期以后，铁器的数量和品种增多，出土的铁器有铁镰、锹头、锄头、斧、凿、鉇、矛、枪、剑、刀、戈、镞等。至后期，作为农耕具的磨制片刃石斧等石器，急剧减少，在大量的木器遗物上，都有明显的铁器痕迹，表明了铁器的普及；另外，还发现制作铁器的原材料长方形铁板和棒状铁条。

水稻的种植是一种含有高技术的耕作，如此大规模的普及和食用，不是少数人可以实现的。因此，可以推测，弥生时期经济的变革，与中国大量的移民有直接的关系。柳田国男在《海上之路》中指出："水稻的种植，是一种需要长时期观察、耕作的技术，也不是单凭口传就能传承的；仅仅是稻种，仅仅是少数人种植栽培，不经过实际的应用，即可以供食用是不会流传开的。也就是必须总结修改几代人的经验，使这种作物能够适应新环境，并有多数人食用才能使土著居民认识到其比原来的优秀，才有可能传播，因此绝不可能是少数人在短期内就能致事的。”江上波夫的论点更为明确：“由狩猎采集经济而进入农耕的生产经济，是件革命的变化。……促使发生这种革命变化的原因在哪里？当然是在日本列岛。是不是环境起了深刻的变化？即由于气候突变，致使动植物发生了突变，靠狩猎采集生活有了困难，不得不寻求其他生活方法了呢？我认为没有。……弥生时代，日本列岛上大部分住民之所以能舍弃有数千年传说的狩猎采集生活，改营种植水稻的农业，以米食为主，其缘故何在呢？原来，有多数使他们发生生活变革的人，长期和他们共存接触，使他们从事实中接受了这些伟大的影响所致。”〔1〕

依据上述的论说，我们基本可以肯定，弥生时期日本列岛上的“革命”，从原始社会向奴隶社会过渡，从采集经济向农耕经济转变，完全是由外力促成的。这些外力，主要是来自朝鲜半岛、中国或其他地点的外来移民。这些外来移民，定居、埋骨在日本，成为今天日本的祖先。这正像霍尔所概括的：“公元前3世纪，绳纹文化被涌入的一群人民所破坏。……这些人精通农业，而且带来了灌溉水稻的技术。他们的来临既是民族革命，也是技术革命。”〔2〕

在文化自然延续的意义上，由外来文明引发的社会变革可以理解为原有文明的断开。这种断开有可能导致两种结果，一是成为新传入文明的翻版，彻底失去原有文化的统绪；二是社

〔1〕 转引自汪向荣：《古代的中国与日本》，第34页。
〔2〕［美］约翰·惠特尼·霍尔：《日本——从史前到现代》，第16页。

会处于一种自然选择的状态，既不是全面照搬，又恰当地“接受”传入文明，使社会保持一种深层次的延续。这两种不同的结果，从客体的角度来说，取决于被接受者原有的文明程度，或者说接受前的文明准备。如果在文化接受时，吸纳者处于彻底未开化的原始状态，那么它的命运就很可能是失去原我，全面照搬。比如东南亚某些国家古代对伊斯兰文化或佛教文化的接受，就属于前者，因为这些地区的文明水平过于原始。日本弥生时代更像后者。中国的农业文明传入之后，日本虽然引发了“革命”性的变化，但是社会整体并没有发生深层次的断裂，而是在自然选择的状态下，由经济革命带动社会结构的变化，最终在建立统一国家的同时，形成了凝聚本民族的精神主体——神道信仰系统。

日本的弥生文化时期，大致相当于中国的秦汉时代。弥生文化之所以没有成为秦汉文化的翻版，重要历史原因之一就在于，虽然处在原始时期，但又并非完全未开化，此前的绳纹文化有了一定发展，为接受中国的农耕文化做了有利的文明准备。

在这里，我们有必要略述一下绳纹文化的状态。考古资料表明，弥生文化与绳纹文化有着继承关系。在和歌山县的太田、黑田遗址中，考古学者发现了弥生前期的底部穿孔的瓮和极似绳纹晚期的深钵形陶器，这两种陶器的共存，表明绳纹与弥生之间没有截然的区分。据调查，这种绳纹陶器的遗迹，在和歌山县的其他地区，在九州、四国、东海等地方，更在南畿内等弥生遗址中都有发现。根据多位学者的看法，绳纹人对弥生文化的最大贡献在于农耕知识的积累。因为没有这种积累，大陆的先进农耕技术是不可能在短期内迅速推广到全日本的。

绳纹末期，少数地区已出现了农作物种植。虽然农耕技术比较原始，种植品种极少，但它已经突破了采集、狩猎的经济模式，成为绳纹人获取食物的一种全新来源，这就为迎接新的生产方式的到来做了重要准备。绳纹文化之所以能够如此，与前文所述的地理环境有着重要关系。充足的阳光和丰富的土地、水力资源使绳纹人完全可能逐渐积累起接受新文明的基本条件。稻作文化传入后，逐渐传播，至弥生时代中期，已遍及全日本，成为弥生时代经济的支柱。[1]

农耕经济的发展以及铁器的广泛应用，激发了日本列岛的重大社会变革。这种变革虽然是由接受外来文明促成的，但它又是原有社会形态自身的演进，保持着某种历史的连续性。在这里，我们可以梳理出这样几个看法：第一，四面环海的外部环境与相对富庶的内陆条件为日本民族的双重性格提供了自然地理的依据。所谓双重性格就是，对于外部文明既孤独封闭又敏感好学，既积极接受又保有主体个性。第二，中国农耕文明的传入，在某种意义上打断了日本原始文明自身发展和自我开化的自然脉络，这使得日本在文化的萌生期就处在发达文化对落后文化的统治效应之中，由此影响了自身的创造力。但是另一方面，绳纹文化的前期准备，又使弥生时期的日本在一种既不彻底蒙昧又不甚发达的“居中”[2]状态下来接受中国的农耕文明，从而能够在保有自体的态势中得以自然发展。可以这样说，断开与居中是日本“弥生革命”的基本社会条件。第三，特殊的地理环境和被断开的历史自然脉络，虽然会影响自

---

〔1〕 参见王金林：《汉唐文化与古代日本文化》，天津：天津人民出版社，1996年，第2—4页。

〔2〕 张旅平：《文明的冲突与融合——日本现代化研究》，第10页。

身的创造力，但是在生存实践中，完全可以通过吸收外来文化加以补偿。同时，“居中”的社会条件有助于保有主体个性。这种保有虽然远不是社会知识精英者的自觉行为，然而却自然地延续了社会深层次的底蕴，当历史发展到适当阶段，具体说来，就是统一国家建立之后，这种深层次的底蕴必然会升发出自觉的精神诉求，形成本民族的精神文化主体和根本性的价值信仰。

从日本弥生革命之后的长期历史过程来看，虽然有过两次大规模的对外来文化的吸收（7 世纪学习中国文化和 19 世纪学习西方文化），但是都没有动摇过日本民族以神道信仰为主体的精神系统，而外来文化始终被定位在技术、政治制度、社会秩序等经验性或功用性的层面。明治维新前的日本儒学的历史命运就是如此。这种对本民族精神的主体保有与对外来文明的技术定位，构成了日本特有的精神结构，即前文曾说过的“神体儒用”。这可以符号化地表示为“神体外用”。特有的精神结构使得日本民族成为一个善于学习的民族。他们根据实际需要和可行性来吸收、改造、融合外来文化，并使之成为本体文化的组成部分。在某种意义上说，这种学习过程也就是日本化的过程。当然，这种精神结构也成为近代以后的日本走向罪恶与灾难的精神原因之一。这是必须加以反思的。

长期以来，人们对日本民族的特性有各种描述。乔治·桑瑟姆爵士认为日本有一种抗拒并作用于外国影响的个性，他称之为“坚持而不吸收的个性之核”。有的作家强调日本的社会风习和宗教信仰方面的原始性。另一些作家又认为日本人保留了从氏族时代遗传下来的好战性格。日本人则希望把他们理解为与自然和美的特别协调，或者解释为他们有一种特殊天才能把外国文化的影响吸收到他们所特有的合成体内来。近代有些学者采用“民族性”来解释日本人的行为模式。而历史学家不赞成这种印象主义的分析法，但是也肯定日本文化中确实存在着一些历史连续性。总之，这些说法都从不同侧面作了正确的表述。然而，如果我们从日本民族的双重精神结构上着眼，也许可以对这些不同侧面的表述有一个总体的把握。

三、世神与天神

——日本早期统一国家的形成以及神道信仰的产生

弥生时代农耕经济的发展，推动日本历史发生了又一次重大转折：从分散的以血缘关系为纽带的氏族社会过渡到统一的政治国家。据学术界认定，3世纪末或4世纪初建立的大和政权是日本历史上的第一个统一政权。在大和国形成之前，有几个较大的地域政权存在。在这里，有必要作些说明：围绕这些地域性小国，中日学者有诸多论争。比如：关于邪马台国的地理位置、政权性质以及与古大和国的关系等等。因为本书考量的问题和论述的界域与此不同，所以不能过多拘于历史实证方面的辩证。本书的主旨在于精神文化方面的探讨，然而，为了准确理解这种演进的内在根据，我们的视野又必须首先投向历史的客观进程。

根据考古发掘推测，绳纹时代的中、后期，以血缘关系为纽带的氏族共同体就已存在。东京湾周边出土了许多绳纹贝冢；加曾利遗址出土的马蹄形贝冢的中央有一块类似广场的遗址。由此可以推测，这是该地绳纹人从事集体活动（如会议、祭祀等）的公共场所。关于这种原始“共同社会”的结构特点，以往日本学术界都认为它是一个平等的社会。然而近年来，越来越多的日本学者经过对考古发现的研究，提出绳纹社会是一个“阶层化社会”。这些学者认为，随着生产的发展和扩大，绳纹人从移动生活方式逐渐转变为定住，生产分工的进一步专门化以及工艺、技术的提高和特殊化，使得“共同社会”内部首长的权力日益增大，生产领域也出现了技术熟练者与非熟练者的社会地位的差别，这种差别又导致上下身份和贫富贵贱的分化。到绳纹社会晚期，分化更加显著。有学者认为，这时的社会已经出现结构的、身份的阶层性，甚至在绳纹晚期已有奴隶存在。[1] 这些学者的论点，是以绳纹中期日本就已具有稻作文化作为历史划分基础的。不过按照另一种历史划分方法（即弥生时代，稻作经济才开始出现并逐步普及），上述的各种社会现象迟至弥生后期方出现。以上两种不同阶段性的论说，都有各自的解释方式。我们在这里需要超出具体历史实证的辨析，根据一般的历史规律进行阐说。

不论是绳纹中、后期出现稻作经济，或是弥生早、中期发生“弥生革命”，都可以依据这样的历史规律作出共性的解释：首先，农业的发展使人们生存所需的粮食有了基本保证，从而促进了生产的分工，冶金、石器、陶器、纺织等专业劳动者日渐增多；其次，与农业相伴的水利灌溉设施的建造和使用，以及在与自然界斗争的过程中，同一地域的许多氏族间的联络日益加强，逐渐形成以部落共同体为基础的村落；最后，共同体组织的扩大导致祭祀管理等权力的扩大，并出现贫富差别和阶级差别。这种共性的解释也是有考古依据的。比如在日

〔1〕 参见王金林：《汉唐文化与古代日本文化》，第4—5页。

本北部九州的一些弥生后期的坟墓中，发掘出非常珍贵的铜镜、铜剑、铜戈、玉器等。有的坟墓发掘出的中国铜镜多达20余枚。与这些陪葬丰富的坟墓相比，大多数瓮棺墓葬则毫无殉葬品，这反映了阶级和权力的出现。

根据相关的文献记载以及考古发掘的证明，上古的日本就是由这些分散的部落共同体走向统一国家的。关于统一的过程，日本学者与中国古籍文献有不同的描述。

日本学者经过研究认为，弥生社会大致经历了家族集团→地域集团→地域性统一集团等阶段。[1] 若干家族集团聚合成地域集团，其主要功能在于调节使用同一水系的家族之间的关系，在统一意志的基础上扩大生产。地域性统一集团的功能也主要是保障和调整各地域集团间在开垦耕地和建设水利等方面的权益。日本学者贺川光夫在《原生国的崩溃与古代国家的成立过程》一文中把这种地域性统一集团称为“原生小国”。他认为这类原生小国在北部九州普遍存在。根据考古发现，地域性统一集团主要具有如下特征：第一，地域范围大多以平原、盆地为中心，有河流流经全域；第二，以农耕为主，水稻为主要品种，兼种杂谷；第三，集团范围内的重要遗址多筑有防御性质的设施。

近年来，日本学者根据考古新发现，指出这种地域性的小国不仅在北九州存在，而且也存在于以大阪湾沿岸为中心的畿内地区。酒井龙一提出弥生中期“畿内据点集落理论”[2]，指出畿内的据点集落主要集中在摄津平原东部、河内平原北半

---

〔1〕 参见［日］高仓洋彰：《弥生时代社会的研究》，东京：宁乐社，1981年。

〔2〕 参见［日］酒井龙一：《弥生时代》，载《图说发掘话日本史4》，东京：新人物往来社，1985年。

部和大和盆地南半部，形成三个聚集区，即摄津区、河内区、大和区。这三个聚集区的社会机能虽然尚待研究，但从考古发掘可知，各个聚集区的文化具有共性，而且每一个聚集区很可能就是一个国家。如果酒井的观点可以成立的话，那么弥生时代前中期，畿内地区也已处在阶级国家发展的路途中了。这一观点与有些学者的“转移论”不同。“转移论”观点认为，弥生前中期，北九州是日本的文明中心地区，中后期开始向中部和东部转移，因此那些地域性小国最初只存在于九州北部。不论这些地域性小国出现的时间和地理位置是怎样的，日本学者提出的一个论点是我们必须予以重视的，即这些地域小国（聚集区）的文化具有共性。因为远古时期的文化共性是统一国家产生共同信仰的历史潜在因素。

根据中国历史古籍的记载，日本早期国家的形成经历了三个发展阶段：“百余国”→“三十许国”→“邪马台国”。这三个阶段分别见著于《汉书·地理志·燕地》（“乐浪海中有倭人，分为百余国”）、《魏志·倭人传》（“旧百余国，汉时有朝见者，今使译所通三十许国”；“南至邪马台（臺）国，女王之所都，水行十日，陆行一月”）等书中。[1] 在此有必要对《魏志·倭人传》多言几句。此传记仅 1900 多字，但涉及范围却极其广泛，从地理位置、官员设置、风俗人情、等级秩序、物产器具一直到当时两国间的遣使、通交，均有记载。3 世纪前后，日本还没有历史文字记载，史学界一般将其称为

[1] 参见汪向荣：《古代的中国与日本》，第 132—133 页。《魏志·倭人传》是现存讲述日本史前情况最为重要的文献。《魏志·倭人传》的全称应是《三国志·魏书卷三十·乌丸鲜卑东夷传》中的“倭人”条。为了避免和中国正史中另一《魏书》相混，日本史学界一般将此传称为《魏志·倭人传》。中国学界亦用此称。本书中亦用此称。

“史前时代”或“阙史时代”。此时的日本，不仅没有文字记载，就是口口相承的传说、神话也不很多。因此，中国曹魏时期由中国人所记载的这些日本列岛上的情况就成为了解当时日本的重要文献资料。

从历史发展的大致过程来看，日本学者所说的北部九州的小国群和畿内地区的地域集落群，大致相当于中国史籍记载的“百余国”，或由“百余国”向“三十许国”过渡的阶段。关于“三十许国”的具体情况，中国史籍没有详细记载。但是根据考古资料分析，这三十余国主要分布在北部九州、中部日本、畿内地区。从“百余国”进入“三十许国”阶段，是社会发展的一大进步。这表明日本正在一步步地走向地域统一。

1 世纪前后，各地域小国之间经过兼并和联合，逐渐融聚为实力较强、地域较广的地域国家。在北部九州，出现了《魏志·倭人传》中所载的邪马台国。在近畿地域也有统一的地域国家存在，有学者认为，此国乃是 3 世纪以后统一全日本的大和国的前身，因此又称为“古大和国”。

除邪马台国和古大和国之外，其他地区有可能也存在较大的地域国家。《魏志·倭人传》载：“女王国东渡海千余里，复有国，皆倭种。”这表明邪马台国以东地区存在着一些国家。据有关资料推断，弥生后期的本州岛上，除畿内文化圈外，还存在着濑户内平形铜剑文化区，出云地区的中细形铜剑文化区，东部地区则有发达的登吕农耕文化。特别是 1984 年和 1985 年，在岛根县的荒神谷遗址，相继发掘出 373 把中细形铜剑、铜铎和铜矛，更加证实了与邪马台国和古大和国同时存在着其他地域国家的观点。

在这些实力较强、统领范围较广的地域国家中，邪马台国和古大和国对日本历史影响最为深远，因此有必要简单作些述介。

（一）邪马台国概况

关于邪马台国形成的年代，学术界一般认为大致在1世纪末或2世纪初。地点为九州北部。邪马台国的领土，大约在以博多湾为中心的50公里至100公里的范围内。

关于邪马台国的社会结构，日本考古学者有两种主要的说法。其一，近藤义朗在《共同体与单位集团》中指出，社会结构的形成经历了三个阶段：单位集团（由5栋前后住居构成的共同经营与消费的经济体）、集落（以水利为轴的制约各作业单位的更大的生产集团）、农业共同体（受水系、地理环境制约，各生产单位相互结合的地域性统一集团）。其二，高仓洋彰在《弥生时代社会的研究》中提出，一为以饮食生活为主的日常共同生活的家族集团；二为若干居住群形成村落的地域集团，其功能是维持农耕地和开辟新的耕地，共同祭祀，并对所属家族集团进行控制；三为“地域性统一集团”，功能为在开辟新农耕地、建筑水利设施时，有效地保障和调整地域集团间的权益。

日本考古学者所主张的社会集团组织，在中国史籍《魏志·倭人传》中有相应的对称单位。“有屋室，父母兄弟卧息异处……其犯法，轻者没其妻子，重者灭其门户及亲族。”从这段记载中可知，邪马台国的社会基层，存在着“屋室”“门户”“亲族”等社会单位，而且这三者之间是一种递进的亲缘关系。“门户”的地位高于“屋室”，“屋室”隶属于“门户”。由此可以推测，“门户”是由若干“屋室”组成的家族集团，相当于一个居住群。所谓“亲族”，乃是由若干个有血缘关系的家族集团组成的组织。前面我们已经说过，实力较强、地域较广的国家是在地域小国相互兼并的基础上形成的。在兼并战争中，强国逐渐成为某一广大地域的霸主，弱国则成为其属国。邪马台国就是北部九州的地区霸主。

综合中国史籍以及日本考古学者的论述，我们大致可以推测出邪马台国，或曰以九州北部为中心的弥生社会中后期的社会结构：屋室→家族集团→亲族→国（地域集团）→邪马台国（统一的地域集团）。

从《魏志·倭人传》的记载中可以看出，邪马台国已经存在上下尊卑的等级制度。如“诸国文身各异……尊卑有差”，“尊卑各有差序，足相臣服”。《魏志·倭人传》中虽然没有详细记述这种等级秩序的各个环节，但是从全文大致可以找出这种秩序的梗概，即“王”“大人”“下户”“生口”“奴婢”。有学者对这几种身份作了大概的解释。[1] 所谓“大人”——最上层的称“国大人”，可能包括邪马台国及其属国的高级官吏。而中下层贵族称为“大人”，他们拥有特权，一般臣民与之相遇或避让或跪拜，婚俗上娶妻纳妾之数比臣民多一倍。国大人、大人和邪马台国王构成了统治阶级。“下户”——其社会地位低于“大人”，他们自有家室，可以娶妻纳妾，既是社会财富的主要生产者，又承担缴纳租赋的义务，大体相当于农奴一类的劳动民众。“生口”——掌握特种技能的人，他们具有奴隶的特性，又与奴婢不同，不可以任意杀戮。《魏志·倭人传》记载，邪马台国女王卑弥呼曾将“生口”与斑布一起赠送给曹魏。另一位女王壹与也将“生口”

---

〔1〕 参见王金林：《汉唐文化与古代日本文化》，第31—36页。

和异文杂锦贡献给曹魏。卑弥呼女王死后，殉葬奴婢达百余人，却没有一个“生口”殉葬。这说明，“生口”虽然没有人身自由，但又不能随意杀戮。这很可能是其人数少，又掌握特殊技能的缘故。这种人大概是后来大和国时代的品部民（专门从事手工业生产的部民）的前身。

邪马台国已经具备基本的官僚系统。据《魏志·倭人传》载，邪马台国先后有过三个国王，第一个是男王，此后两个都是女王，分别称为卑弥呼和壹与。国王由辅臣协助政事。卑弥呼女王统治期间，辅臣是男弟。中央一级的官吏分别有“大倭”——统管贸易、租赋、仓库等；“大率”——中央派往地方巡察的监察官，其权力如同中国汉魏时代的刺史；“大夫”——专事外交事务的官员。《魏志·倭人传》中记载的难升米、伊声耆、掖邪狗三名大夫，都是派到曹魏的外交使节。地方官吏根据所属小国的地理位置和领域大小而设置，三级、两级不等。伊都国地处交通要冲，是政治、贸易的中心，又是与大陆交往的必经之地，因此设立了四级官僚机构。

邪马台国国家财政的主要来源是下户交纳的租赋。《魏志·倭人传》载：“收租赋，有邸阁。”意思是收来的租赋，藏于仓库。由于邪马台国尚无文字，所以不可能像奈良、平安时代那样有交纳租赋的账籍遗留下来，但是储存粮食物品的仓库遗址却有多处发现。在吉野遗址，发现了 18 栋干栏式仓库，其床面面积要比一般仓库大 2—3 倍。据考古学者估计，在此遗址周围，很可能存在着大规模的仓库群。这说明租赋制度的确存在。

租赋制度是建立在经济发展的基础上的。《魏志·倭人传》载：“种禾稻、纻麻、蚕桑、缉绩，出细纻、缣绵。”农业的发展不仅保证了足够的食粮，而且还为手工业提供了原料和劳动力。酿酒已相当普遍。纺织品有细纻、缣、绵、布、倭锦等。染色技术已被掌握，绛青缣就是一种红色的丝织物，而斑布则是一种杂色的麻织物。冶炼技术也相当进步。九州地区发现的铜器，除由汉传入的铜镜和铜利器外，还有大量的仿制品。近年来还发现了铸造工房遗址。玉制品的发现，表明工艺水平的提高。《魏志・倭人传》中记载第三代王壹与，一次赠送曹魏白珍珠5000枚，孔青大句珠2枚。邪马台国境域内设有贸易集市，“国国有市，交易有无”，并有远距离贸易，比如对马国和一支国因耕地稀少，粮食不足，常以渔物“乘船南北市籴”。

邪马台国已存在刑罚。“其犯法，轻者没其妻子，重者灭其门户及亲族”。《魏志・倭人传》的记载虽然简单，但是“轻”“重”“没”“灭”几个字可见其刑罚的等级。根据《魏志・东夷传》的记载分析，当时东亚诸国中，除中国外，刑罚以夫余国和邪马台国最为完备。

在外交事务方面，邪马台国在不同时期采取了不同的政策。第一位国王（男王）统治时期，采取结交东亚诸国的友好睦邻政策。第二位统治者即女王卑弥呼时期，仍继续奉行前任男王确立的友好外交政策，在和平安宁的国际环境下，邪马台国获得了长足的进步和发展。然而自3世纪起，邪马台国毗邻地区相继出现了与其抗衡的强国：南部有狗奴国，北部则有新罗国。这两个国家与邪马台国之间常有武力冲突。在腹背受敌的情况下，邪马台国采取了远交近攻政策，积极沟通与中国的关系，借以抵制新罗国的威胁，以便集中力量对付南部的狗奴国。据《魏志・倭人传》记载，自238年至247年，邪马台国与魏国相互派使节 7 次。

3 世纪中叶以后，中国国内虽然实现了统一，建立了晋朝，但是很快又陷入“八王之乱”和“五胡十六国”的大分裂。邪马台国失去了中国的支持，远交近攻政策随之失败。再加之国内因王位之争而发生两次内乱，国力大大削弱。与此同时，畿内地区的古大和国却日渐强盛。在新罗国、狗奴国和古大和国的包围之中，邪马台国开始衰落。4 世纪后半叶，古大和国统一了东至东日本的群马县和神奈川县一带、西至九州的广大地区。邪马台国自此灭亡。[1]

（二）古大和国概况

古大和国的情况，由于缺乏文字记载，只能依据考古资料的比较和计测进行描述。古大和国是与邪马台国前后形成的地域国家。有学者指出，畿内乃至近畿地区之所以能够迅速发展，与北部九州同步前进，是由多种因素造成的。[2] 其所处的地理位置尤为重要。以大阪湾为中心的地域，可以从两个渠道输入大陆文化。一是通过濑户内海，经南部九州，输入长江中下游的文化；另一途径是通过濑户内海，经对马、朝鲜半岛，输入黄河中下游的文化。由于兼收并蓄地吸取中国两大区域的文化，因此生产力获得了惊人的发展，国力日趋强盛，到 3 世纪末和 4 世纪初，成为日本列岛上实力最强的地域国家。

古大和国实力的具体象征是“古坟”的出现。考古学上把 4 世纪到 6 世纪称为“古坟文化”时代。有学者将其视为日本史前发展的第三阶段。修建巨大的古坟是以能够组织庞大

〔1〕 关于邪马台国，请参见王金林：《汉唐文化与古代日本文化》，第 29—41 页；［美］约翰·惠特尼·霍尔：《日本——从史前到现代》，第 21—29 页。

〔2〕 参见王金林：《汉唐文化与古代日本文化》，第 18—28 页。

劳动力队伍的政治权力，以及建筑工程技术的进步和铁器工具的大量使用为前提的。因此可以说，巨大古坟本身，既是统治者权威的象征，又是经济繁荣的标志。“日本学者称为古坟的坟墓，常常是体积比埃及金字塔还要大的堂皇结构。最大的一个是仁德天皇的坟墓，到今天还有 1500 英尺长、100 多英尺高。”[1] 古坟的样式经过土圹墓、方形周沟墓、坟丘墓、前方后圆墓几个发展阶段，表现了近畿地区由分裂的诸国渐趋统一的过程。到了弥生后期，统一而强大的地域国家已经出现在近畿地区了。

考古资料表明，古大和国已经存在阶级差别和阶级矛盾。其主要表现在墓制的差别和高地集落的出现。弥生中、后期的坟墓，主要有两种不同的墓式，一是前文所提的“方形周沟墓”，即墓域为方形且四周挖沟的墓式；另一种是坑墓，建筑简陋，反映出死者社会地位的低贱。从对弥生时代畿内地区墓制发展的分析来看，方形周沟墓是大型前方后圆式古坟的原始阶段，是社会地位较高者的坟墓。在数量上，方形周沟墓大大少于坑墓，这说明阶层数量上的差别。在大阪府宫前遗址，发现 20 座方形周沟墓和 100 座坑墓。在兵库县尼崎市田能遗址的 16 号墓葬，陪葬的管玉就有 600 枚。在冈山县宫山遗址的墓群中，有的坟丘周围配置了特殊的器台和陶器。神野遗址的一个墓穴，埋有铁剑和内行花纹镜。这些都不同程度地反映了贵贱、上下之别。弥生中、后期，在畿内地区广泛出现了高地集落。学者普遍认为，高地集落表明了畿内、濑户内海沿岸的军事紧张局势，很可能反映了地域联合体之间政治、军事的

---

[1] [美] 约翰·惠特尼·霍尔：《日本——从史前到现代》，第 18 页。

冲突。

根据考古发掘推断，古大和国的经济已达到一定水平。农耕经济为主要的生产方式，铁器已广泛应用。1984 年在丹后半岛峰山町扇谷遗址中，发现了铁器制作遗迹，其中发现的铁渣块，经化验鉴定，是以砂铁为原料制作铁器时的铁滓。这说明当时的古大和国已经能采炼砂铁。另外，在畿内地区发掘出的铜铎，其形状、大小、花纹、图案，精细而复杂，比如钮式有菱环钮、外缘钮、扁平钮、突线钮；纹样有横带纹、流水纹、袈裟榉纹、突线带纹；就大小而言，小者 20 厘米左右，大者 130 厘米左右。如此复杂的铜器，没有较高的技术水平是很难完成的。古坟中出土的三角缘神兽镜表明古大和国铜器技术的成就。关于三角缘神兽镜，学界有不同的说法。有人认为是在中国制造后带到日本的，有人认为是中国工匠在日本制造的。然而有一点为中、日学者共同认可，即三角缘神兽镜综合了中国的铜镜技艺，其水平不亚于汉、魏工匠，这说明古大和国拥有一大批能工巧匠。

依上所述，古大和国是在雄厚的物质基础和一定的社会条件下开始统一日本列岛的。日本学者根据考古发现推断，大约在 4 世纪末，古大和国先后统一了西至九州、东至关东的群马县和神奈川县一带，从而基本结束了地域国家分立的状态，开始了大和国时代。至此，大和民族作为日本统一的民族也正式出现。

（三）大和统一政权与神道信仰

从历史转型的质量来看，一个社会在统一之后，需要确立三个支点才能在稳定中求发展。这三个支点是，对内繁荣经济，对外邦交正确，搭建适宜的社会结构和秩序系统。大和统一政权建立之后，在倭五王（即赞、珍、济、兴、武等五位大王，见《宋书》）统治的半个多世纪里，这三个支点基本确立了。多数学者认为，倭五王就是《日本书纪》中所载的仁德、反正、允恭、安康、雄略等五王。

在经济方面，倭五王着力于发展农业。从《古事记》《日本书纪》[1]的记载中及考古资料可知，大和国的农田面积日益增加，水田从平原发展到山间谷地，开辟水田的技术有了极大的进步。在史籍中载有人们利用不同地形开垦水田的名称，如“板田”、“杭田”、“山田”、“斜坂田”、“浮田”（湿地）等等。大和政权对农业以及相关的水利建设十分重视，认为“以农为事”，就必须“多开池沟”。大王赞时，在奈良地区大量垦殖荒地和修筑水利，仅感玖一地，就开垦水田 6000 余公顷。国家在组织统一的水利建设的同时，还鼓励民间进行小规模的水利工程。人们根据地形和水源，挖掘蓄水池和渠沟。为了防止堤防溃决，采用种植竹、杨树及根茎多的植物来护堤。大和政权在开垦田地和兴修水利的基础上，建立了许多直属于中央的屯仓、屯田。据载，中央在各地设立的屯仓，多达 90 余处。

在外交方面，倭五王推行结交中国刘宋的外交政策，目的在于借助刘宋的支持，提高自己在东亚的地位。大和政权选择此策，是有着地域利益背景的。自 326 年邪马台国遣使晋朝以后，中日之间的交往断绝 150 余年。然而，大和国在朝鲜半岛

---

[1] 《古事记》和《日本书纪》分别成书于 712 年和 720 年，是日本最早的用文字记载的历史。一般认为，这两部书是参照中国史籍的体例编撰的，其中含有许多神话和传说，甚至有意的编造；但是因其以历史的记忆和家谱的传统为根据，所以有一定的可靠性，特别是 5 世纪以后的事件，是依据书面记录写成，因此更可以参照。

的活动却相当活跃。现存于吉林省集安县的《好太王碑》记载了4世纪末至5世纪初，大和国在朝鲜半岛的大致活动：391年，大和国派兵渡海，进攻百济和新罗；393年5月，大和国派兵围攻新罗的金城；与此同时，朝鲜半岛北部的高句丽与新罗结盟，进攻百济；397年，百济与大和国结盟，以太子腆支为人质；399年，大和国进攻新罗，“倭人满其国境，溃破城池，以奴客为民”；400年，高句丽派步骑5万救新罗，大和国撤兵；402年，新罗王欲与大和国通好，以勿奈王子未斯欣为人质，但大和国仍不断侵扰新罗国境。

正当大和国发展国内经济，不断在朝鲜半岛侵扰和扩展势力之时，中国在经历了“五胡十六国”的纷乱之后，逐渐趋向统一。420年，刘裕代晋立宋；439年北魏开始统一北方，中国进入南北朝时代。

正是在这样的外部环境下，大和国为了确立自己对朝鲜半岛的统治权力，开始与中国的刘宋政权恢复外交关系。据《宋书》记载，从421年大王赞遣使前来复交，至502年大王武派使朝贡止，81年间共遣使11次。其遣使的重要使命，就是要求刘宋承认大和国有统辖朝鲜半岛的权力。如438年，大王珍遣使至刘宋，要求承认他为“使持节、都督倭百济新罗任那秦韩慕韩六国诸军事、安东大将军、倭国王”。宋文帝只承认他为“安东大将军、倭国王”。直至451年，宋文帝才同意大王济为“使持节、都督倭新罗任那加罗秦韩慕韩六国诸军事，安东将军如故”，六国中尚不包括百济。478年，大王武所上表文中，要求宋授以“开府仪同三司”支持他称霸朝鲜半岛的远交近攻政策。结果，宋顺帝对他要求中的都督百济一项仍未予满足，只授其“使持节、都督倭新罗任那加罗秦韩慕韩六国诸军事、安东大将军、倭王”爵号。这是倭五王中所授爵号最高的一次。大和国对刘宋的外交政策，在很大程度上增加了自己的实力。

无论是对内发展农业水利，还是对外结交中国的刘宋政权，都需要一个适宜的内部环境，即利于国家向前发展的社会结构和秩序系统。由于大和国是在氏族性的地域小国的历史基础上发展而来的，因此，它在组建社会结构时，就必然要面对血缘系统和非血缘系统之间关系的问题。这里所说的血缘系统，不是指按照血缘关系原则而组织起来的整个社会关系网络，而是指以皇族血缘为核心的贵族阶层的关系网络。日本大和统一政权建立之后，氏族血缘关系主要体现在以皇族为核心的权力阶层，而民间的家族制度和血缘观念却相对淡薄。有学者研究认为，这主要是因为日本上古社会母权制残余的影响。在此我们稍作述介。

4 世纪前，日本家族流行的基本是母权制，在婚姻上采取招婿入赘方式。成年男子结婚后到女家入户，家族一般以母系为核心，包括女儿、女婿和外孙子女，不包括儿子、儿媳及其子女。4 世纪以后，母权制衰落，父权制开始形成。由于母权制残余影响深远，加之父权制家庭出现较晚，这就大大冲淡了同祖同姓的父系延传的绝对意义和血缘观念。在 12 世纪即庄园分封制出现之前，日本统治阶层女皇执政的情况屡见不鲜，这意味着父权血缘的观念不仅在民间，即使在上层社会也不是绝对性的。血缘关系及其观念相对淡化，是日本家族制度的一个主要特征。这与中国人根深蒂固的血缘观念有很大不同。中国人建立在血缘关系之上的父系宗族制度是在人类的其他关系尚未出现或不发展时形成，并自然完整地延传到文明社会的。

而日本的父权制出现较晚，此时人类的其他关系不仅已出现，有些还很成熟。由于它没有经历过像中国那样的只有血缘关系的时代，因此在它形成时，不仅受血缘关系的影响，而且也受其他人际关系，如社团关系、阶层关系、业缘关系、地缘关系的影响。在中国人的传统观念中，若一个家庭没有血亲继承人，即男性后裔，则意味着一个家族的结束，即传承子嗣的中断。日本人则不同，他们更重视“家”这一实体的存在和延续。为了保证“家”的繁荣和延续，他们在家族无男性后代，或者本家子弟不具备继承家业能力和家传技艺时，很可能会打破血缘的束缚，把完全无血缘关系，然而却具有继承家业能力的人吸收到“家”里来。从非血缘关系的弟子、家臣或奴仆中挑选合适的人继承家业的“养子制度”在日本较为普遍，且奴仆忠诚于主人胜过忠于自己的家庭。这些现象说明，日本人在考虑家族延续和人际关系问题上，把血缘关系放在较次要的地位，家族深受地缘关系、社会关系和业缘关系的影响。[1]

虽然母权制的影响尚未完全消失，但是大和政权毕竟是在氏族社会的基础上形成的，它只能依据历史提供的原材料来搭建社会。于是，氏姓制和部民制便由此而生。

氏姓是大和国的政治组织的基础，一般称为氏姓制度，它由氏和姓构成。“氏”是以家庭为基础的血缘集团。氏的称呼有的取自居住地的地名，有的取自职名。每一个氏都以最有势力的人为“氏上”，掌管本血缘集团的财产，主持氏神的祭祀，统率本集团的成员（亦称氏人）。“姓”由大和国的最高

〔1〕参见张旅平：《文明的冲突与融合——日本现代化研究》第一章之《传统社会的组织形式：日本传统文明的显结构》。

统治者大王授予，它标志着各个氏在政治上的地位。根据与王族血缘关系的远近，以及社会政治地位的高低，授予不同的姓。比如，与王族血缘关系较近，或在中央担任要职的氏，大多授予臣、君、连、直等姓，如苏我氏、平群氏都是臣姓，大伴氏、物部氏为连姓，久米氏为直姓。从朝鲜来的移民集团，原则上授予吉士、史、村主等姓。氏姓制度有两种作用，一是承认氏的上层阶级的地位；二是通过授姓，将各个氏的首领编入到以皇族血缘为核心的政治权力的网络之中。霍尔对此有类似的看法。他说：“他们是在这个血统的领导人之下以父系权威团结到一起的。他们形成了由上层阶级组成的特种单位。因为是上层阶级，氏人都有姓和尊称。他们信奉一个共同的监护神‘氏神’，常被认为是他们的祖先。……氏上被认为是氏神的直接后代，既是这父系氏族之长，也在拜神仪式中任主要祭司。他的权力是世袭的，也是宗教的，并且有镜子、箭和宝石等类东西以为象征。”〔1〕

对于皇室宗族及氏姓阶层之外的普通民众，大和国采用部民制度进行统治。所谓“部”，就是按照地区或行业组织起来的生产集团。部民制最早渊源于大和国的“伴”制度。随着朝鲜人的移入，百济的部司制〔2〕也传入日本。大和国将百济的部司制与原有的伴制相结合，构成了部民制。开始时，只将服务于中央贵族的部门组成部，如膳部、殿部、扫部、水部等；后来扩大到所有生产部门，成为一种普遍的制度。在某种

〔1〕［美］约翰·惠特尼·霍尔：《日本——从史前到现代》，第24页。

〔2〕百济的部司制分为内官部和外官部。内官部又分为前内部、谷部、肉部、内掠部、外掠部、马部、刀部、功德部、药部、木部、法部、后官部；外官部分为司军部、司徒部、司空部、司寇部、点口部、客部、外舍部、绸部、日官部、都市部。

程度上，部民不是自由人，因为他们要为氏服务而受限制。和氏一样，他们也有共同的信仰对象——地方神（产土神），或者他们为之服务的那个家族的氏神。

由于大和国内生产资料占有方式的不同（既有国家所有的公有制，又有皇族、官僚和豪族的私有制），因此部和部氏的占有关系也不相同。部和部民有直属于朝廷的，如贡纳果、猪、鹿等的山部，贡纳鱼类的海部，贡纳食器的土师部，耕作屯仓土地的田部，饲养马匹的马饲部，铸造铜铁器的锻冶部，等等。有属于大王和王族的名代、子代。据史籍记载，从 5 世纪初至大化改新前，几乎每一代大和国国王，都建立了个人的名代、子代。另外，还有属于豪强贵族的部曲。

在部民制度中，所有公私部民又有不同的社会地位。第一类为奴隶型部民。由虾夷人、隼人等少数族部民，私有田部中的奴、婢，以及公有田部和品部中的罪犯和战俘组成，他们没有人身自由。第二类是豪强贵族所有的部曲，屯仓、屯田里的部民，皇族所有的名代、子代以及大多数品部民。他们可以建立家庭，拥有少量而低质的生产工具；每户从朝廷和领主那里领取一定数额的土地，定期向朝廷和领主服劳役和贡纳产品。他们有一定的人身自由，属于具有封建制萌芽因素的隶农型部民。第三类为农奴型部民。他们是公部民中的封户、封民和私部民中租佃领主土地的农奴。与隶农型部民相比，他们享有更多的自由。在人格上，他们依附于领主，但是只要按时交纳地租和服一定的劳役，余下的时间和空间便可以自由支配。而隶农型部民没有这种自由。但是，大和国的部民制是以隶农型部民为主体的。隶农型部民不仅构成了大和政权的主要的经济基础，而且也在以后日本社会的发展变化中扮演着重要角色。

从历史发展的一般规律来看，任何国家在政治结构和社会秩序整理就绪的同时，还必须进行文化和价值的整合，即确立自身的价值理念和文化表达方式。统一后的大和政权在建立了经济、外交以及社会政治结构的三个支点之后，也逐渐形成以天照大神为主神的价值等级秩序和文化表达方式，即神道信仰系统。一个价值体系的形成不是凭空建构的，它只能在历史的发展过程中逐步完整。以上我们用一定的篇幅勾画日本文化和历史的发生及其演变，就是要在一个社会历史背景中思考日本本土的精神文化生活。

日本神道思想的形成，与世界上其他主要地区的原始宗教意识一样，经历了万物有灵（自然崇拜）、祖先神信仰、至上神信仰诸阶段。以上我们介绍过的日本弥生中后期在北九州和畿内发现的铜剑、铜矛、铜铎等物品，大部分是在日本制造的。其中铜剑、铜铎的形状虽然类似中国的，但体积小，且剑锋圆钝已失去实用性，明显是作为祭器的。不过祭祀的对象是自然的神灵还是祖先神已无从得知。但是，这明确表明当时已经存在宗教祭祀仪礼了。《魏志·倭人传》记载邪马台国女王卑弥呼“事鬼道，能惑众”。一些日本学者认为“卑弥呼”就是“日御子”的日语读音。如果这个推断成立，那么说明邪马台国女王认定自己的家族是“日神”的后裔。所谓“事鬼道”很可能就是祭神的意思。这种把日神作为祖先神的信仰方式，实际上意味着神权对于俗权的合法性保证。祭政合一的神权政治在日本早期地域国家开始萌芽，到大和统一政权时最终成型，此后又一直影响着日本社会历史的发展。

关于早期宗教形成的过程，日本也是以神话传说的方式表达出来的。成书于 8 世纪的《古事记》和《日本书纪》对这些神话传说有详细的记载。从这些神话传说中，我们可以诠释出两个历史现象。第一，日神虽然被邪马台国作为祖先神，但是在当时，由于还存在其他一些地域国家，所以太阳神（也称天照大神或日照大神）尚未成为具有无上权威的主神，她与其他诸氏族神处于平等地位。在日本神话中，主神的出现是比较晚的。第二，神的谱系与统治家族的祖先身份及家族谱系联系在一起，成为家族统治合法性的神权象征。正像霍尔所说的："在世界神话中，叙述日本历史的传说似乎是原始的、缺少变化和想象细节的。没有文化英雄，也没有高高在上的神来指导人类的命运。创造世界的问题被简单而天真地处理，传说故事最多的，是关于早期的统治家族的祖先身份和谱系。《古事记》和《日本书纪》的记载，显然是企图从许多传说中编出一个连贯的叙述。"〔1〕

神话谱系是人间政治和社会秩序的折射。随着大和国统一日本列岛目标的实现，以太阳女神为主神的神话体系也逐渐形成。大和国成为日本列岛的最高权威，大和国的祖先神——日照大神自然也是众神之首。按照学者王家骅的说法，"到了5、6世纪，才逐渐形成以太阳女神天照大神为主神的体系神话。这要比中国的'帝'这一至上神的出现晚2000年左右。这一体系神话的形成过程大体是与太阳神为祖先神的天皇皇室势力逐渐统一日本列岛的过程相并行的"〔2〕。5世纪和6世纪的日本列岛，大致相当于大和国倭五王统治的时代。倭五王时代开始实行的氏姓制度，是以皇室血缘为中心而构成的贵族政治结

---

〔1〕［美］约翰·惠特尼·霍尔：《日本——从史前到现代》，第22—23页。
〔2〕王家骅：《儒家思想与日本文化》，杭州：浙江人民出版社，1990年，第15页。

构，许多贵族首领“氏上”为了提高自己氏族的社会地位，争相编造神话，让自己的祖先神（即氏神）与天照大神结成亲属关系或尊卑关系，甚至有些“氏上”伪称自己属于地位较高的氏族，以致造成氏姓紊乱。《日本书纪》“允恭天皇四年条”载，允恭天皇（约为5世纪前期）为了鉴别真伪，不得不采用“盟神探汤”[1]的方式。6世纪中期，为了明确皇室与各豪族之间的关系，大和政权将说明各氏族来源的神话加以综合、整理，编写成《帝纪》和《本辞》，由此形成系统的神话体系。皇室的祖先神天照大神成为主神，其他各氏神分别与主神构成尊卑或亲缘关系。[2]《帝纪》和《本辞》被当时的日本统治层视为权力合法性的神学依据，即所谓“邦家之经纬，王化之鸿基”[3]。

神谱与氏系相一致这一发生学的原因，决定了日本神道信仰在它产生之时就具有与国家政治生活紧密相连的特点。罗伯特·N. 贝拉持同样的观点：“有关神道的最早记载表明：国家祭祀显然产生于原始的部落宗教。大和民族在耶稣纪元初期即巩固了他们在中部日本的统治地位，并设法创立了他们自己诠释的神话，明显与这一政治统治相关。这一神话将几个地区的神话故事杂糅在一起，确立了太阳女神天照大神为统治一切神的大和族长的神圣祖先。……值得注意的是，相当于‘政治’

[1] 所谓“盟神探汤”，是日本古代考验真伪的审判方法。令受审查的人到沸水中取小石块，以手是否烫伤来鉴别真伪。这是一种毫无理性依据的原始的审判方法。

[2] 参见［日］津田左右吉：《日本古典的研究》上卷第四章，东京：岩波书店，1948年。

[3] 见邹有恒、吕元明译：《古事记》，北京：人民文学出版社，1979年，第2页。

的最早的日文词语是‘祭事’，意为宗教仪式或宗教礼拜。”[1] 祭政合一的统治模式具体到权威个体，表现为神道与王道、天神与世神的关系：天皇是天神和神道的世间化身，而至上神则是天皇统治权威的神学符号。这种精神中心与政治中心的合一，使得神道信仰具有两种社会文化功能：一是为以皇族血缘为核心的权力系统提供合法性的支持；二是通过神谱的联结，使天照大神在世间的代表——天皇具有了凝聚人心和号召动员社会的能力。霍尔从不同的思路表达了同样的观点：“宗教在维护霸权方面也起了重要作用。它还为团结社会和领导机构提供了理论根据。直到今天，日本人民的原始宗教还保留着可观的生命力，它现在的名字叫神道。虽然今天有许多不同的宗教信仰和宗教活动都归属在这个名称之下，但日本人早期的宗教活动的构想是简单得多的。……他们没有教义，没有经文或发展了的玄学体系。”[2]

日本的神道信仰在受中国文化影响之前已基本定型。一方面它构成了日本大和民族的精神底蕴，以及制约和引导社会行为的理念本体；另一方面，它的两种社会文化功能也始终在深层次上影响着日本的政治生活和社会生活。虽然在不同的历史时期，这种影响有强有弱，例如在 12 世纪之后的武家政治时代，天皇的政治权力极度衰微，但是武士权力层为了使统治合法化，也要千方百计使自己纳入万世一系的神道——皇道系统。正因为在受到外来文化影响之前，构成日本文化的深层次的底蕴已经形成，所以此后传入的中国儒家文化和西方工业文

---

〔1〕［美］罗伯特·N. 贝拉：《德川宗教——现代日本的文化渊源》，牛津：牛津大学出版社，1994 年，第 93 页。

〔2〕［美］约翰·惠特尼·霍尔：《日本——从史前到现代》，第 27 页。

明都自然被定位在功能性的层面。以往我们在谈到日本历史上两次成功吸收外来文化时，大都注意日本人善于学习的特性，而容易忽略这种历史发生学的原因。在这里，我们有必要再次引录霍尔的类似观点来说明祭政合一的传统的神道文化对日本历史的潜在影响：“从2世纪到5世纪，日本人民的社会结构、政治组织与宗教信仰，和当时大陆上类似的各方面的做法截然不同，这是很明显的。……在开初的几个世纪里，日本人民是在和中国联系很少的情况下，发展其政治体制及独特文化的。在此后的几个世纪里，尽管中国文化有强大的影响，大和国家制定的政治和社会组织形式的主要特点，相对来说，没有受影响。上层家族组织的氏的体制，尤其是以和事佬及祭司长统治上层家族集合体的大和王权的形式，直到现在还是日本政治的特点。”[1]

儒家文化被定位于实用性或经验性的层面，除了在它传入之前，日本本土的神道文化已经基本定型，还有另外的发生学的原因：祭政合一的神道文化在与大和统一政权同步产生之时，它为之提供合法性支持的，是以皇族血缘为中心的权力系统，即氏姓贵族阶层；而处于部民制系统中的普通民众既在神道谱系之外，又在社会结构之中，这就说明原始的神道信仰的精神覆盖面有很大的缺位；另外，在此后社会历史的发展过程中，非皇族血缘的人员不断进入权力中心，甚至顶替天皇的权力位置（如12世纪末叶开始的幕府时代），这些人也需要为自己的统治寻找合法性的理论依据。由此来看，在日本整个前现代时期，其社会意识系统除了论证皇族的合法性，还必须为

〔1〕［美］约翰·惠特尼·霍尔：《日本——从史前到现代》，第29页。

政治结构的变化提供理论支持，为非皇族及氏族血缘之外的普通民众所构成的社会秩序作出说明，以补全神道信仰所不能覆盖的社会部分。正是在这样一种历史需求下，中国的典章制度和儒家文化传入了日本。对此我们将在以后各章论及。

神道信仰的精神底蕴与儒家文化的功用性定位，构成了日本民族特有的精神结构。而这种精神结构的形成，与我们前述的日本特有的地理环境以及上古时期绳纹文化和弥生文化有着紧密的历史渊源。在这样一种历史脉络中，我们可以清楚地认识日本，也能够睿智地反观自己。

第二章

在历史转折的关键时刻

——儒学的第一次功用性命运

以皇族血缘为中心的大和国家，就政体的性质而言，是一种大氏族的联合政权。它的权力层次是：血缘共同体的氏族首领统治着土地和人民；在氏族联合的基础上形成以大王（后来的天皇）为首领的国家。这种血缘统治的方式，必然隐伏着权力角逐和势力扩张所带来的社会危机。一般史学界认为，5世纪是大和国家的鼎盛时代。经过倭五王的精心治理，大和国的政治、经济都有了显著的发展，国际地位也有很大提高，用霍尔的话说，即“日本在东亚诸国中，不是无足轻重的国家。日本人从5世纪起，在朝鲜就相当活跃，而且在任那地区，已经得到了一个行动基地。在高句丽、百济和新罗这三方斗争中，半岛上的立足点显然扮演了重要的角色”[1]。然而进入6世纪之后，社会矛盾日趋严重。其根源在于大氏族联合政权出现的政治危机。原来潜在的权力角逐逐渐公开，各大氏族无止境的势力扩张，造成社会发展的失衡以及中央权力的削弱。这两种危机使日本社会在面临着崩溃的同时，也蕴含着新的发展机会。中国的儒家文化正是在这种背景条件下进入日本

---

〔1〕［美］约翰·惠特尼·霍尔：《日本——从史前到现代》，第32页。

的，从而既展开了自己的国际命运——被定位在制度构建的功用性层面上，又引发了日本历史上的一次重大社会转型——大化改新和律令制时代的出现。

一、危机中的选择

——从推古改革到律令制度的建立

大和统一政权是在征服地域性的氏族集团的基础上建立的。在征服这些集团之后，将所收取的土地划归为中央政权的直属田庄，而以其部分人民作为部民，这是日本列岛上所特有的大土地所有制和奴隶制的形式。这种田庄制和部民制在形式上表现了大和政权对地方的统治，或者是地方对于中央的臣服。然而由于大和国家是大氏族的联合政体，因此土地和部民也需要以皇室为中心，按照不同的等级分给中央的权力贵族。这些被皇室授予“姓”的大氏族通过兼并或掠夺地方上的小奴隶主，不断扩大自己的地盘，以至到 6 世纪，日本列岛上到处都有他们设立的屯仓（田庄）。例如物部氏，在全国就有 88 处屯仓。扩张的结果不仅使奴婢和部民的负担加重，而且也使自由民在政治上丧失了原来的权利，在经济上陷入依附地位，最终沦为和部民同样的地位。过去，这些人只需要负担氏族共同体的公共费用，现在却要承担国家的赋税和劳役。这种物质财富占有的极大失衡，必然使处于社会底层的民众在不堪重负的情况下起而反抗，从而影响整个社会乃至统治体制的稳定。到了 6 世纪后半期，日本部民制奴隶社会已面临严重危机。据《日本书纪》钦明天皇三十年（569 年）正月条记载，有不少部民“脱籍免课”，以逃亡形式反抗剥削和压迫。

对于5、6世纪日本社会的生产关系，有一种现象值得注意。大和统一政权建立之后，其生产关系呈现出多样性，即具有封建制萌芽的隶农型生产关系、封建农奴型生产关系和奴隶型生产关系并存，而以隶农型生产关系为主体。5世纪末叶以后，农奴型部民的生产方式和生活方式有了很大变化，人数大为增加。这一点可以从日本列岛发掘出的5世纪末叶的群集坟得到证实。这种坟墓大多是15米左右的圆坟。从其中的遗物看，被埋葬者既拥有铁农具，又拥有铁武器。他们很可能是耕种土地，负担租赋，又负有从军戍边义务的劳动者。他们的地位比隶农型部民和奴隶型部民高。至6、7世纪，群集坟数量激增，地区分布更广，说明封建的农奴型生产关系已经相当普遍。这一生产关系的变化，必然会影响到社会生活的各个领域。

中央贵族集团之间的权力角逐，除了造成社会利益空间的撕裂，还极大地威胁着皇室的统治权威。从当时的历史情况来看，对王权的威胁主要来自两方面，一是在中央掌权的氏姓贵族，二是地方的豪族。

由于大和国是大氏族联合政体，因此皇室的实力受到一定的限制。一方面，皇室直接统治直属土地即“屯仓”上的部民；另外一方面，主要通过氏姓贵族，借助血缘共同体组织来间接统治“氏人”和“部民”。这种统治方式为中央贵族争夺权力和扩展势力留下了极大的政治空间。进入6世纪之后，大和国的中央政治实权几乎完全掌握在葛城氏、平群氏、苏我氏等拥有臣姓的贵族和大伴氏、物部氏等拥有连姓的贵族手中，日本历史上称之为“臣连时代”。连姓贵族对王室较为尊重，而臣姓贵族对王室则屡有不逊。两大集团之间的势力斗争首先表现在王位问题上，以至出现两个王统对立的事件。531 年，继体大王死后，以苏我氏为首的臣姓贵族拥立钦明大王，在金刺宫即位；以大伴氏为首的连姓贵族则拥立安闲大王，在勾金桥宫即位。两相对立，延续 6 年之久。6 世纪中叶前后，葛城氏、平群氏、大伴氏相继衰落，苏我氏和物部氏成为左右朝政的两大集团。由于血缘关系，苏我氏与皇室联系在一起。这两大氏族在扩展自己势力的过程中，矛盾日益尖锐，为了取得胜利，他们利用了外来势力，主要是来自朝鲜半岛上有先进文明的移民势力。6 世纪中叶，佛教从中国通过百济而传到日本，被苏我氏用来作为政治斗争的工具。以苏我氏为首的一派主张尊佛崇佛，并通过佛教取得了外来移民的支持，最后战胜了反对崇佛的物部氏，独掌了朝政大权。苏我氏掌权之后，日益骄横，不仅强占皇室土地，随意干预皇位继承，甚至要取天皇而代之。587 年，崇峻大王即位，他不满苏我氏垄断朝政以及藐视大王的行为，曾指着上献的野猪说："何时断朕所嫌之人。"此事被苏我氏获知，不久崇峻大王被杀。

大和王权在受到中央贵族集团独霸朝政威胁的同时，也受到来自地方豪族势力的对抗。这些地方豪强凭借自己在地方上的地位和权力，加强对劳动力和土地资源的控制，并且不断占据国有土地，扩大经济、军事实力。由于地方统治者有权联合兵力，参加国家的军事行动，因此，他们有更多的机会形成自己的军事力量。527 年，筑紫（今日本福冈县）国造磐井发动武装兵变，势及九州的福冈、大分、佐贺、熊本等地，切断了大和国与朝鲜半岛的交通，使日本失去了半岛上的任那。

在大和政权因为国内政治势力的角逐而摇摇欲坠之时，围绕着日本的东亚国际情势也发生了变化。首先是在中国，589

年隋文帝杨坚结束了长达360多年的分裂时代，统一了中国，又一次建立了中央集权政府。618年，唐灭隋，建立了繁荣的封建王朝。其次和日本关系最深的朝鲜半岛也发生了很大变化。554年，与日本来往密切的百济被逐渐崛起的新罗击败，新罗在半岛上建立了霸权，562年迫使日本退出在朝鲜半岛上的侵略基地任那。这样，日本不仅要面临新崛起的新罗国，更要面对繁荣强大的唐朝帝国。隔海相望，这些强邻使日本统治者大有被孤立的危机感。国内和国际的复杂情况，使大和政权处于崩溃的境地。正如霍尔所概括的：“当大和的统治者设法改变以血缘为基础的氏族制度为中央集权的严密管理的国家结构时，私自强大起来的氏族开始把太阳族的首领变为毫无势力的傀儡。当新的家族在大和兴起而有权势，或在偏远地区拥有独立势力的时候，以血缘关系或神道信仰为基础的权威体制开始瓦解。敌意分裂了大和的联盟，边远地区和驻在朝鲜的武力都起来造反，所以6世纪在日本是个特别不平静的时期。”〔1〕

如何摆脱危机和困境？大和王权中的明智分子已经深深感到必须废除名义上统一而实质上由各大氏族掌权的政体，把权力真正集中到天皇手中来。也就是说，由分散的氏族血缘统治，转变到统一的、集权的地缘统治，建立中央集权政府。在天皇的统一旗帜下，扳倒苏我氏，振兴王权，成为6、7世纪的日本急迫的政治主题。

第一个进行政体改革的是圣德太子。苏我氏在杀害崇峻天皇之后，立其女为推古天皇。推古女皇虽然是苏我氏家族中人，但她不愿以“不贤”之名流传后世，便于594年4月立厩

---

〔1〕［美］约翰·惠特尼·霍尔：《日本——从史前到现代》，第33页。

户皇子（即圣德太子）为摄政太子，把朝政交给他掌管。圣德太子为了摆脱苏我氏的控制，把权力集中到皇室，一面采取与苏我氏共同执政的妥协方式，一面又积极利用向中国学习、交流的机会，输入先进文明，以准备代替苏我氏。苏我氏曾利用崇佛的方式取得外来移民的支持，击溃了物部氏，圣德太子也通过振兴佛教、保护佛教的方法，争取外来移民的拥护以夺取苏我氏的主导权。

圣德太子利用苏我氏进行了一系列改革，历史上称为“推古改革”。603 年，第一项改革措施即“冠位十二阶法”出台。以往的日本荣爵是以氏族身份制为基础的世袭制，而冠位制则按德、仁、礼、信、义、智表示冠位的高低，依个人的才能和功绩而定，不看门第。冠位的授予权控制在朝廷手中。这一措施有助于打破旧有的世袭氏姓制度和加强王权统治。604 年，圣德太子又制定了第二项改革措施即《十七条宪法》。从本质上看，这也是为了确立地缘统治，强化中央集权的统治而发布的。《十七条宪法》论述了君、臣、父、子的等级制度，规定了人与人之间不同的社会地位和权利义务。它的根本主旨在于，强调人们不能像以往那样，各氏族只奉其族长为主，告诫他们在一个国家中，只允许有一个国王，即所谓“国无二君，民无二主，率土兆民，以王为主。承诏必谨，君则天之，臣则地之；地欲覆天，则致坏耳”。总之，所有人等都要诚心诚意地服从中央政权的权威——天皇。《十七条宪法》广泛地综合了中国的儒、道、释、法诸家思想，是日本历史上首次提出的较为完整和具体的建立中央集权统治的政治纲领，也为此后的大化改新奠定了思想基础。圣德太子的第三项改革，是推行平等自主的外交政策。倭五王时代，倭王甘心以中国王朝的臣属自居，积极要求中国王朝的册封。至圣德太子时，则一改历任大王的做法，自称“日出处天子”“东天皇”[1]，称隋皇帝为“日没处天子”“西皇帝”。这种做法使大和国的外交政策发生了质的变化。为了体现与中国对等的国际地位，圣德太子亲自委派大礼小野妹子为使节与隋朝进行平等交往。

圣德太子的理想是建立像中国那样强大的中央集权制度。然而在他摄政期间，日本国内的矛盾十分尖锐，特别是统治阶层内部的对立极为严重，因此他提出的一系列改革方案，绝大多数没有实现。但是，由他开始实行的向中国派遣留学生和学问僧的举措，却为日本大量输入中国盛唐文明打开了一扇大门，奏响了通往更高历史层次——大化改新和律令制时代的序曲。

622年，圣德太子逝世。然而，他派往中国的遣隋使、留学生和学问僧却陆续带回中国的先进文明和统治经验。这些人，特别是在中国有长期生活经验的留学生和学问僧，以隋朝及中国历史上的政体制度和政治经验来衡量大和政权的状况，认为以土地和部民私有制为经济基础的血缘统治是国家危机的根本所在。在他们的影响下，权力层中的一些开明人士，如中大兄皇子、中臣镰足等人，决心把圣德太子所预想的政治和行政上的改革进行下去，建立地缘统治的中央集权制。

改革的最大障碍是苏我氏一派的专权。当时苏我氏一族在朝政的霸权者是苏我入鹿。为了稳妥地除掉他，中大兄皇子等

[1] “天皇”一词源自中国道教，意为“统治上天的皇帝”。圣德太子欲与中国皇帝相对等而改大王为天皇。一般学界认为，这在日本文献上似为最早。

人先后与苏我入鹿的堂兄弟苏我石川麻吕、重臣阿倍内麻吕、宫廷警卫佐伯子麻吕、稚犬养网田、海犬养胜麻吕等结成同盟。645 年 6 月 12 日，中大兄皇子等经过周密的策划，利用三韩使者向皇极女皇进赠贡礼的机会，在皇宫太极殿斩杀了入鹿。此后又说服了支持苏我氏的由外国移民（汉直）组成的武装力量，彻底击溃了苏我氏一系。6 月 14 日，皇极女皇宣布退位，中大兄的舅舅轻皇子继位，称孝德天皇。中大兄为皇太子，中臣镰足为内臣，并任命留隋归来的高向玄理和僧旻为国博士。孝德天皇是一位有志于学习隋唐文明、改革陈腐政治的人。他支持中大兄等人的改革，即位以后，立即仿照唐制，建立中央政权。6 月 19 日，宣布以“大化”为年号；7 月 12 日，宣布“遵上古圣王之迹而治天下”的治国方针；8 月，选派 8 名国司分赴东部各地和大和六县，巡察民情，编制部民户籍，清丈土地，为进一步的改革做准备。与此同时，在朝廷建立钟匮（诉讼）之制，广开言路，揭发谋叛之徒，防止官吏腐化。由此，拉开了大化改新的序幕。

646 年元旦，改新诏书《改新之诏》[1] 颁布，正式开始实行政治、经济改革。改新计划的主要内容有：

1. 废除世袭氏姓贵族制度，建立中央集权的国家组织。在中央设立京师、畿内制度，在地方设立国、郡（评）、里等组织，由中央统一任命调动。制定新的冠位制度，并设置八省百官，给小氏族首领和部分自由民参与政治的机会。

2. 废止原来属于贵族、豪族的私有屯仓（田庄）和部

---

〔1〕关于大化改新的诏书，日本学术界对其真伪存有异议：第一种看法认为现存诏书基本上是当时的原诏文；第二种观点认为诏书的主要部分是原诏文，其解释部分是后来添加的；第三种意见主张诏书是《日本书纪》作者所虚构的，当时并不存在。

民，改为直属于国家的公地、公民，由国家发给氏族贵族封地、封户，以代替原来的私地、私民。

3. 统一租赋，推行租庸调制度。

4. 创立班田收授法，以保证公民的负担能力，确立国家的经济基础；为使班田制度能顺利推行，又设立户籍，制定籍账制度，清丈土地和户口，以加强中央集权的基础。

大化改新以强大集中的国家权力代替了旧有的分散的氏姓贵族联合政权，在日本历史上是一个巨大的、划时代的改变。然而从改革的主要内容来看，大化改新对皇室、中央贵族（包括地方豪族）、普通民众三个群体的利益格局并没有大的改变。普通民众在改革中获益不大。而中央贵族的政治、经济地位只是以赎买的方式改变了所有权的形式而已，即从原来的私有转变为由国家提供保证的公有。地方豪族虽然在改新后政治地位有所下降，但实际权力并无改变。至于皇室内部，矛盾不仅没有消除或缓和，反而因权力的扩大而更加深化。

由于大化改新的基础十分脆弱，改革之后，中央集团内部不断发生政治动荡。古人大兄皇子的叛乱被镇压之后，又发生大化改新中心人物之一苏我仓山石川麻吕因有谋叛嫌疑而被灭族的事件。天皇和皇子之间的矛盾也日渐加深。654 年，孝德天皇去世。次年皇极女皇再次登基，是为斋明天皇。658 年（斋明四年），有间皇子谋反，列举天皇三大罪状。《日本书纪》载：“天皇所治政事，有三失矣。大起仓库、积聚民财，一也；长穿渠水，损费公粮，二也；于舟载石，运积为丘，三也。”就是说，大化改新名义上是私地收为公地，实际上成了天皇的私地。天皇不顾民生的困苦，大修仓廪，聚敛民财；用民众所缴公粮修筑沟渠；驱使大批劳力，载运石材，为自己构筑坟丘。有间皇子的指斥在多大程度上反映了历史的真实，我们暂不去考辨，但至少可以得知一点，改新以后的皇室能够以统一的国家名义，用征发民力服徭役的方式实现自己的目标。在诸多的政治动荡事件中，壬申之乱最具代表性。

661 年，斋明天皇去世，中大兄皇子登基，至 668 年正式继承皇位，称天智天皇。天智天皇在位期间，继续进行内政改革。但在人事安排上，过分宠信爱子大友皇子及其亲信，却疏远了颇有才能并且在大化改新过程中有过贡献的胞弟大海人皇子。671 年 1 月，天智任命大友皇子为太政大臣。同年，天智病笃。他召见大海人皇子，表明自己将不久于人世，希望他能出来主持朝政。但大海人皇子已经察知大友皇子的篡权阴谋，决定削发隐居，拒绝了天皇的要求。10 月 19 日，大海人皇子离开京都前往吉野。12 月 2 日，天智去世。12 月 5 日，大友皇子登基，是为弘文天皇。大海人的出走，颇使弘文不安，决心铲除这一隐患。672 年 5 月，弘文以修造皇陵为由，征调军卒、民工，准备袭击住在吉野的大海人。大海人获知，组织反击。这场大规模的皇室内战，最后以弘文天皇自杀，大海人皇子获胜而告结束。这场战争，史称“壬申之乱”。673 年 2 月 27 日，大海人称帝，是为天武天皇。

天武天皇是日本历史上推行中央集权制的一位有力人物。他执政之后，便在大化改新的基础上进一步推行新政。他首先废除了天智天皇任命的太政大臣、左右大臣、御史大夫等职，修改冠位制度，制定《飞鸟净御原律令》[1]，把一切大政牢

---

〔1〕《飞鸟净御原律令》22 卷，是在天武天皇死后，持统天皇三年（689 年）公布的，但其修订则在天武天皇九年（681 年）或十年（682 年）。

牢握在自己手中，取得了对政治独裁的权力。另外，他还废止了将山泽、岛浦、林野、陡池给予王臣的政策，把食封（封户）收归公有。为了防止贵族久居为王，他宣布实行封邑交替，诸王诸臣的封邑，原来在西部地区的，一律转移到东部地区。所有这些措施，都是为了彻底清除旧贵族拥有的世袭特权和限制新贵族势力的扩张。与上述诸措施相适应，天武天皇还在用人政策上进行改革，685 年，宣布更改诸氏的族姓，实行“八色之姓”。所谓“八色之姓”，即以皇亲为最高的身份制度，整顿原有的臣、连、村主等姓，实行分成八级的新姓：真人、朝臣、宿祢、忌寸、道师、臣、连、稻置。天武天皇还特别重视经济的发展、军事的建设以及律令的编纂。由于这一系列的有效措施，大化改新中建立的中央集权制度得到巩固。

从社会历史的发展要求来看，任何治理国家的措施，都必须以法律的方式将其确立下来，才能够成为组织社会活动的合法性依据。大化改新之后，日本就以唐律为参考，开始着手制定和完善法律制度。大化改新之初，新政府根据当时的形势制定了许多单项法令，如班田制、租庸调制、户籍制、钟匮制、男女奴婢之法、二官八省一台制、国郡里制等等。天智年间，新政权根据国内经济已有初步发展而且统治基本稳固的状况，于 668 年开始在大化以来发布的诏令和单项法的基础上编纂整理法典，史称《近江令》22 卷。这是日本历史上第一部较完整的正规法典。此法典完成于 671 年，但因翌年发生“壬申之乱”，未能付之实施。天武天皇即位之后，于 681 年开始，以《近江令》为基础，修订、编纂新法典，即上文所说的《飞鸟净御原律令》，亦称《天武令》，共 22 卷。686 年，天武去世。至 8 世纪，日本的中央集权制度进一步完善，律令建设也进入高峰。700年，文武天皇任命藤原不比、粟田真人等撰定律令，于701年正式完成，史称《大宝律令》，计律6卷，令11卷。《大宝律令》制定以后，文武天皇命令在全国开展新律令的宣讲活动，在此基础上正式公布实施。《大宝律令》已散佚，目前只能在其他古籍中找到某些相关内容。据有关学者研究，《大宝律令》除律文和注以外还有疏文，与中国唐朝的《永徽律》相似。

718年，以太政大臣藤原不比为首，在《大宝律令》的基础上，参照唐《永徽律》编纂了《养老律令》，共有令10卷，律10卷。《养老律令》对《大宝律令》中的赘文冗句作了删改，对有些名称以及唐律令的生硬译文也进行了修正。与《大宝律令》相比，《养老律令》在用刑方面，深受唐初“宽仁治天下”、用刑尤慎思想的影响。奈良时代的各任天皇，都主张“以宽仁以安黎元”，推行德主刑副政策。

《大宝律令》和《养老律令》的制定，意味着由大化改新而来的改新政治，经过半个世纪的修正、改善，达到了近于成熟的地步；也标志着在几个世纪的摸索之后，日本古代国家步入最后的完成阶段；至此，日本已成为一个法式完备的中央集权制国家。从《大宝律令》和《养老律令》的制定到平安朝，日本历史上称为“律令制国家时代”。

律令制国家的根本特点在于将大化改新所制定的各种措施（如班田制、身份制、冠位制等）用法律的形式固定下来。因此，可以说律令制是大化改新政治的继续和完善。它使日本的国家政权开始发挥集中和统一的作用，为以后把整个社会提到更高的阶段，做了必要的准备。

从推古改革到律令制国家的确立，这期间日本大和国家一直处在动荡不安的社会危机之中，而这种社会危机的实质是政治危机。政治体制和社会机制的选择，是决定一个国家前进还是后退的关键。一般来说，选择的正确与否取决于两个条件，一是机遇，二是机遇中的文化参数。大和政权从圣德太子开始的一系列改革，不仅把握住了机遇，而且以中国隋唐的制度文化为参照，从而走出了政治困境，解决了国家体制问题，使日本获得了300年左右的政治统一的时代。霍尔的观点亦大致如此。他认为：“大和处于政治危机之中。有好几十年徘徊于两个可能之间：分裂为若干互相争夺的小国，还是改进为一个新的、稳定的、中央集权的国家组织。最后，倾向于集中的力量胜利了，而这个结局得之于来自中国的新影响。”[1]

二、长鲸吸百川

——对以儒家为主的中国制度文化的吸纳

霍尔所说的“得之于来自中国的新影响”，应该是指中国隋唐时期的以儒家为主的中国制度文化。在谈论这个问题之前，我们有必要作些相关的阐述。

关于儒学在日本的发展与影响，大多数学者都将关注点放在江户时代的儒学方面，而对于从5世纪初期传入日本直至平安时代（794—1192年）末期的日本儒学，均未给予足够的重视。他们大多将其视为江户时代（1603—1867年）儒学的前史而略加概述。比如日本学者万羽正朋的《日本儒教论》、牧野谦次郎的《日本汉学史》、安井小太郎的《日本儒学史》

---

[1] ［美］约翰·惠特尼·霍尔：《日本——从史前到现代》，第33页。

等，就是这样定位的。有些中国学者也有类似的观点。他们认为，这一时期的日本儒学没有像江户时代那样，出现许多系统的儒学理论著作，形成诸多的思想学派；而且与中国儒学相比，也没有创造性的发展，尚未表现出日本的思想特征。这一时期的儒学思想只是散见于天皇诏敕、律令条文等政治文献以及《古事记》《日本书纪》等历史著作和学者的汉诗文中。在各级学校中传授和在明经道博士学官中世代相袭的儒学，主要是训诂性质的汉唐经学。根据这种情况，有的日本学者甚至认为"儒教毕竟是儒教，是文字上的知识，还没有进入日本人的生活"，"儒教的政治思想，对日本人的政治实践也几乎未曾产生影响"。〔1〕

与以上学者不同，有的学者认为应将飞鸟、奈良、平安时代的儒学视为"早期日本儒学"。这一时期的儒学虽然没有系统的理论著作出现，然而却是日本儒学发展史上不可或缺的一个重要阶段。"散在政治文献、法令、历史著作与汉诗文中，世代相传于博士学官家，在中央到地方的各级学校中讲授传习，正是日本早期儒学的存在形态。尚无日本特色而有明显模仿痕迹，恰为日本早期儒学的特征。"〔2〕

的确如此。"早期日本儒学"的概念应该肯定。文化思想的发展是一个连续的过程，不同的阶段各有其相应的功能和表现形态，因此不应简单地作出价值性的否定，得出"儒教的政治思想，对日本人的政治实践也几乎未曾产生影响"的结论。不过，如果我们把儒学在日本的演进回转到日本历史的过

〔1〕参阅王家骅：《儒家思想与日本文化》，第26—27页。
〔2〕参阅王家骅：《儒家思想与日本文化》，第26—27页。

程中去考察，就可能发现，早期日本儒学不仅仅是“不可或缺的一个重要阶段”，一种“存在形态”，其实质更应该是历史选择的结果，是中国儒学移入异质文化土壤后的历史命运的定位。

从4世纪日本大和政权建立到律令制国家的这段历史来看，社会的根本危机在于由权力归属引发的政治结构的不稳定和统治秩序的动荡。从推古改革经大化改新再到律令制国家的确立，日本从血缘统治过渡到地缘统治，从分散的氏姓贵族的联合政权转变为统一的中央集权，从而最终解决了古代国家所面临的政治体制的危机。这种过渡和转变是根本性的历史变化。但是，有一个问题不能忽略，即从圣德太子开始的一系列改革，是以维护天皇统治权威为主题的改革，或者说是以天皇为中心的权力系统内部的政治结构的调整。因此，在这个意义上，可以说从推古改革到律令制的确立，是社会秩序和政治结构的修改和完善，是一个制度建构的过程。天皇的权力中心所遇到的问题是合法性的修补，而不是合法性的挑战。权力合法性的挑战是12世纪之后的武家统治时代所遭遇的。正是在制度建构过程的历史脉络下，以儒家社会理念为蓝本的中国制度文化被输入日本，从而也自然被定位在功用性的社会制度建构的位段上。应该说，日本的历史需要选择了隋唐的制度文化，而儒家思想的功能性定位又是进入日本后无可选择的历史命运。

儒家的制度思想被引入日本之后，为律令制度的推行和实施提供了充分的合法性说明，使社会制度获得了一种新的文化资源的支持。儒家文化在当时的历史作用正如帕森斯所说：“社会和文化体系的相互关系需要该社会之规范性秩序的正当化。诸正当化体系界定赋予社会成员各种权利的理由以及要求他们遵守各种禁令的理由。例如，运用权力就需要正当化。正当化概念不一定暗含‘有道德的’这一形容词的现代意思。这个概念却确实暗含这样的意思：按照制度化的秩序办事是正确的。正当化职能是独立的，它不依存于社会制度的运作职能。”[1] 儒家制度文化给予律令制度的支持，正是暗含着使其“正当化”亦即“合法化”的深意。

日本系统地引进儒家的制度思想虽然大致在律令时代，但儒家文化的传入却早在5世纪就开始了。对于这段历史，有必要作些简单的述介。

（一）儒学的初传

据《日本书纪》的记载，中国儒家经典于5世纪初经朝鲜传入日本。5世纪正是倭五王统治大和国家的时期。此时的日本，一方面致力于成为中国南朝册封体制下的属国；另一方面则仿照中国的册封体制，在自己势力所及的范围内建立“倭本位”的地域性的册封关系，使自己成为地域强国。经过较长时间的努力，大和国终于获得中国南朝的认可，成为朝鲜半岛南部各个国家的军事首领。与大和国不同，中国在4世纪到6世纪期间，政局动荡，战乱不止，许多人为了摆脱动乱纷纷逃亡和迁移，于是在5世纪又出现了一次移民高潮。其中一部分人迁移到朝鲜半岛和日本，尤其是朝鲜半岛的百济、伽倻等南部地区成为汉人的聚居地。在这些汉人中，有不少知识人才和具有各种技艺的工匠。人口的流动，为正在设法强大自己

[1] 转引自［韩］黄秉泰：《儒学与现代化——中韩日儒学比较研究》，北京：社会科学文献出版社，1995年，第5页。

的大和国提供了吸收人才的有利条件。据《新罗本纪》和《日本书纪》的记载，当时移住大和国的人才，主要有四个来源：一是被俘掠的技术工匠，二是大和国派使者从亚洲大陆招聘来的人才，三是东亚诸国赠送的人才，四是自己迁移到日本的人才。这类移民数量很多。从《日本书纪》的记载中可知，有两次大集团性的迁移对大和国产生了较大影响。一是弓月君为首的秦氏移民集团，另一个是阿知使主为首的汉氏移民集团。[1] 关于大陆移民的人数，日本学者运用计算机模拟法推算出的数字是很可观的。比如人类学家埴原和郎指出，从绳纹晚期到初期历史时代，亚洲大陆的移民有爆发性的增加。这一时期内，日本列岛人口的增长率，大大超过了0.1%，而达到0.427%。这样高的增长率显然不是日本本土的自然增长，而应考虑有大量移民的进入。埴原还根据“形态变化模式”的推测，指出移民的人数很可能多达百万人。而大和国时代，生活在日本的中国人至少在10万人以上。[2] 大和国对外来人才实行开放政策，对渡来的工匠和移民按照技术特长予以安置，使他们充分发挥作用，由此也推动了大和国的政治、经济、文化诸领域的发展。

在大批大陆移民中，对日本影响最为深远的是精通儒学的人才。这类人才带来的不是提高生产水平的技术，而是先进的思想和文化制度。《日本书纪》载，应神天皇十五年八月，朝鲜半岛的百济国王派遣名为阿直歧的饲马工到日本向大和国赠献两匹良马，并由他“掌饲”。阿直歧能读中国经典，于是太

---

〔1〕 参见吴杰：《从〈日本书纪〉看中国侨民的记载》，载《日本史论文集》，北京：生活·读书·新知三联书店，1982年。

〔2〕 参见王金林：《汉唐文化与古代日本文化》之《儒学在大和国上层的影响》。

子菟道稚郎子便拜他为师。应神天皇问阿直岐："有没有比你更精通中国典籍的博士?"阿直岐回答："有个叫王仁的人，很高明。"于是应神天皇派人去百济邀请王仁。应神天皇十六年二月[1]，王仁应聘抵达日本。"王仁来之，则太子菟道稚郎子师之，习诸典籍于王仁，莫不通达，故所谓王仁者，是书首之始祖也。"[2]《古事记》记载说王仁携入日本的儒学著作有《论语》《千字文》等。王仁在当时所起的主要作用，是通过《论语》等典籍，培养了日本阅读汉文的人才。江户时代的儒家学者荻生徂徕说过："吾东方之国，泯泯乎罔知觉，有王仁氏，而后民始识字。"[3]

阿直岐与王仁是否确有其人，现已无从证实。然而，5世纪中国儒家思想业已传入日本这一史实却可以肯定。因为从保存至今的写于5世纪的日本文本中能够得到证实。写于5世纪的日本文本现在仅存4件，其中3件是以汉字书写的金文：埼玉县稻荷山古坟出土的铁剑铭文、熊本县江田船山古坟出土的大刀铭文和歌山县隅田八幡神社的人物画像镜铭文。另外一件是倭王武给南宋顺帝的上表文，载于《宋书·倭国传》。此上表文用十分流利的汉字骈文写成，颇具魏晋风格。其中的"王道融泰""帝德覆载""臣虽下愚""以劝忠节"等，很有儒家的王道君臣意味。一般认为，这篇文章可能出自入籍大和国的汉人之手。这说明在雄略大王统治时期，大和朝廷中已经存在一些擅长文章的东渡汉人，而且也培养了不少了解中国文

[1] 关于应神天皇十六年的公元纪年，经有关学者考订应为405年，而不是通常所说的285年。

[2]《日本书纪》卷10，应神十六年二月。

[3] 参见王金林：《汉唐文化与古代的日本文化》之《汉族移民对大和国文化的作用》。

化，能够运用汉字、汉文的王族。三件用汉字书写的金文，与上表文有所不同。它们交错使用汉语语法和日语语法，有时还借用汉字作表音符号表示日语专有名词的读音，甚至自造了一些汉字，因而不能说是纯粹的汉文。但是从内容来看，其中有着明显的儒家色彩。如江田船山古坟的大刀铭文，有“长寿子孙注得其恩”的文字，显示儒家观念。其署名“张安”的作者，很可能也是流寓日本的汉人，或是他们的后代。[1]

根据倭王武的上表文和金文的某些内容来看，大致可以作出这样的推论：至迟在5世纪，中国儒家思想不仅通过阿直岐和王仁这些百济人，而且经由流寓日本的中国移民传入了日本。虽然仅是片段地表现于铭文或短简之中，但可以肯定，儒家的典籍和思想已经随之东渡了。

至6世纪，儒家的影响愈益深化。据《日本书纪》记载，513年（继体天皇七年），百济国王派遣一位名叫段扬尔的五经博士来到日本。此前一年，百济曾要求日本把朝鲜半岛南端的属地任那的四个县转让给自己。日本满足了百济的要求，于是百济以五经博士段扬尔作为答礼。以土地换博士，足见当时日本对先进文化的渴求。此后，继体天皇十年，百济又派“五经博士汉高安茂请代博士段扬尔”。555年（钦明天皇十五年），百济又命五经博士王柳贵来日本替换固德（百济官位第九阶）马丁安，同时还派来易博士、历博士、医博士、采药师数人。日本以朝鲜半岛上的百济为桥梁，逐渐扩大了与中国的文化交流。

五经博士是中国汉武帝时，采用公孙弘的建议设立的学

---

〔1〕 详见王家骅：《儒家思想与日本文化》，第5—6页。

官，专门从事《诗》《书》《礼》《易》《春秋》的传授。百济立国之后，也仿照汉朝建立了五经博士官制度，并从中国吸收了不少这方面的人才。上述到日本的儒学学者高、段、王等人，都是中国之姓，很可能是中国的移民，或是移民的后裔。

五经博士以什么样的方式传授儒学，由于《日本书纪》语焉不详，所以无法确切描述。不过可以作出两个推论：一是每次派遣仅有一人，不可能广设教席，因此儒学此时在日本的影响尚不广泛，民间还未接触到儒家思想。二是儒学在日本大和国的上层社会，特别是对某些皇室成员和贵族产生了较深的影响。这可从《日本书纪》的记载中得到说明。应神大王死前，曾遗言由菟道稚郎子继承王位。应神去世后，菟道稚郎子成为大王便成为理所当然的事。然而，他推让王位于异母兄长大鷦鷯。其理由是，大鷦鷯仁孝之名远闻天下，而且身为兄长，理应即位。大鷦鷯则以父命难违为由，固辞不就。二人之间有一段对话，颇具儒家思想，为了说明问题，摘录如下：

> 菟道稚郎子曰："夫君天下以治万民者，盖之如天，容之如地，上有欢心，以使百心，百姓欣然，天下安矣；今我也弟之，且文献不足，何敢嗣位登天业乎。大王者风姿岐嶷，仁孝远聆，以齿且长，足为天下之君。（略）仆之不佞，不足以称，夫昆上而季下，圣君而愚臣，古之常典焉。"
>
> 大鷦鷯曰："先皇谓：皇位者一日之不可空，故预选明德，立王为贰，祚之以嗣，授之以民，崇其宠章，令闻于国。我虽不贤，岂弃先帝之命，辄从弟王之愿乎。"

二人对话中所流露的思想，显然来自儒家的"君王尚德""长幼有序""父命不违""以贤选君"等观念。这说明儒家的很多理念已影响到王室成员。由于两人相互推让，以致造成3年空位。最后菟道稚郎子自杀，以示辞让诚意。

儒学不仅对大和国王族产生道德影响，有些观念甚至成为他们的治国理念。《日本书纪》载：大鷦鷯即位后称仁德天皇。他继位之初，国内百姓非常贫困。一天他登高远望，见百姓家炊烟不起，便召集群臣说：“朕闻，古圣王之世，人人诵咏德之音，家家有康哉之歌。今朕临亿兆，于兹三年，颂音不聆，炊烟转疏，即知五谷不登，百姓穷乏也。封畿之内尚有不给者，况乎畿外诸国耶？”又说：“其天之立君，是为百姓，然则君以百姓为本。是以古圣王者，一人饥寒顾之责身，今百姓贫之，则朕贫之；百姓富之，则朕富之，未之有百姓贫之君富矣。”[1] 这里的“君以百姓为本”是儒家“民贵君轻”的另一种说法。仁德天皇治国采用的方法主要是中国秦汉以来贤君的方式：一是轻徭薄赋。仁德四年三月二十二日，宣诏“自今之后，至于三载，悉除课役，以息百姓之苦”。二是崇尚俭约。在“悉除课役”的同时，要求朝廷君臣“削心约志”，节俭生活，“黼衣，鞋履不弊尽不更为也；温饭暖羹不酸不易也”。三是兴修水利。仁德执政期间，先后治理许多河流，修筑水池，围堤造田。较为著名的有筑茨田堤、横野堤，挖山背粟隈县大渠、感玖大渠等。其中感玖大渠一项工程，就能灌溉上铃鹿、下铃鹿、上丰浦、下丰浦四处郊原，并开垦4万余顷田。[2] 仁德以“君以百姓为本”的理念治国，《日本书纪》对他的业绩评价甚高：“天皇夙兴夜寐，轻赋薄敛，以

〔1〕《日本书纪》卷10，应神十六年二月。
〔2〕《日本书纪》卷10，应神十六年二月。

宽民萌。布德施惠，以振困穷。吊死问疾，以养孤孀。是以政令流行，天下太平，廿余年无事矣。”

另一位以儒家“德政”治国的是雄略天皇。他以“令普天之下永保安乐”为根本方针，将确立国家正常的统治秩序作为治国目标。他的遗诏表明了他的治国理念：“方今区宇一家，烟火万里，百姓艾安，四夷宾服，此又天意，欲宁区夏，所以小心励己，日慎一日，盖为百姓也。臣连伴造，每日朝参；国司、郡司随时朝集，何不罄竭心府，诫敕殷勤，义乃君臣，情兼父子，庶籍臣连智力，内外欢心，欲令普天之下永保安乐。……但朝野衣冠未得鲜丽，教化政刑犹未尽善，兴言念此，惟以留恨。”从这份遗诏中可看出，雄略治国不仅采用儒家观点，也兼有法家思想。所谓“教化政刑”很可能是通过中国典籍获得的启发。对于雄略的评价，褒贬不一。有称他为“有德天皇”，亦有贬他为“大恶天皇”“恶行之主”。据史书记载，雄略天皇确实杀戮了不少人，这其中原因应该具体分析。不过，确立国家的统治秩序这一点是可以肯定的。

继雄略之后，大和国还有几位君主是以儒家的社会理念来治国的。其中最值得提及的是继体天皇。继体七年，他在立皇太子的诏书中明确以儒家“贤”“善”“乐”“仁”作为治国思想。他说：“日本邕邕，名擅天下。秋津赫赫，誉重王畿。所宝惟贤，为善最乐。（略）宜处春宫，助朕施仁，翼吾辅阙。”[1] 继体在位期间，特别重视举贤良用人才。除此之外，他还特别提倡重农耕，奖蚕桑。《日本书纪》载，他即位不久，就诏令全国：“帝王躬耕而劝农业，后妃亲蚕而勉桑序，

〔1〕《日本书纪》卷11，仁德十四年十一月。

况厥百寮暨于万族，废弃农绩而至殷富者乎。有司普告天下，令识朕怀。”

重农耕蚕桑，大和国多数大王都具有这样的思想。继体之后的安闲、宣化尤为典型。比如宣化明确诏示：“食者天下之本也，黄金万贯不可疗饥，白玉千箱何能救冷。”

从5、6世纪的日本历史来看，儒家思想只是在权力阶层有较大的影响，并没有深入到社会其他领域，尤其是民间社会。即使在上层社会，也只是儒家之片段、零星思想的实际应用，并未形成系统的制度文化。究其原因，首先是由文化传播的一般规律所决定的。任何民族接受一种新的外来文化，都要经过接触、理解、消化、融合的过程，才能使之真正成为自己精神系统的一部分。儒学在5、6世纪的日本，就是初传阶段必然的处境。然而，仅作这样的表层解释，还不能够说明日本历史文化的特殊性。有的学者作了深一层的阐释：“在中国儒学传入之始的5、6世纪，原始宗教意识的迷雾仍然笼罩着日本人的头脑，当时虽已出现神话体系化、政治化的趋势，但是，刚刚踏入文明社会不久的日本人尚未展开理性的启蒙。处于这样思维水准的日本人，要对作为理性文化产物的儒家思想产生共识，确有困难。即使少数学习过中国儒家经典的皇室成员或上层贵族，也更为重视利用氏族祖先神信仰作为统治工具。”〔1〕这种解释很有道理。日本文明起步较晚，统一的国家政权迟至4世纪才建立，因此，与当时的中国文化相比，肯定在理性能力上有很大距离。不过，除了这一重要原因，我们也不能忽视日本古代国家发展的特殊历史过程。5、6世纪的日

〔1〕王家骅：《儒家思想与日本文化》，第16页。

本，其统治权威的归属问题尚未尖锐到危胁社会安定的地步，中央集权的确立也没有凸显为社会历史的主题，构筑什么样的政治结构和社会秩序都在未定之中。直到7、8世纪，历史明确地作出了建立中央集权体制的选择，儒家的制度文化才被作为一种自觉的需求，被系统地引进日本。

（二）社会改革的范本：中国儒家社会思想的系统输入

日本大和国所面临的国内政治争斗，以及在朝鲜半岛外交势力的受挫，使它陷入了极其危难的境地。为了避免社会分裂的命运，权力层中的有识之士，开始进行社会政治改革以寻求一条再生之路。由于日本处于东北亚四面环海的特殊地理位置，除汉文化圈外，尚未与其他文明发生直接联系，因此繁荣、强盛、文明的隋唐帝国自然就成为日本权力阶层实行社会变革和文化选择的范本。这亦如霍尔所说，唐朝的政府机构在政治实践上常常偏离儒家的社会理想，“不过，不论在实践上唐朝有什么错误，它的模式代表一种极为有效的中央化和官僚化的制度。作为一种组织国家资源的手段，大和时代的日本人想象不出任何更有效的办法”[1]。

自从7世纪初圣德太子向中国派出遣隋使、留学生、学问僧之后，日本大和权力集团就开始系统输入中国儒家社会思想。他们像“长鲸吸百川”那样十分主动地将隋唐帝国的政治制度、生产方式以及法律、文学、艺术、宗教等移植到日本，从而完成了由分散的血缘统治向统一的中央集权制度的飞跃。从世界历史的角度来看，能像日本民族那样，在社会变革和文化选择的重大历史关头，主动而不失时机地实行变革并大

---

〔1〕［美］约翰·惠特尼·霍尔：《日本——从史前到现代》，第3页。

胆吸收外来先进文化的民族是不多见的。

如前文所述，大和政权初建时的政体形式是以血缘关系为基础的氏姓贵族联合体。这种统治秩序主要以神话和原始宗教中的血缘性原理为合法性依据，原始的神道观念构成社会信仰和价值的中心。天皇被视为天照大神的直接后裔。《古事记》中所谈及的200多个氏族中，有170多个氏族的祖先与皇祖神（即天照大神）或皇室有亲缘关系。这些氏族的地位高低取决于他们的祖先神与皇祖神血缘的远近亲疏。由血缘性原理组织起来的皇室与氏姓贵族的联合统治，虽然使皇权获得了自然合法性的支持，但同时也为其他贵族集团依据血缘关系进行权力争夺提供了可能。6世纪先后出现的“臣连时期”和苏我氏专权，就是皇权削弱、氏权膨胀的结果。克服这种由权力分散引发的社会政治危机，最有效的办法就是进行统治体制的改革，建立以天皇为权威的中央集权政府，从而统一调配和利用国家资源，如稻田、水利设施、税收等。然而，由血缘统治转变为地缘统治，必然会遇到一个重要的精神难题，这就是，原有的支持统治权力的合法性资源（原始神道观念）对于在保持皇权的同时排除氏权的做法不能继续作出说明；另外，地缘统治意味着必然将非皇族血缘的其他小氏族和广大民众都直接纳入中央集权的统治系统，而不是像以往那样通过氏姓贵族对国土和人民进行间接统治，原始神道观念对这种非血缘性的直接统治也不能进行充分的论证。

在既要建立中央集权制度以解决社会危机，而原有的合法性资源又不能继续充分论证和支持的情况下，中国儒家的社会观念在随着隋唐的政治制度传入日本之后，也就自然成为支持新体制的合法性资源的重要内容。以上我们说过，建立中央集权体制，实质上是对天皇权威统治的调整和修补，因此原有神道观念所面对的问题只是一个合法性的补充，而不是合法性的挑战。所以儒家的社会观念被引进大和国，并没有成为根本的合法性的终极理念，而只是对原有资源进行了功能性的充实。当然，这种充实对日本古代国家的影响是非常深远的。

1. 儒家“王土王民”的思想与地缘统治的中央集权制度

在由氏姓贵族的联合体制向天皇权威的中央集权体制的演变过程中，最早试图进行改革的是圣德太子。他在603年至604年间，推行了所谓的“推古朝改革”。他是中国文化的仰慕者，年轻时即“习内教（即佛教）于高丽僧惠兹，学外典（即儒家经典）于博士觉哿，而悉达矣”[1]。圣德太子对于中国文化的学习和接受，除向中国派遣留学生和学问僧外，最重要的就是他第一个运用中国儒家“王土王民”的思想为政治制度的改革作合理性论证。在他亲自制定的《十七条宪法》中，明确提出了社会改革的指导思想，即：“国无二君，民无二主，率土兆民，以王为主。”这是大和政权中明智的改革者，依据中国儒家的社会思想说明社会新秩序中的君、臣、民关系以及君与国家资源（主要是土地）关系的最早的理论尝试。它为以后的大化改新及律令制度所继承。这种思想实质上提出的是君与国土、人民的关系准则：“君”（天皇）为国家的最高统治者，是国土和人民的最高所有者。所谓“民无二主”在理论上排除了氏姓贵族在天皇与民众之间的统治权，将国土与民众直接纳入中央权力的系统之中。这种思想明显取自中国儒家，是《诗经·小雅·北山》的“溥天之下，莫非

---

〔1〕《日本书纪》推古天皇元年条。

王土。率土之滨，莫非王臣”和《孟子·万章》“天无二日，民无二王”的摹写。

为了彻底削除大氏姓的统治权，《十七条宪法》明确界定了“臣”的概念。“臣”不再是可能与“君”分庭抗礼，擅权朝政的旧氏姓贵族，而是“君言臣承”（《十七条宪法》第3条）的中央集权下的官僚。具体要求是“以礼为本”（《十七条宪法》第4条）、“明辨诉讼”（《十七条宪法》第5条）、“背私向公”、“使民以时”（《十七条宪法》第15条）等；为臣之道是“忠于君”和“仁于民”（《十七条宪法》第6条）。[1]

由于当时改革派与苏我氏的力量对比悬殊，因此圣德太子的改革方案未能实现。然而他提出的改革纲领和“王土王民”的指导思想却影响日渐扩大，成为此后大化改新和律令制度的理论依据。圣德太子死后，苏我氏随意役使圣德太子的部民为其修建陵墓。圣德太子的女儿上宫大娘姬王十分不满，愤愤地指责说：“苏我臣，专擅国政，多行无礼。天无二日，国无二王，何由任意悉役封民。”

大化改新是日本古代最重大的变革。它的主要推动者中大兄皇子和中臣镰足，都深受中国古代文化，尤其是儒家思想的影响。中臣镰足出身二流贵族家庭，相传幼年好学，博涉兵传，尤喜中国古代兵书《六韬》。他不满大氏姓贵族苏我氏的擅专朝政，于是辞官不就，称病隐退，暗中进行反苏我氏的活动。他发现舒明天皇之子中大兄皇子年轻有为，且有推翻苏我氏实行改革的隐志，便寻找机会与其接近。一次偶然的机会，

---

〔1〕《十七条宪法》全文见《日本书纪》推古天皇十二年条。

二人相识并结为无所不谈的知己。中臣镰足时年 29 岁，中大兄皇子 17 岁。他们共同拜南渊请安为师，学习“周孔之教”[1]。由此，中国儒学的政治思想被他们奉为圭臬。除此之外，中臣镰足还经常参加僧旻的《周易》讲座。《周易》中的“变易”思想，很可能激励了他实行变革的决心。

南渊请安是圣德太子派往中国的留学僧，是大化改新的幕后人物。608 年（推古天皇十六年，隋大业四年）9 月，圣德太子派遣 8 名留学生和留学僧随同遣隋使小野妹子赴中国。这 8 人中，除南渊请安外，高向玄理和僧旻也是大化改新的推动者。僧旻于 633 年归国，在华 24 年。南渊请安和高向玄理于 640 年（舒明天皇十二年）学成归国，在中国留学长达 32 年，是留华时间最长的留学僧。他们目睹了隋亡唐兴与唐初经济繁荣、政治稳定、文化灿烂、军事强大的盛况。于是，他们决心以繁荣、富强、开放的唐帝国为楷模，对自己日陷危难的国家进行改革。这些留学僧回国后，大都不再从事佛教研究，而是传播儒学的社会政治思想，介绍隋唐的政治制度，为政治改革做思想理论准备。由此来看，大化改新领导集团中的主要人物，中大兄皇子、中臣镰足和南渊请安、高向玄理、僧旻等人，都是熟知儒学政治思想的人物。这对确定大化改新的政治方向起着决定性的作用。

645 年，中大兄皇子和中臣镰足经周密策划发动政变，铲除了苏我氏一族的势力，建立了改新政权。根据高向玄理和僧旻的建议，在日本开始使用年号，以 645 年为大化元年。大化二年（646 年）元旦，发布改新诏书，提出改新纲领。此后，

[1]《日本书纪》皇极女皇三年条。

又不断发布法令，规定制度，将改新诏书诸条项予以落实。至702年公布的《大宝律令》和此后公布的《养老律令》，又将改新成果固定为完整法律。改新事业至此完成，其间经历了大约半个世纪。大化改新运动是日本史上儒家社会政治思想发挥推动社会进步作用的一个重要事件。

关于大化改新的主要内容，前文已作过略述，其最主要的改革措施是将“王土王民”的指导思想具体化为国家制度。比如把皇室和贵族所有的土地和人民一律收归天皇所有，成为“公地公民”，然后实行“班田收授”法和租庸调制，使天皇能够通过各级行政官员直接管理统治国土资源和人民。儒家的“王土王民”思想始终是支撑这场改革的理论支柱。646年（大化二年）3月，皇太子（中大兄皇子）率先将自己私有的土地和部民献给天皇作为“公地公民”。他明确申明大化改新的根本思想：“天无双日，国无二王。是故兼并天下，可使万民，惟天皇耳。”[1]

2. 儒家“天命”思想与天皇统治权威的合法性来源

“王土王民”的思想说明了建构新秩序的理论原则，它回答的是“应该如此”的问题。然而天皇为什么可以具有这样的权力，则必须说明它的合法性来源。在氏姓贵族联合政权的体制下，天皇权威的合法性，来自以天照大神为皇祖神的神话性的自然血系。在地缘统治的中央集权体制下，这种自然血系的合法性就有着明显的不足。严格地来说，它只能够说明天皇有权力统治与自己祖先神有血缘关系的氏族系统，但是却不能理直气壮地将全部国土和国民纳入自己的统治体系。换句话

---

[1] 《日本书纪》孝德天皇大化二年条。

说，地缘性的中央集权体制必须寻找超越血缘之上的最广泛的合法性资源才能支撑自己的政治运作。

大化新政权成立之初，孝德天皇在召集群臣向天神地祇发布誓词时，明确增加了新的权威来源。誓词说："天覆地载，帝道唯一。而末代浇薄，君臣失序。皇天假手于我，诛殄暴逆。今共沥心血，而自今以后，君无二政，臣无二朝。"〔1〕对于这段誓词，按照解释学的深层解释原则，至少可以看出三层含义：第一，帝道唯一，这是天覆地载的无须质疑的自然之理；第二，目前君臣失序的状况违背了天地之道；第三，皇天令我代行天命，铲除暴逆，恢复君无二政、臣无二朝的唯一帝道之序。从这里可以看出，"皇天"与"帝道"是价值对等的关系，"君无二政，臣无二朝"的天皇集权制的依据来自"皇天假手于我"，而不是天皇的祖先神天照大神。代行天命，这是典型的中国儒家"道之大原在天"的"天命"思想。从语源上来看，"皇天假手于我"很明显取自《尚书·伊训》"皇天降灾，假手于我"之句。儒学的"天命观"与日本传统的皇祖神信仰虽然同属"君权神授论"的范畴，但是，"天命"的思想扩大了皇祖神信仰所涵盖的统治范围，说明了以天皇为中心的集权体制对全部国土和人民拥有所有权的合法性。

对于中国儒家"天命"思想的接受，早在圣德太子时代就已初现端倪。比如《十七条宪法》明确写道："国无二君，民无二主，率土兆民，以王为主。承诏必谨，君则天下，臣则地之；地欲覆天，则致坏耳。"这里所说的"君则"与"臣则"均得自天地自然之理。

---

〔1〕《日本书纪》孝德天皇即位前纪。

以儒家“天命”思想作为合法性的重要资源，使超越血缘统治之上的中央集权体制获得了最大范围的支撑，同时也使大和国统治者的“卡里斯玛”（charisma）源泉得到了新的补充。“卡里斯玛”是早期基督教词语，指“神圣的天赋”或“超凡魅力”之意。以后德国社会学家马克斯·韦伯将其引申为有创新精神和领导力量的人物的某些特殊资质。他们的特殊资质被认为得自上帝的特别恩宠，或被认为与宇宙中最有力、最有权威或最重要的泉源相接触的缘故。此后，美国社会学家爱德华·希尔斯（Edward·A. Shils）又为其增加了社会政治秩序的内容，指出“卡里斯玛倾向是社会需要秩序的结果”，“卡里斯玛是符号秩序的中心，是信仰和价值的中心，它统治着社会”。大和国统治集团在援用中国儒学“天命”观之前，皇祖神天照大神是其“卡里斯玛”源泉，也是信仰和价值的中心。而在接受“皇天假手于我”的“天命”思想之后，其合法性根据就不仅是特殊的血缘性原理，而且增加了普遍性的形而上内容。[1]

儒学的“天命”观念在7世纪中期以后，成为日本权力阶层统治权威的重要依据。在诸多天皇诏敕和法律条文中，天皇都是以受命于“天”的天子身份出现的。[2] 8世纪中期编成的日本第一部汉诗集《怀风藻》，天智天皇被称为“受命”之君。这说明中国儒学的“天命”思想已经相当普遍地进入了日本人的文化心理之中。

---

〔1〕参见王家骅：《儒家思想与日本文化》，第35—36页。

〔2〕详见《续日本纪》庆云四年条、天平十九年条、天平宝字八年条等。

3. 儒家的“德政”思想与大和政权统治的正当性

从政治学的原则来看，当一个政权被赋予合法性的同时，还必须被非权力系统的广大社会成员认同，政权管理或统治才能产生实践效力。能否被社会成员认同，主要取决于政权的办事能力和包括利益取向在内的道德水准。可以这样说，一个政权统治的成功来自两方面，即从传统资源（如神话传说、宗教信仰等）中获取合法性依据，以及从社会成员那里得到正当性认可。按照政治社会学的观点，这种合法性与正当性实质上体现的是一种利益互换原则。也就是说，国民在接受权力集团的管理或统治并为国出力的同时，权力集团也必须以自己的效力和德行施惠于民，保护于民。如果这种平衡因为权力集团的失效或失德被打破，那么统治权威的合法性就会受到来自国民的正当性的挑战。

中国传统文化中的治国理念是“贤相政治”。在儒家的社会理想中，合法性依据的“天命”观是与要求统治集团“为政以德”的正当性联系在一起的。儒家认为“天命有德”[1]，意思是说，上天只会把权力赋予像周文王、周武王那样的具有美德的人。“克慎明德”的统治者能够“昭升于上，敷闻于下”，即上达于天，下闻于民，得天命，得民和，才能为王且历年不衰。而失德者如桀、纣，则会“不敬厥德，乃早坠厥命”。孔子和孟子更简明地把统治者的政治实践标准概括为“为政以德”[2]和“以德行仁者王”[3]。总之，中国儒家的社会思想是以“德”之有无来决定权力集团的统治合法性

〔1〕《尚书・尧典》。
〔2〕《论语・为政》。
〔3〕《孟子・公孙丑上》。

“天命”的存在的。这种道德要求不仅涉及最高权力者“君”，而且涉及作为“君”与“民”之中介的“臣”，即各级官僚。孔子把道德上的由己及人的过程看作政令推行的基本前提。他说：“其身正，不令而行；其身不正，虽令不行。”[1] 中国儒家的这种以“德”为中心的政治价值基准以及“德政”的政治理想是中央集权体制下的一种历史选择。

日本大和政权在超越血缘性基准之上建立的地域性的天皇集权统治，自然会在接受中国儒家“天命”观的同时吸取其“德政”思想。圣德太子在《十七条宪法》中明确申明：“五百之乃今遇贤，千载以难待一圣。其不得贤圣，何以治国。”此后的大化改新把“德政”思想作为改革的一面旗帜。新政权建立的第二个月，孝德天皇就下诏明示：“当尊上古圣王之迹，而治天下。”表明要以中国儒家所称颂的道德高尚的先王尧、舜、禹、汤、周文王、周武王等作为帝王楷模。特别应该提及的是，大化二年，孝德天皇决定仿效中国古制，实行钟匮之制，以实践“德政”统治。这是很有价值的一段史料，故详录如下。《日本书纪》大化二年二月条载：

> 二月，甲午朔。戊申，天皇幸宫东门，使苏我右大臣诏曰：明神御宇日本倭根子天皇诏于集侍卿等、臣连、国造、伴造及诸百姓：朕闻明哲之御民者，悬钟于门，而观百姓之忧；作屋于衢，而听路行之谤。虽刍荛之说，亲问为师。由是，朕前下诏曰，古之治天下，朝有进善之旌，诽谤之木，所以通治道而来谏者也，皆所以广询于下也。管子曰，黄帝立明堂之议者，上观于贤也；尧有衢室之问

[1] 《论语·子路》。

> 者，下听于民也；舜有告善之旌，而主不蔽也；禹立建鼓于朝，而备讯望也；汤有总术之廷，以观民非也；武王有灵台之囿，而贤者进也。此故圣帝、明王所以有而勿失，得而勿亡也。所以悬钟设匮，拜收表人，使忧谏人纳表于匮；诏收表人每旦奏请。朕得奏请，仍又示群卿，便使勘当，庶无留滞；如群卿等或懈怠不勤，或阿党比周，朕复不肯听谏，忧诉之人，当可撞钟……

悬钟设匮是传说中的中国上古时代圣帝明王招贤纳谏以实践“德政”的重要制度。大化政权仿效此制，显然是把“德”作为政治行为的主要内容。大化三年，孝德天皇又一次诏令中央与地方群臣：“凡将治者，若君如臣，先当正己而后正他。如不自正，何能正人。是以不自正者，不择君臣，乃可受殃。”

在传统的信仰和价值体系中，血缘性原则是根本性的。皇祖神天照大神的直系后裔，以及与皇室亲近的血缘关系，是天皇权威和贵族权力的合法性根据。7 世纪圣德太子之后，随着政治体制的改革以及中国儒家社会思想的传入，传统的血缘性原理便不再是统治合法性的唯一资源，“德政”思想为其补充了“正当性”的内容。“如不自正……不择君臣，乃可受殃”，无论为君或者为臣，如果失德必受天黜，即失去统治或管理国家的正当理由。

推行“德政”，与最高权力者的儒学修养有直接的关系。史籍记载表明，中央集权体制下的诸位天皇，均对中国的史书、经典有较深的研究。文武天皇不但是一位精通经史者，而且也是一位以儒家思想修身的人，他为人宽仁，“愠不形色，博涉经史，尤善射艺”。元正天皇“神识沈深，言比典礼”，在其统治期间，对于中央集权体制的巩固和完善，建树颇多。

孝谦天皇虽然笃信佛教，但是她不仅经常研习儒学经典，而且以儒家的社会思想作为执政的指导，因此在位期间，施政业绩颇为明显。她明确地说：“朕览周礼，将相殊道，政有文武，理亦宜然。”她特别注意儒家的安民思想，派遣使节到各地巡访民情，救济饥寒，扶贫恤病。为减轻民众负担，她下令将中男年龄由17岁提高到18岁，正丁年龄由21岁提高到22岁。她具体的治国思想是“治民安国必以孝理，百行之本莫先于兹”。为此，她“令天下，家藏孝经一本”，并要求“精勤诵读，倍加教授”。对于孝行出众者，给予表扬奖励；凡“不孝、不恭、不友、不顺者”，则流放东北荒凉地区。

在诸位以儒家“德政”思想治国的天皇中，有三位应该着重提及。

第一位是淳仁天皇。他对儒学经典非常喜好，而且“以余闲历览前史”，对中国的古典史籍和本国史籍都多有涉猎。他以“德惟善政，政在养民”为治政思想。为了达到“善政”的目的，他推行了两项措施。第一项为整顿吏制。他在调查各地官吏政绩和品行的基础上，明确宣布自己的用人标准是以德为先。对于那些在家无孝、在国无忠、见利忘耻、施政不仁、使民痛苦，以及不服从朝廷任命，以艰苦为借口不去边疆任职，不遵守国家法律者，若教之不改，则罢官归乡。他说，犯有上述劣行的官吏，即使有“周公之才，朕不足观之”。第二项措施是改变中央机构的名称：中务省改为信部省，式部省改为文部省，治部省改为礼部省，民部省改为仁部省，兵部省改为武部省，刑部省改为义部省，大藏省改为节部省，宫内省改为智部省，弹正台改为纠正台等。另外，他还将太政官改为乾政官，将太政大臣、左大臣、右大臣分别改为大师、大傅、大保。这些改革措施，一方面表明淳仁天皇要使中央核心领导层在形式上更接近中国唐朝的官制，另一方面更说明他以儒家德政思想治国的决心。以仁、义、礼、智、信来命名中央主要机构，实际上包含着要求各级官吏在行使职权时，要“德惟善政”的良苦用心。比如民部省改为仁部省后，其所属官吏就必须牢记施政于民，以仁为贵的思想。刑部省改为义部省，表明在执法方面，要采取“德主刑辅”的宽刑主义。大藏省改为节部省，意味着坚守儒家以节俭为美德的用财之道，提醒官吏，任何时候都不能铺张浪费。

第二位是光仁天皇。在光仁天皇继位之前，儒家政治有一个短暂的低谷期。淳仁朝之后，孝谦天皇重祚。她从统治内部的需要出发，大力推行佛教政治。但是在五年之后，光仁天皇继位，否定了佛教政治，重又推行儒家路线。当时的日本，有两大社会政治难题需要立即解决。一是官僚机构庞大，冗员过多；二是天平年间，建造寺院和大佛之风泛滥，国库亏空，财政日趋紧张。以光仁天皇为首的中央政府决定采取相应的治理措施。首先，从根本上转变治国方针，否定佛教政治。将参与朝政的道镜和尚驱逐出京，贬为下野药师寺别当；道镜的亲属流放土佐；被道镜排挤、打击的人，重新起用，恢复名誉；与此同时，整顿僧尼，加强纲纪。其次，整顿吏治。光仁天皇曾在宝龟元年（770年）九月，以太子身份颁布过精简机构的旨令。他上台之后，太政官根据官吏众多，财政日困的状况，提出“当今之急，省官息役，上下同心，惟农是务”之策，光仁对此表示赞同，对有关政府机构和官员进行了精简。为了进一步节省国家财政，光仁还下令整顿兵制。除三关边要之外，各国（日本的地方最高行政单位称“国”）要按规模大小，配置兵员名额。另外，将那些不适宜服兵役者，解甲归乡，从事农业生产。最后，根据“国以人为本”的儒家思想，制定保民、护民的措施。光仁明确地说：“杂类之中，人最为贵。”当时国郡司的不少官吏，利用放贷官稻的职权，牟取私利。为了阻止这种盘剥农民的非法行为，防止广大贫民百姓破产，光仁朝廷采取了三项措施：一为重申放贷的利率，按律令规定不许超过一倍，违者按违敕罪论处；二是不允许国郡司私吞官稻，更不许拿私吞的官稻进行放贷，有违犯者，不论情节轻重，一律以贪赃论处，解除公职，永归乡里；三是在饥荒时节，以低于时价的价格，卖出部分国库存粮，使天下百姓免受谷价腾贵之苦。

第三位是桓武天皇。他继光仁之后，继续推行儒家的治国思想，更加着力于整顿纲纪，完善律令体制。针对各级政权冗员过多的情况，桓武朝宣布，内外文武官、员外之任，一律废除。延历五年（786年），针对国郡司的弊政，制定了十六条奖惩条例。这其中主要的规定有：第一，国郡司不许在公廨田之外，继续经营水田，更不许侵害百姓的农桑地和垦殖荒地，违犯者，没收垦殖之田和经营所得，并罢官归乡；第二，禁止王臣、诸司、寺院兼并山林，如有违犯，按违犯敕令罪处之，若有官吏包庇、纵容，亦按同罪处理；第三，国郡司如果将粗劣不能食用的调庸贡进朝廷，将根据情节程度依法惩处，国司官员革职罢官，永不录用，郡司官员除革职罢官外，还要断其谱第，革除爵位；第四，贪污国税者，一人贪污，其属下官吏同罪，解除官职，永不叙用。为了巩固中央集权体制，保证国库收入，延历九年（790年），宣布各国历年拖欠的租税，按大国三万束、上国二万束、中国一万束、下国五千束的数额，每年填补，如果依然拖欠不交，则按情节轻重科罪。

依据上述内容来看，大和政权在建立中央集权的体制之后，主要是以中国儒家的“德政”思想作为治国的指导方针的。儒家的“政在养民”“农者天下之本”“俭约戒奢”“简人任能”等观念对于以天皇为首的中央权力集团的政治实践产生了深刻的影响，特别是儒家的“仁”“义”思想被视为治国、治民之道。比如天平宝字三年（759 年）六月二十二日，淳仁天皇发布敕旨，要求各级官吏以儒家的仁、义、礼、智、信作为施政的标准，并明确规定了具体内容：“滥不杀生，能矜贫苦为仁；断诸邪恶，修诸善行为义；事上尽忠，抚下有慈为礼；遍知庶事，断决是非为智；与物不妄，触事皆正为信。”关于日本奈良和平安时代中央权力集团吸纳中国儒家“德政”思想治世的材料，在 8 世纪制定的“律令”以及历史著作《古事记》、“六国史”〔1〕中有明确记载，可谓史不绝书。不过，当时的日本对于中国儒家社会思想的学习和吸纳，只是在政治功能的层面，当作治世之术来理解和运用的，并没有作为根本性的文化理念来整合社会，并构筑民族的深层文化心理。

4. 儒学传授在日本古代教育中的重要地位

从大化改新到 12 世纪后期，大和政权在中央设置大学寮，地方设立国学，此外还有大学寮别曹和私学，形成了较为完整的学校系统。这些学校的主要功能是培养官僚。中央规定，凡充当官吏者，必须通过在大学或国学中学习这一阶段。由于主

---

〔1〕六国史：日本在 8 世纪开始模仿中国正史编写的官纂史书《日本书纪》（720 年）、《续日本纪》（797 年）、《日本后纪》（840 年）、《续日本后纪》（869 年）、《文德天皇实录》（871 年）、《三代实录》（901 年），一般称为“六国史”。

要教学内容是儒家经典，所以各类学校也就自然成为儒学的传播系统。

大学寮是日本古代的国家级学校，它比国学建立得要早，一般认为，始建于飞鸟时代的天智天皇（662—671 年在位）时期。在日本形成从中央到地方的学校系统，大约是在 8 世纪的奈良时代。在 701 年制定的《大宝律令》和 718 年制定的《养老律令》中，均有“学令”。这些“学令”基本上是模仿中国唐朝的《永徽律》和《开元三年令》。日本的大学寮与唐制的国子监相似，也可以说是唐制的缩小和统一。这里可作一个简单的比较。唐朝国子监下属的学校有国子、太学、四门、律、书、算，称为六学。其中的国子、太学、四门三学专门教授儒学。国子监的长官叫祭酒，六学的教官 26 人，学生定员 2210 人。日本的大学寮属式部省，长官称大学头，大学寮教官 9 人。最初设明经道（儒学科）和算道（数学科）。学习儒学的明经道学生最多，定员 400 人；算道学生定员仅 30 人。在 9 名教官中，7 人传授中国文化，其中 3 人传授儒学，2 人教授汉籍读音，2 人教授汉字书法。至 8 世纪中期，又增设文章道和明法道。文章道教习诗文、史籍，明法道教习法律。这两个学科的学生各为 20 人与 10 人，仍以学习儒学的明经道学生为多。依据以上的数字比例可以看出，从学校的规模以及教官、学生的人数来看，日本的大学寮要比唐代六学小得多。唐太宗时，唐六学的在学者（包括留学生）曾多达 8000 余人。而日本大学寮满员时，不过 460 人。但是，如果从专习儒学的学生比例来看，日本大学寮却比唐六学高得多。

日本大学寮使用的教科书与中国唐朝国子监相近。明经道的教科书全部为儒家经典，而且规定了详细的注释本。比如，

“学令”规定，教科书有“九经”：《周易》用郑玄和王弼注；《尚书》用孔安国和郑玄注；《周礼》《仪礼》《礼记》《毛诗》用郑玄注；《春秋左氏传》用服虔和杜预注；《孝经》用孔安国和郑玄注；《论语》用郑玄和何晏注。在“九经”中，《孝经》和《论语》为必修，另可选修其他几种经典。与中国唐制比较，日本大学寮所用教科书没有《老子》《春秋公羊传》和《春秋穀梁传》，而唐朝国子监却规定《老子》为必修课之一。由此可见，日本大学寮比中国唐朝六学更专注儒学传授。教授经典的方法分为两步：首先用汉音诵读经典原文，称为“素读”，这对于初识汉语汉字的日本学生来说，是不可缺少的步骤。第二步称为“讲义”，即以法定注释解说经文。考试有“旬试”和“岁试”两种，内容为背诵经典和根据注释讲解经文。不及格者以教鞭体罚。

日本大学寮以儒家经典作为教科书，不仅是模仿唐制，更主要的是从大学寮的办学目的出发。大学寮的主要任务是培养天皇制国家所需的行政和技术官僚。因为天皇制的中央集权体制是根据儒家的社会思想进行运作的，所以官僚们必须熟读“五经”和《论语》等儒家经典，才能起草相关的诏敕或奏状。

由培养官僚的教学目的所决定，日本大学寮具有明显的贵族学校性质，原则上不接纳庶民入学，这与唐朝六学不同。一般来说，只有五位以上的贵族子孙、东西史部（世代以文书为职业的家族）和八位以上官吏的子弟以及国学的毕业生，才可进入大学寮。进入大学寮无须考试，学习期限 9 年，入学年龄为 13 岁以上，16 岁以下。而唐制的四门、律、书、算学是对庶民开放的。

大学寮虽然是培养官僚的教学机构，但它的毕业生一般只能进入中下权力层。明经道和文章道的学生毕业考试合格后，被称为“举人”。然后，“举人”与“贡人”（由地方推荐的国学毕业生）一起在式部省接受任官考试。考试分秀才、明经、进士、明法四科。合格者依成绩高下授不同官职。不过，各科考试入选者在政府机构中只能担任中下级官吏。如秀才科考试优秀者仅授官正八位上，与五位以上贵族之子可由荫庇授以八位上官位，相差无几。因此，上级官吏并不是通过学校而取得的，即使从中国留学归来，能够擢升到统治阶级上层的也为数不多。尽管如此，日本大学寮中担任讲授教习的，是精通中国儒家文化的人员，课程也以儒家经典为主。由此，有学者认为“大学和国学是以后日本传播中国思想，培养受中国思想影响的下级统治者的大本营”[1]，也有学者说“大学寮不过是中级行政与技术官僚的养成所”[2]。

日本古代学校的另一种类型是国学。《养老律令》规定，每国设1所国学，置国博士1人为教官。国学的学生人数因国的大小而异：大国50人，上国40人，中国30人，下国20人。国学与大学寮相似，也有明显的贵族性质。学生须是地方官吏的子弟，人数不足时，允许庶民子弟入学。学习内容与大学寮明经道相同，主要是儒家经典。学制9年。毕业后或担任地方官员，或进入大学寮学习，以准备进入中央政府。

在中央政府和地方政府办的学校之外，还有两种私人教育机构。大学寮别曹最初是皇族或贵族的私人教育机构，用以收

[1] 参见［日］曾我部静雄：《日本律令论》，东京：吉川弘文馆，1963年，第156页。

[2] 汪向荣：《古代的中国与日本》，第200页。

留大学寮学生住宿，或为皇族贵族子弟进入大学寮作学前教育，以后逐渐发展为大学寮的附属机构。其教学内容也是以儒学为主。比较著名的有皇族的奖学院、藤原氏的劝学院、木吉氏的学官院等。另一种是“私学”。私学包括地方初级识字学校（即“村邑小学”），以及以学习汉诗文、中国古籍为主的私塾和由名僧设立的佛学私塾。这三类私学中，以进行广义儒学教育的私塾居多，它们多少具有大学寮的预备校或补习班的性质。在儒学私塾中，以菅原氏的私塾规模最大，在著名学者菅原道真任塾主时，“门徒数百，充满朝野”。另外，空海等名僧建立的佛学私塾，如综艺种智院等，也非常著名。

在奈良、平安时代的几百年间，儒学在日本古代教育中的地位是举足轻重的。数以万计的日本青年在各类学校中诵读《论语》《孝经》之类的儒学经典，可以说儒学就是他们的知识教养和身份地位的重要来源。7 世纪至 12 世纪的日本学校教育体系，实际上成为早期日本儒学的传播网络，这就使得儒学知识从宫廷传播到更多的官宦之家，对日本社会产生了广泛的影响。

日本早期儒学教育的兴衰是与时代的兴衰共起伏的。平安时代（794—1192 年）前期，即 9 世纪，被史学界称为“唐风文化”的全盛期。从文化史的角度来看，可以说飞鸟、奈良时代以热情移植中国文化为特征，而平安时代前期则进入整理和消化已经输入的中国文化时期。新建的平安京（今京都市）和奈良一样，其建筑风格与中国唐朝京城相仿，甚至可以说是唐都长安的翻版。当时上至天皇、贵族，下至一般文人墨客皆以读写汉诗为风雅。比如嵯峨天皇下令将日本人写的汉诗编为《文华秀丽集》和《凌云集》。淳和天皇下令编辑了汉诗文集

《经国集》。平安朝前期还编写了一大批重要文献。比如用汉文书写的法律书籍《弘仁格式》《贞观格式》《延喜格式》《令义解》等，历史著作《续日本纪》《日本后纪》《续日本后纪》《文德实录》《三代实录》等。日本书法史上的“能书三笔”空海、橘逸势和嵯峨天皇，在平安时代前期非常出名。空海和橘逸势曾留学中国唐朝，其书法在中国也备受名家赞赏。

在各领域无不渲染唐朝风采的文化氛围中，以教习儒学为主的大学寮也在平安朝前期进入最盛期。建在皇宫南大门的大学寮，其规模远在各官衙之上。不仅有本寮和孔庙，明经、纪传、明法、算四道还各有自己的学堂。中央政府非常重视大学寮的作用，比如桓武天皇下诏：“王者以教学为先。”他不仅命令增加大学生的定员，还把作为大学寮财源的劝学田由20公顷增加到120公顷。平城天皇和淳和天皇也下诏督劝诸亲王和贵族子弟到大学寮学习儒家经籍。

进入9世纪的后半期，儒学的影响开始衰微。其主要原因在于，儒学是根据日本大和政权体制变革的需要而被吸纳进来的，它的兴盛与政治力量的扶持和提倡直接联系在一起，因此，随着中央集权制度在9世纪后半期的逐渐瓦解，它也必然随之衰落。至武家幕府时代，它又被利用来解决新的政治难题。这个问题将在后文阐述。

5. 模仿性与主体性

从推古改革到律令制度的确立，日本大和政权经历了根本性的政体变化，正如霍尔所说，这个新的集权制度，“不仅改变了它的政治制度和文化模式，而且创造了一个新的、将存在五个世纪的社会机构"[1]。这个根本性的变革，毫无疑问，是在以儒家为主的中国制度文化的参与和影响下完成的。这是日本历史上第一次系统输入外来文化。对于中国制度文化的系统输入，有学者认为，日本中央集权体制的出现，实质上是中国隋唐政治制度的翻版，"简单地说，是一种在从中国回国的留学生、学问僧指导之下，照搬中国封建王朝统治方式、制度的一种改革"[2]。还有学者指出，这次历史性的变革，是由日本社会的内部动因所决定的。其实，这两种观点是从不同方面说明了同一个问题。日本古代国家的这次变化，既是自身社会历史调整的需求，也是中国儒家制度文化这一参照系的巨大影响的结果。

在当时日本政治和文化精英的眼中，中国的隋唐体制几乎是完美无缺的，"大唐国者，法式备定之珍国"[3]。正因为将中国作为学习的范本，日本对中国儒家的制度文化也就必然带有很强的模仿性。关于主要的制度框架，上文已多有阐述，这里列举几个具体方面来作些说明。

第一，对唐朝官吏考课制度的模仿。中国的唐朝是一个重视吏治的朝代。吏治的好坏，对政治的清明、民生的安定、经济的繁荣有重要的影响。日本古代天皇制国家，尤其是奈良时代，对于中国唐朝的吏治文化特别注意学习。其实，早在圣德太子时期，日本就已经注意中国儒家的为官之德了。圣德太子制定的十二阶冠位以儒家的德目命名，其顺序是德、仁、礼、信、义、智，每个德目又分大小两阶（如大德、小德、大仁、

---

〔1〕［美］约翰·惠特尼·霍尔：《日本——从史前到现代》，第 38 页。

〔2〕汪向荣：《古代的中国与日本》，第 196 页。

〔3〕《日本书纪》推古天皇三十一年条。

小仁等）。这不仅仅是给冠位一个名称或符号，更重要的是以儒家之德目来蕴意对官吏的行为要求。

奈良时代对官吏的管理，主要通过考试选拔和考核业绩来进行。关于考试选拔，上文已作过略述，这里就官吏的德行业绩的考核作些介绍。对于官吏的考核，由各级官吏的长官进行，考核内容分别为“四善”与“四十二最”。

“四善”分别是“德义有闻”“清慎显著”“公平可称”“恪勤匪懈”。这“四善”基本上是模仿唐朝考核官吏的“四善”标准，只有“清慎显著”一条，与唐代的“清慎明著”在文字上略有不同，但是其含义相同。“四善”实质上是用儒家的德义、清慎、公平、恪勤的德行来考核官吏。

除了德行的考核，还需对每个官吏的职责业绩进行检验。奈良朝把文武官吏职位分为四十二类，主要有“神祇”“大纳言”“少纳言”“弁官”“中务”“式部”“治部”“民部”“兵部”“刑部”“大藏”“宫内”“弹正”“京职”“主典”“文史”“内记”“博士”“方术”“历师”“市司”“解部”“太宰”“国司”“国掾”“防司”“司”等。这些分类是在唐朝“二十七最”的基础上，经过取舍和发展之后制定的。唐朝将文武官吏职位分为二十七类，即“近侍”“选司”“考核”“礼官”“乐官”“判事”“宿卫”“督领”“法官”“校正”“宣纳”“学官”“将军”“政教”“文史”“纠正”“句检”“监掌”“役使”“屯官”“仓库”“历官”“方书”“关律”“市司”“牧官”“镇防”。每一类官职最高的业绩，称为“最”，故总称“二十七最”。唐朝的“二十七最”虽然规定了中央官吏的考核标准，但没有明确指出对各部的具体要求。而奈良朝廷的“四十二最”，则分别对式部、治部、民部、兵部、刑部、大藏省的职责都作了详细规定。从奈良时代的官吏制度来看，虽然在结构和框架上是明显模仿唐朝体制，然而在具体的取舍和发展中，则可以看出日本大和政权的务实精神。比如对官吏的选拔，除考试的途径外，还要从长期掌管实际事务的六位以下的下级官吏子弟中选取。再比如，考核官吏的标准，非常强调职责明确、廉洁奉公的踏实作风和务实精神。[1]

第二，源自儒家典籍的天皇年号。自 645 年 6 月 19 日孝德天皇使用“大化”年号后，确立年号已经成为历代天皇的惯例，沿袭至今。在日本的政治生活中，选定天皇年号是一件大事。其来历显然源自中国文化，特别是儒家的社会思想。

中国皇帝使用年号，始自西汉武帝。汉武帝即位的公元前 140 年称建元元年，第二年称建元二年。此后，新帝即位必须改变年号。同一位皇帝在位时可使用不同的年号。比如汉武帝就先后使用过元光、元朔、元狩、元鼎、元封、太初、天汉、太始、征和等年号。从明代开始，实行“一世一元”制，即一代皇帝只用一个年号，不改元。这样，就可用年号来称谓皇帝。如明世宗又可称为嘉靖皇帝，清高宗被称为乾隆皇帝，等等。

日本从大化改新之后，也模仿中国帝制，天皇要选定年号。在日本人的观念中，年号不仅是规定纪年符号，还寄托包含着选择者的政治理想，以及天皇的政治形象，因此，选定年号是与政治思想密切相关的政治实践活动。在选择天皇年号时，首先由公卿们推荐。担当此任的公卿多时 7 人，少时 1 人，一般为 3 至 4 人。天皇所用的年号，大多取自中国典籍。

[1] 王金林:《汉唐文化与古代日本文化》，第 254—255 页。

有学者统计，将645年孝德使用“大化”年号算在内，日本天皇使用的年号约出自中国106部典籍。其中被引用次数较多的是《尚书》《周易》《诗经》《文选》《汉书》《后汉书》《礼记》《孝经》《周礼》《孟子》《孔子家语》《论语》《春秋左氏传》。比如“大化”的年号，分别取自《尚书·大诰》中的“肆予大化诱我友邦君”，以及《汉书·董仲舒传》“民已大化之后，天下常亡一人之狱矣”。这两句表达的是君主对外和对内的教化职能。在中国儒家的社会理想中，君主应是“圣王”的角色，“治世”与“治道”集于一身，既是最高的统治和管理者，又是伟大的教化者。为政应先教后使，先教后杀，先德后刑。除“大化”之外，日本古代国家天皇使用的年号，还有“宽仁”“仁治”“德治”“康正”“文安”“正德”“明和”“宽政”“文政”“永和”等诸多表现儒家政治理想的年号。

年号的选定，既表明古代日本人对中国儒家制度文化的认同和模仿，也蕴含权力集团的社会心态。大化六年（650年）二月，穴户国的国司草壁连丑经献上一只白雉。一般的雉为砂褐色而有斑，白色实属罕见。朝廷重臣僧旻根据中国汉代纬书的内容和中国史书中关于白雉出现的记载，认为这是帝德感应于天的“祥瑞”，“陛下以清平之德，治天下之故，爰有白雉自西方出”。于是建议改元，实行大赦。孝德天皇接受建议，下诏说：“圣王出世，治天下时，天则应之示其祥瑞。”并下令改年号为“白雉”。701年，对岛发现巨型金块，文武天皇下令将年号由“文武”改为“大宝”；704年，皇宫西楼上空出现所谓“祥云”，又将“大宝”改为“庆云”。在中国典籍中选择年号，也常常与统治者的危机心态有关。例如，安德天皇首先用“养和”年号，出典为《汉书》“幸得保性命，存神养和”；第二年又根据《诗经》的“以介眉寿，永言保之”改元为“寿永”。此时的日本，正是天皇失坠，中央集权削弱，源氏和平氏两大武士集团夺权混战之时，选择“养和”和“寿永”的年号，蕴含着祈求天皇保命长寿的意味。16世纪末，丰臣秀吉统一日本时，天皇以“文禄”为年号，其出典为杜佑《通典》的“凡京文武百官每岁给禄”。统一了日本的丰臣秀吉，曾向公卿发放银两。在战乱中贫穷潦倒的诸位公卿受宠若惊，希望以后能多出此举，于是找出《通典》“凡京文武百官每岁给禄”一句，建议以“文禄”为天皇年号。这既是丰臣秀吉“挟天子以令诸侯”之举，也饱含着公卿们可怜而微薄的希望。

明治维新之前，日本天皇屡行改元，经常更改年号。明治维新之后，实行“一世一元”制。年号的选定不再包含“灾异”“祥瑞”或实用的内容，但是仍以中国儒家的典籍为依据。比如“明治”年号出自《周易·说卦》之“圣人南面而听天下，响明而治”；《孔子家语》的“聪明治五气，设五量，抚万民，度四方”；《尚书·洛诰》孔颖达疏：“其始欲王居之，为民明君之治。”“大正”年号出自《周易·大畜卦彖传》“能止健，大正也”。“昭和”的年号出自《尚书·尧典》“百姓昭明，协和万邦”[1]。

第三，尊孔与“释奠”仪式。701年（大宝元年），日本开始举行“释奠”仪式。“释奠”是对孔子的祭祀活动，是在模仿中国制度的基础上加以改进而形成的。与中国不同的是，

---

〔1〕参见王家骅：《儒家思想与日本文化》，第213—218页。

从767年开始，在祭仪结束后还要举行“殿上论义”，即在天皇的面前讨论儒家经典。由此来看，儒家的社会思想不仅影响着日本古代天皇制国家的政治运作，孔子的偶像也在天皇宫廷中占据了一席之地。768年，大学寮助教膳大丘留唐归国后，向朝廷报告，唐朝将孔子奉为“文宣王”。于是，天皇朝廷亦“敕号”孔子为“文宣王”。直至12世纪，宫廷中都按期举行“释奠”和“论义”。

日本大和政权在政体和社会改革的过程中，虽然援用了很多中国儒家的政治理念和社会思想，也学习和模仿了许多中国隋唐的典章制度，但是，他们是从实用的目的出发，并不是也不可能把儒家文化作为完整的体系来接受和消化，更不可能作为深层次的价值理念扎根于民族的文化心理之中。大化改新建立的中央集权体制，实质上确立的是天皇集权政治。与此相配合，原始神道信仰中的太阳神谱系自然成为根本性的政治资源。天皇被视为太阳神的直系后裔，被称为“现人神”“明神”。在法律中，规定了皇权的不可侵犯性。据《养老律令》规定，所有罪罚中，以直接触犯皇权和社稷安全的四罪（即谋反罪、谋大逆罪、谋判罪、大不敬罪）为最重，一般都处以斩、绞、流等重刑。完善官僚体制，也是为了维护至高无上的皇权。另一方面，原始神道信仰随着地域的统一和国家权力的集中，逐渐强化为整体性的民族神信仰，成为凝聚日本人的主体性精神。所有这些，使得天皇成为权力中心与精神中心的集合体，在社会历史需要之时，可以成为强大的动员力量，如明治维新之前的“尊王倒幕”运动。我们可以这样说，大化改新之后，特别是在奈良时代，日本对中国儒家制度文化和社会思想的吸纳与模仿，不仅没有削弱它的精神主体，而且帮助日本度过了关键的历史阶段，并为它增加了政治合法性的资源。霍尔在这方面看得非常清楚。他说："事实上，原来是太阳族的主祭司，在奈良成了一个通过中央集权的官僚政府以绝对权威来统治全国命运的皇帝。日本皇帝这时采用了天子或天皇的称号，并利用上天授命与贤德仁慈而统治天下。这些借来的概念支持他，使他合法化。不过，日本皇帝并未失去他原有的世袭大祭司的身份。他继续执行神的职务，并自信是天照大神的后裔。这却足以证明，日本人对中国的国家学说作了许多调整，这是其中的第一个。他们在依赖中国制度的某些特点的同时，声称天命永远赐给天照大神后裔的皇家，统治的皇帝自然而然是贤德的。"〔1〕

至12世纪，日本的社会历史又经历了一次重要的转折，被定位于政治功用层面的儒家文化也随之经历了另一种命运。

〔1〕［美］约翰·惠特尼·霍尔：《日本——从史前到现代》，第40页。

第三章

社会政治与精神主脉中的配角

——镰仓、室町时代的儒学

12世纪的日本，经历了历史上的又一次重大转折。7、8世纪建立起来的律令制的中央集权体制退出政治权力的舞台，武家势力取而代之，形成某些日本学者所说的“天皇权力空洞化”[1]的社会局面。这次历史性的转折，是日本明治维新前最根本的，也是最后一次的社会变化。它所潜含的历史内容成为日本走向现代社会的重要政治遗产。对于12世纪到19世纪60年代明治维新前的这段历史，学者们有两种划段方法。一是把12世纪末出现的镰仓幕府作为“封建主义的政治权威和土地管理的新制度”[2]加以认定，即从12世纪，日本真正进入了封建时代。另一种观点认为，“大约从8世纪中叶起，大化改新所建立的中央集权便开始崩溃，并且为前封建等级庄园制所代替，而这种前封建等级庄园制又被持续到16世纪织田信长时代的庄园封建制取代。再往后，织田信长的这种庄园制又为后继者丰臣秀吉（1536—1598年）和德川家康（1542—1616年）加以完善，这种制度持续大约300年之久，直至明治维

[1]［日］三宅正彦：《日本儒学思想史》，第19页。

[2]［美］约翰·惠特尼·霍尔：《日本——从史前到现代》，第59页。

新”[1]。这里的关键，是将镰仓幕府时代至明治维新前的历史分为两个阶段，16世纪前为“前封建”时期，16世纪末17世纪初开始的江户时代为“封建制”时期。以上两种观点各有历史的依据，然而它们都认同日本从12世纪开始，历史发生了根本性的变化。霍尔对此有一个概括：“到12世纪末叶，日本社会和它政府的模式，已经发生了重大变化。促成这种变化的因素明显可见：地方上军事贵族（武士，或称侍）对国家事务的作用愈加重要，具有广泛的民政权力的军事司令部（幕府）的建立，以及在权力行使中对封建的主从关系的进一步依赖。这些因素放在一起，标志着社会构成、权力结构和行使政治权力之合法基础的基本转变。”[2]

12世纪末叶建立的镰仓幕府，意味着日本社会秩序的巨大变化：其一，武士政权的出现表明以天皇为中心的中央集权体制在本质上的解体，国家权力结构的中心由武家所占领，公家（朝廷）与武家（幕府）二元并存的政治局面开始形成；其二，封建庄园内部的主从关系正式确立，以往的氏族内部关系让位于新的等级秩序。

前文曾指出，从氏姓贵族的联合政体向以天皇为中心的中央集权体制的转变，只是大和政权内部的权力调整，其政权的合法性并未受到挑战，换句话说，它只是合法性的修补而已。武士政权是从大和朝廷政权外部生长起来的，它取天皇而代之，因此就必须寻找新的“社会构成、权力结构和行使政治权力之合法基础”，即寻找新的思想理论作为自己统治的合法

[1] 张旅平：《文明的冲突与融合——日本现代化研究》，第13页。
[2] ［美］约翰·惠特尼·霍尔：《日本——从史前到现代》，第59页。

性依据。按照上述第二种的划段方法，12世纪至16世纪，是日本的前封建时代。在这400年左右的时期内，武士政权统治之下的封建庄园体制尚处在历史的磨合或有待完善的过程中，因此合法性的挑战尚不尖锐。至17世纪前后，武士霸权真正稳固，封建秩序基本成熟，由此而引发出的统治权的合法性挑战才明确推到历史的前台。亦如霍尔所说：“像在日本历史上常常发生的一样，武力征服和谋取合法地位，总是同时进行的。”[1] 江户时代，中国儒家的朱子学在传入几百年之后，达到了全盛，并被官学化，经历了第二次的功用性的命运——成为支撑幕藩体制的重要理论资源，并回应了合法性的挑战。不过，在此前的前封建时期，儒学一直处于低沉状态，甚至沦为佛教，尤其是禅宗的附庸。这与武家政治尚处在历史磨合阶段，合法性挑战亦不尖锐的社会状况有着直接的联系。这一时期的儒学虽然不是日本社会精神领域的主角，但是却为儒学日本化的进程，以及“神体儒用”的精神结构的形成做了潜在的准备。因此，不应忽视。要理解这一时期的儒学状况，就需要对前封建时期的日本社会有一个大概的了解。

一、天皇权威的衰落和武家势力的兴起

日本天皇政治权威的削弱以及武士政权的出现，主要由两个社会因素促发——经济上班田制的瓦解和朝廷内部外戚势力的专权。

---

〔1〕［美］约翰·惠特尼·霍尔：《日本——从史前到现代》，第111页。

（一）孕育武士的经济基础：班田制的瓦解与庄园制的出现

日本的武士政权虽然是在12世纪末期才正式出现，然而天皇政治权威瓦解的危机早在9世纪甚至8世纪中叶就已经潜伏在体制中了。从大化改新到明治维新以前的1200多年的历史来看，日本古代国家的中央集权制在典章上一直存在，但真正实施的时间也就100多年。从8世纪初开始，地方长官的势力日益增长，他们把为国家进行监督管理的土地逐渐占为己有，由此出现了官吏贵族领主化的倾向，故有的学者说，他们的表现“越发像一个土皇帝而不像中央政府派驻各地的代表”[1]。另外，侵朝战争的失败，使得中央政府的统治力量更加疲弱，而地方贵族势力越发强大。723年，中央政府与贵族妥协，颁布垦地“三世一身法”，承认所有被垦殖的非国家所有的土地，均可为居住于其上的垦殖者所私有。743年，又颁布“垦地永世私有令”，以法律形式认可私田的合法存在，并将终身所有权转为永久所有权。这两个法令的出台，意味着大化改新确立的班田制开始瓦解。在利益的驱动下，官员纷纷抢占土地；而贵族又抢着当官，以便更大规模地占有土地。这样，大约从8世纪中叶起，大化改新所建立的中央集权就开始面临解体的危机。

班田制的日趋崩溃，造成天皇政权的财政困难，中央政府采取了增设敕旨田[2]、公营田，扩大官田等应急措施，以确保中央财政的来源。但是，随着土地经营方式的变化，在敕旨

---

〔1〕 张旅平：《文明的冲突与融合——日本现代化研究》，第12页。

〔2〕 凭借天皇权力建立的皇室私有田。由天皇发布敕令，征用农民的徭役进行开垦种植。面积一般在100公顷以上。

田、公营田、官田等不断扩大的过程中，又出现了特权者将国有土地占为己有的情况。在土地私有化形成一定规模的基础上，新的土地制度——庄园制的出现也就是必然的了。

在班田制瓦解过程中出现的庄园，其资源主要来自四个方面：第一，在"垦田永世私有令"的合法旗帜下，京都贵族、大寺社驱使其奴婢大肆垦荒，并招揽逃亡农民在荒地上修建管理人员的住宅、仓库等建筑物，名为庄家、庄所，实为垦地经营的中心；第二，贵族和大寺社利用特权，圈占公田、霸占口分田，如东大寺在伊贺国一次就占领了几百公顷的土地；第三，朝廷赏赐给官员的位田、职田、功田等逐渐演变成世代相传的世袭领地；第四，郡司、里长等地方官吏、地方豪族以及在阶级分化中出现的富裕农民，也开垦土地，作为私营田。总之，日本古代国家庄园制产生的根本原因，就是化国有土地为私人占有，将国有资产变为私有财产，从而导致班田制下的国家土地所有制让位于领主土地所有制。

9世纪以后，以开垦荒地和侵占国有土地为基础建立起来的庄园，通过兼并、购买、寄进[1]等手段，有了新的发展。开始，除寺田、神田等一类庄园具有不纳租税的特权外，其他庄园每年都得向国家缴纳年贡，这说明国家对领主庄园尚有一定的控制权。但是，后来王公贵族也利用他们的地位和权力，经朝廷同意，并由太政官或民部省发给官符，也拥有了不纳租赋的特权，称"官省符庄"。此后，这些庄园又获得"不入权"，即可以拒绝国司派遣的检田使进入庄园干预庄务。这些

[1] 地方豪强为避免国司干预，将自己的土地"奉献"给中央的权门贵族和寺社。这些土地名义上属中央权门势家和寺社，但实质上仍由地方豪强以代理身份掌握着土地实权。

既不向国家缴纳地租又不准官吏干预庄务的庄园，称为“不输不入权庄园”。它的出现，表明庄园制基本形成。

“不输不入权庄园”对中央集权统治有相当大的危胁。为此，朝廷也采取过一些对付措施。902 年，醍醐天皇连续发布整理庄园的“延喜整理令”，主要规定有：禁止诸院宫及王家占有山川薮泽和私占公私田地；禁止百姓以田地、舍宅卖寄权贵；禁止购买百姓田宅和侵占闲地荒田擅立庄园；有不从此令者，均按违敕罪论处。1045 年，朝廷又对五畿七道各地作出规定：以前任国司的任期为限，凡任期以后建立的新庄园一律停止；若国司违犯此令，即解除任职，永不叙用。1055 年，朝廷再次发布命令，禁止前次禁令后新立的庄园。1069 年，朝廷发布第四次庄园整顿令，更为明确地规定：以宽德二年为限，凡此后建立的庄园一律禁止；对此前所建庄园，凡没有券契的也一律停止；庄园主应向朝廷提交书面证据，以明其合法性。成立记录庄园券契所，专门检查庄园契约文书的真伪。这些三令五申的命令，原本是为限制非法庄园的出现，然而由于合法与非法的界限不清，特别是许多执政者本身就是庄园经济的既得利益者，所以他们利用法令的模糊之处，继续扩大自己的土地。比如前三次的整顿，主要依靠国司进行，这些执法者利用职务之便，将没收的非法庄园据为己有，成为更大的庄园主。直至第四次整理时，才把券契的审核权集中到中央。但是朝廷的政策规定，对“原来相传为庄家，券契分明”的庄园，要加以保护，这就为庄园的合法存在和发展提供了条件，也为瓦解中央集权培养着掘墓人。

11 世纪中叶以后，庄园经济有了更大的发展。比如 1106 年纪伊国所辖的七郡中，每郡十分之八九的土地为庄园主所有，剩下的公田也日趋庄园化。这是由“知行国制”的制度造成的。当时的中央贵族为了增加收入，往往兼任地方国司，但是又不赴任，具体事务委托代理人处理。这种知行国制的方式，使得国家所有的公地变相成为国司的私有领地，国司代理人成为国家土地的实际领主，称为“在地领主”。国有土地的庄园化，标志着土地私有的庄园制完全取代了中央集权的土地国有制。

随着庄园的发展和土地的集中，庄园的类型也在发生变化。以 11 世纪，即武家政治形成之前的社会为典型，可以分为两类。第一类以开垦土地为基础建立起来的庄园，称“垦地型庄园”（初期庄园）；第二类以地方权门贵族寄进的土地为基础建立起来的庄园，称“寄进型庄园”（后期庄园）。11 世纪以后，寄进型庄园占主导地位。所谓“寄进型”庄园，就是地方上势力相对薄弱的庄园主为了对抗国司，将自己的庄园“寄进”（奉献）给权门势家。他们通过书面或口头形式订立契约，以获得政治上的庇护和经济利益的保障。权门贵族便以领主或领家的身份，掌握庄园的所有权。原来的小庄园主则成为领主（权门贵族）所委任的庄官，具体管理庄园。如果权门贵族还觉得自己的势力不足以对抗国司，就分出自己所得的一部分土地，将它再寄进给更有权势的人，奉之为“本家”（亦称“本所”）。这样的逐层寄进，使得土地更加集中在少数权门贵族的手中，例如，中央最有势力的大贵族藤原氏就通过接受寄进成为最大的土地所有者。

庄园类型的变化，导致经营方式也发生明显变化。早期的垦地型庄园的领主，一般都直接参与庄园的经营管理，并以自己的亲信担任庄官，处理庄园的具体事务。后期的寄进型庄园的领主只掌握庄园的所有权，不直接参与庄园的经济活动，原有的地方小领主成为“领家”或“本家”委派的庄官，具体管理庄务。“本家”从庄园土地中拨出一定数额的土地作为庄官的俸禄，其余土地则按契约由庄官每年向“领家”缴纳年贡（地租）。庄官从“本家”那里得到的作为俸禄的土地有两种形式：一种是“给田”，即免除全部年贡和课税；另一种称作“给名”，又称“庄官名”或“杂免”，只免除课税。从寄进型庄园的经营方式可以看出，当时封建地租的主导形式已由徭役地租向实物地租转化。

无论是初期的垦地型庄园，还是后期的寄进型庄园，在经济形式上都是一个自给自足的自然经济占主导地位的独立的经营实体。初期庄园主要以班田农民、浮浪（破产的班田农民）和领主私有的奴婢为主要劳动力。国家规定，班田农民或耕种庄园土地，或耕种口分田，二者只能择其一。由于庄园拥有“不输不入权”，所以不少班田农民为了免去繁杂的劳役，而纷纷投向庄园。进入庄园的班田农民称为“庄民”。“浮浪”定居庄园内，租种耕田，并为领主开垦荒地，成为新建庄园廉价劳动力的主要来源。奴婢也是新建庄园的劳动力。居住在庄园周围的农民，是庄园领主雇佣的对象，他们为庄园主开垦荒地，或从领主那里转租耕田，缴纳地租。

从班田农民、浮浪、奴婢和雇佣农民这四类劳动力的构成来看，日本当时的庄园经济已经形成了以名主为核心，具有管理及组织生产、缴纳年贡和服劳役功能的一整套制度。这种制度称为“名田制”。除经济管理之外，一般庄园还都有庄规、庄法，如西大寺的庄园刑法《寺敷地四至内检断规式》，对犯有杀害、刀伤、谩骂、拼斗、盗窃、沽酒、放火、隐匿等罪行的庄民，都要处罚。其中谩骂、拼斗者，要驱逐出境，三年内不得重返庄园。

在日本史籍中，庄园的称法还有庄家、田舍、厨牧、木山、庄等。名称不同，但都是指大土地私有者建立起来的组织农业生产并聚敛财富的社会基层单位。它既是由大化改新所确立的公地公民制向庄园领主制自发缓慢地演变而来，也是国有土地变成私有和班田农民二度农奴化的结果。特权与大地产相结合是日本庄园制的本质特点。有不少学者经过研究认为，日本的庄园制是封建土地所有制的一种形式，它与欧洲的封建庄园制有很多共同点。比如爱德华·麦克诺尔·伯恩斯等人编著的《世界文明史》指出，古代中后期的日本社会更像中世纪西欧的社会，两者“有惊人的相似之处”[1]。霍尔认为，日本人在封建时代“创造出的某些社会制度和政府类型，反而令人吃惊地和西方类似”[2]。就土地所有权来说，庄园受到国家法律保护，具有种种特权；庄园领主之间形成本所—领家—在乡领主的等级结构，并以契约关系作为这种等级结构的基础。就庄园的生产体系来看，庄园所进行的全部生产活动，包括农产品、山林产品、手工业产品等，都是以为领主提供衣、食、住、用的生活物品为目的，表现着自给自足的自然经济特征。就剥削的形式而言，通过班田农民二度农奴化的过程，强化了统治体系。领主不仅取代了原来的国衙向庄民征课杂税、赋役，而且还获得领地上的司法、警察权，有权私设监牢关押庄民。这种超经济的强制也与西方的庄园制相似。

---

〔1〕 参阅［美］爱德华·麦克诺尔·伯恩斯：《世界文明史·第二卷》北京：商务印书馆，1986 年，第 99 页。

〔2〕［美］约翰·惠特尼·霍尔：《日本——从史前到现代》，第 5 页。

不过，日本的庄园制也有着不同于欧洲的特点。西欧的庄园，其财产继承采取“长子继承制”。而日本则实行“诸子继承、分户析产”的“子女均分制”，诸子、女性及养子都可承袭。由此带来的社会后果是：土地买卖盛行，领地转手易主频繁，地权不稳；庄园内家长制奴役形式强化，而作为共同体的义务和每个成员的权利观念淡漠，无条件服从和效忠观念逐渐成为社会的精神信念，起着强化专制和盲从的作用；庄园大领主一般都有城居都邑，对庄园进行遥控，这样，都邑与庄园之间的经济联系必然会刺激商品经济的出现和发展，从而为庄园经济的解体埋下了历史伏笔。

另外，特别值得注意的是，日本的封建庄园，特别是后期庄园，由于是通过自下而上的层层递进形成的，庄园的土地所有权经历了一个不断上移和集中的过程，每个庄园都有从最下级庄官到中央权门、寺社的多层次分割，因此土地所有关系纵横细碎，变得极为复杂和混乱。

与西方极其相似而又自有特点的庄园制度，对日本的历史演进产生了重大影响。一方面，它成为孕育武士——新的统治阶级的摇篮，导致天皇政治权威的中央集权的崩溃，为武家政治的确立和发展铺平了道路；另一方面，它也为日本迈入现代社会做了前期的历史准备。

（二）从外戚专权到武家政治

1. 藤原氏专权

大化改新之后建立的中央集权体制，虽然在制度上确立了天皇的统治权威，但是在实际的政治运作中，天皇统治主要依靠两种力量来支撑，一是佛教僧侣，二是朝廷的贵族重臣。用霍尔的话说：“皇家在朝廷上从来也不是权力强大到能自己站住的集团。”[1] 皇室的软弱，为外戚专权提供了机会和空间。整个奈良时代，藤原氏家族是天皇依靠的重臣，至9世纪80年代，以藤原氏为首的外戚集团逐渐控制了天皇而成为实际的最高统治者。

藤原家族的来源，可以上溯到7世纪大化政变。在推翻苏我氏霸权的斗争中，立有大功的中臣镰足，被天智天皇授予大织冠位（最高官阶），并赐以“藤原”姓。从此，他的一族颇受历代天皇倚重。镰足有三个孙女嫁到皇家。在整个奈良时代，藤原家族的成员常常是国家事务的领导。镰足之子藤原不比，以及被称为“藤原四家”的其孙武智麻吕（南家）、房前（北家）、宇合（式家）、麻吕（京家）都成为朝廷重臣。后来藤原氏中的北家势力发展最盛，著名的外戚藤原良房、藤原基经都属北家。9世纪中叶以后，藤原氏不再满足已有的地位，开始觊觎中央大权，企图左右朝政，建立藤原氏专政。

842年（承和九年）7月17日，藤原良房以“谋反”罪逮捕了春宫坊带刀（供奉和警卫皇太子的舍人），后又包围皇太子恒贞亲王住处，迫使朝廷宣布废除恒贞亲王，立藤原良房的外甥道康亲王为皇太子。良房这样做的目的，是为他日后控制皇权奠定基础。850年4月，道康即位，称文德天皇。在藤原良房的胁迫下，册封只有9个月的惟仁亲王（藤原良房的另一个外孙）为皇太子。857年，藤原良房获得太政大臣的殊荣。第二年，文德天皇突然去世，年仅9岁的皇太子惟仁亲王即位，为清和天皇。藤原良房以太政大臣和外戚的双重身份独揽朝政。在日本以往的历史上，少年登基被认为是不正常的，

---

[1] [美]约翰·惠特尼·霍尔：《日本——从史前到现代》，第50页。

一个不是皇子的人出来摄政，也是第一次。更荒唐的是，天皇成年以后，良房还继续把持朝政。

为了稳固自己的摄政地位，藤原良房利用朝臣之间的矛盾，排除异己，扫除障碍。866 年 3 月 10 日夜，朝廷举行重要仪式的朝堂院正门——应天门突然失火。大纳言伴善男因与左大臣源信不和，就与藤原氏勾结，诬陷应天门着火是源信所为。源信为此含愤而死，伴善男升任左大臣。不久，又有人向藤原密告，说失火为伴善男父子同谋。于是，藤原氏逮捕伴善男父子，并株连一族。其实，火烧应天门事件正是藤原氏一手策划的。藤原良房先借伴善男之手打击源信，后又诛杀伴善男一族，从而为自己独揽朝政大权扫清了道路。

872 年 9 月，藤原良房病死，清和天皇决定亲临朝政，但是遭到藤原良房养子藤原基经的反对。876 年，基经胁迫清和天皇退位，拥立 9 岁的皇太子即位，称阳成天皇，自己以外舅身份摄政。为了抑制反藤原势力，并掩人耳目，于 884 年又废了阳成天皇，拥立年已 55 岁的时康亲王，称光孝天皇。光孝天皇老年登基，对基经感恩不尽，甘当傀儡，让基经摄行万政。887 年，光孝天皇死后，21 岁皇子定省即位，称宇多天皇。宇多天皇慑于藤原基经的威势，便发诏宣布：“万机巨细，百官总己，皆关白于太政大臣，然后奏下，一如旧事。”此后，“关白”一词就用来专门表示成年天皇的摄政。至此，藤原基经先前任摄政，是时又当关白，彻底垄断了朝廷实权。天皇年幼时，辅政者称摄政；天皇成年后，摄政者称关白。历史上称为“摄政关白”，或“摄关政治”。[1] 为了牢牢控制朝政大权，藤原家族还独揽了为皇家提供配偶的特权。“摄关政治”大约延续到11世纪。它彻底改变了大化改新所建立的政治权力格局，几乎使中央集权体制退回到改新之前氏姓贵族专权的局面。霍尔说：“在这个新格局中，皇帝个人失去强大的政治影响，而这个影响转给了朝廷里的大家族和佛教寺院。最后，藤原家族在朝廷中取得了最占优势的地位。天皇虽然仍旧是无可争辩的君主，但降到近似大和朝代晚期那种身份——只不过是个神圣的和事佬和最高合法性的象征而已。”[2]

在藤原家族专权的二三百年间，皇室也试图收回大权，但都没有成功。891年1月，藤原基经病死。宇多天皇为了抑制藤原氏势力，恢复天皇的政治权威，任用博学多才又体察民情的儒学者菅原道真为右大臣。901年，藤原基经之子藤原时平任左大臣。他诬陷菅原道真企图废黜天皇，挑拨醍醐天皇将菅原贬为大宰权帅。这样，朝政大权再次落入藤原氏之手。969年，藤原实赖通过排斥异己，再次确立了藤原氏专权的独裁体制。藤原氏专权的极盛时期是在藤原道长及其子藤原赖通阶段。此时，藤原氏的私邸成为国家权力的中心，而朝廷只是举行仪式的场所。就藤原道长而言，四个天皇是他的女婿，还有三位天皇是他的外孙。他曾踌躇满志地作了一首和歌：“斯世我所有，一如我所思；此世即我世，如月满无缺。”这首歌充分表达了一个攀登到权力顶点之人的心情。

藤原氏不是皇族，何以能够控制天皇、实行世袭家族政权

---

〔1〕“摄政”“关白”之词皆出自中国史籍。《史记·燕召公世家》：“成王既幼，周公摄政。”《汉书·霍光金日磾传》：“诸事皆先关白光，然后奏御天子。”

〔2〕［美］约翰·惠特尼·霍尔：《日本——从史前到现代》，第49页。

的专政？主要有两个原因：一是经济上的，在寄进型庄园形成的过程中，藤原氏凭借寄进的土地，成为中央贵族中最大的庄园领主，“天下土地皆一人所领”，从而拥有了强大的经济实力。二是利用与皇室的联姻。在古代日本，一直保持着母系氏族社会的影响，藤原氏借助这些习俗制定家规，如藤原道长将几个女儿嫁给天皇，女儿怀孕后必须回到藤原邸宅，分娩、育婴也要在娘家，这样可以使皇子自幼受到摄关家庇护，成年后继承皇位自然要受其挟制，从而达到完全控制皇室的目的。

藤原氏对于皇室的控制，用霍尔的话说，“几乎是暴君式的”。他们的“摄关政治”比中国的外戚专权、宦官当政、重臣执柄显要得多。藤原家族不仅擅权当政，甚至连天皇的废立也由他们决定。朝廷日常政务，虽然仍由太政大臣主持的公卿会议作审议，称之为“陈定”，但最后要得到摄政、关白的批准才能生效。天皇发布诏书下达只是一种形式手续而已。藤原氏自誉“摄关即天子”，显然将家族凌驾于天皇之上。

藤原氏外戚集团的专权，必然遭到皇室的怨恨和不满。至11世纪中后期，皇室以“上皇院”的方式开始了与藤原氏的抗衡。1068年，后三条天皇即位，这是自10世纪60年代的冷泉天皇以来，唯一与藤原氏没有联姻关系的天皇。后三条天皇不甘于继续充当摄关政治的装饰品，力图摆脱藤原家族的控制，这就为联合反对藤原氏的各种政治力量提供了有利机会。后三条天皇首先重用自己的亲信东宫侍读大江匡房等人，以打破藤原氏对朝政的垄断。1069年，成立记录庄园券契所，对藤原赖通所属的庄园进行检验，凡没有契约文书的一律予以停止或没收。但是，由于当时朝政大权仍掌握在藤原氏手中，没有摄关的批准，天皇的旨意不能下达，后三条天皇的施政受阻。在位4年后，后三条让位于白河皇子。1086年，白河天皇又让位于年仅8岁的堀河天皇，自称上皇。

白河上皇为了恢复皇室权威，摆脱摄关的控制，在自己居住的宫殿建立院厅，史称“上皇院”。院厅设有院别当、年预、判官代、藏人等官员，负责处理院厅事务；并组建北面武士（因居于上皇院邸北而得名），担任院厅的保卫工作。院厅官员都是上皇近臣，如叶室显隆出身于皇室的乳母家庭，与上皇交往甚密，经常在夜间去上皇处面议国事，故有“夜关白”之称。上皇院采用高于天皇的方式，将许多朝政大权收回皇室。比如：院厅具有直接发布“院宣”“院厅下文”的权力，其权威性高于天皇的诏敕；原属太政官的政务，过去由公卿会议议定后要取得摄关的批准，现改为由上皇掌握最后的抉择权；朝廷官吏的任命及叙位大权也由上皇决定。上皇的权力高于一切，这在日本史上称为“法王执天下政”的院政时代。时间大致从1086年上皇院成立至1192年镰仓幕府的出现。

“院政”的形成，既是皇室与外戚之间的矛盾所致，也是中下级官员与大贵族之间的利益冲突的反映。前文所说的“记录庄园券契所”就是在不满藤原氏专权的中下级官员的支持下设置的。这些中下级官员为了改善自己的经济地位，支持后三条天皇的措施，取缔藤原氏的庄园，以反抗藤原氏的专权。

院政时代，藤原家族的势力受到排挤和打击。但是在本质上，院政和摄关政治都是保守的大官僚贵族政权。就经济基础而言，摄关政治的经济基础是庄园制；院政则是知行国制。以阶级基础而论，摄关是大庄园主，院政则利用寺院僧侣势力，以及“受领”（国司）等中下级官员。由于这两个集团都提不出任何新的社会发展方向和解决社会矛盾的措施，因此就只能在旧有的利益和权力格局中打转或挣扎。比如：院政集中了很多的知行国，能够在短期内获得很多庄园；为了克服由此引起的矛盾，又提出庄园整理令；然而每次整理，又是新一轮的庄园向院政的集中。特别是院政的上皇与摄关家一样，腐化堕落、追求享受、营建华丽的离宫。白河、鸟羽还迷恋于佛教，兴建大寺院。为弥补由此造成的大量财政亏空，大搞卖官鬻爵。一片末日穷途之象。至12世纪中后期，社会矛盾和阶级关系更为尖锐和复杂，最终酿成保元之乱和平治之乱，导致武家政权的出现。

2. 武士阶层的由来

外戚专权不仅瓦解了中央集权的统治力量，更为另一支政治和军事势力——武士集团的形成提供了历史机遇。武士集团的出现有三个直接的社会历史原因。

第一，中央集权制的衰落使得大化改新以来的军事制度也日趋松弛。9世纪初，中央政府改行“健儿制”，征集郡司、豪强和富家子弟入伍。服兵役成为贵族的特权，军队素质也由此一落千丈，兵威益衰、武备渐弛。国家军队战斗力的下降必然促使民间武装力量的出现。第二，庄园的普遍建立，使得庄园之间的矛盾和争斗日益增多。庄园领主为了扩大领地，经常将本庄园的一部分庄民强行派到别人的领地上去开垦种田，建立新的庄园。被侵占的领主为了抵御侵犯，将一部分庄民武装起来。这些武装庄民，开始以农为主，兼以为武，后来逐渐变为以武为主，最后完全脱离农业生产，成为专门保庄护园以及对外争斗的武装力量。寺院、神社的庄园也组织“僧兵”进行武装掠夺。据有关史籍记载，延历寺、东大寺等势力强大的寺院，各自组织数千僧侣“结党成群，填城溢国”，依仗神权和武力，到处侵占公私田地。第三，民间庄园武装力量的建立，对地方政府构成了威胁。国司和郡司为维护地方秩序，保卫自身的利益，也着手组织武装，成员主要来自当地的富豪。以上三种情况是早期武士势力出现的社会历史原因。

从 11 世纪初开始，武士势力开始超越庄园范围，逐渐形成地区性的武装集团，分散的武装力量聚集在豪强贵族的旗帜下，接受统一指挥，这就是武士团的出现。武士团是由两种关系组织起来的，一是宗族关系，另一个是主从关系。按宗族关系组织起来的团体，其首领称作“总领”，下属称“庶子”，一旦发生战争，整个宗族就会团结起来，在总领的指挥下参加战斗。平时，总领负有祭祀祖先和神祇的义务。所谓主从关系，就是主人从其宗族子弟和非宗族子弟中挑选出有能力的人作为从者，从而形成主人和从者的关系。宗族出身的子弟称“家之子”，非宗族出身的子弟，称“郎党”或“郎从”。从者必须效忠主人，尽军务及其他义务，称为“奉公”；主人给予从者土地、所领等经济利益及权利的保护，称为“御恩”。可以这样概括，武士团是以宗族的血缘联系、主从的上下属联系为基础，并有严格规制的军事武装团体。在这个团体中，主从制是支配一切的绝对原则。

武士团出现以后，又在相互竞争和冲突的过程中，强者兼并弱者，形成更为强大的武士集团。小武士团的首领成为大武士团主君的郎从；大武士团的首领被称为“武士的栋梁”。这些“栋梁”往往是皇族和名门贵族出身。当时的日本，势力最大的武士团有两个，即“源氏武士集团”和“平氏武士集团”。

源氏是皇族血统。814 年，嵯峨天皇向诸皇子赐姓，称“源朝臣”。从此以后，由淳和到三条的十四代天皇都相继给自己的皇子赐姓源氏。这些源姓的皇子，一般都住在自己的领地。在这些源氏子孙中，以武士著称的是清和源氏。清和源氏是清和天皇的孙子经基王的子孙。961 年，经基王被赐姓源氏，降为臣籍。经基王之子源满仲后来成为上层贵族的依靠。最初，源满仲为藤原氏家的侍从。969 年，藤原氏接受源满仲的密告，发动了排斥其他贵族集团的“安和之变”。源满仲从此成为藤原摄关家的武将，任镇守府将军，后又任摄津守。源满仲之子源赖光、源赖信也是藤原兼家、藤原道长的侍从。从源赖信开始，经源赖义、源义家三代，源氏势力有了很大发展，亦被世人称为“武家的栋梁”。后经过几次平定叛乱之战，源氏权威大增，成为“天下第一武勇之士”，深受各地武士信赖，慕其武名而寄进于名下的武士不计其数。

平氏也为皇族的赐姓，分为桓武平氏、仁明平氏、文德平氏、光孝平氏四个系统，其中以桓武平氏势力最强。平氏系统中，以武士称著的是桓武天皇的曾孙高望王系统。高望王在 889 年被宇多天皇授予平朝臣之姓，并出任关东的上总介。任期结束后未归京都而定居于此。他的子孙在关东的上总、下总、陆奥等地发展势力，时有“关东八平氏”之称。后来桓武平氏内部各门势力为了争夺遗领，兄弟、叔侄之间发生内讧，史称“平将门之乱”。935 年，桓武天皇的五代孙、高望王之孙平将门杀死伯父平国香，并与平国香之子贞盛，叔伯良正、良兼在常陆下总交战。939 年，又起兵反抗朝廷，自称新皇。朝廷大为恐慌。940 年 2 月，平贞盛联合藤原秀乡袭击平将门，平将门大败。“平将门之乱”虽然是由平氏内讧引起的，但它却显示了武士对朝廷的叛离，预示武士干预国家政治生活的开始。

在平息“平将门之乱”后，有功的平贞盛升任镇守府将军。后由于其子平维衡在伊势、伊贺发展势力，故又称伊势平氏。至平维衡的曾孙平正盛时，伊势平氏开始强大。平正盛把伊势的私领寄进给隶属于白河法皇的六条院，受到白河法皇的恩宠和器重，成为法皇的近臣。后又任追讨使，讨伐源义亲，受到白河法皇的行赏。至平正盛之孙平清盛时，平氏的势力急剧上升。1160 年，平清盛升为正三位，任参议兼右卫门督，并开始进入中央权贵行列，表明武士在贵族政权中正式获得发言权。

源、平两大武士集团的形成，加重了统治集团内部原有的矛盾，最后终于酿成了保元、平治之乱。1155 年 7 月 23 日，近卫天皇病死。皇室内部为争夺皇位发生了激烈的斗争：崇德上皇希望自己重新登位，或让自己的儿子重仁亲王即位；而鸟羽法皇却力主雅仁亲王即位。后由鸟羽法皇扶植的后白河天皇利用平清盛、源义朝的势力，最终击败了崇德上皇一系，保住了皇位。因后白河天皇年号为“保元”，故史称这次朝乱为“保元之乱”。

“保元之乱”平定之后，后白河天皇起用其乳母之夫藤原信西（即藤原通实）辅政，时称“黑衣宰相”。后白河亲政三年后，让位于二条天皇。但是他仍不放手大权，开后白河院政，继续问政。后白河的专权，引起藤原氏的不满。藤原经宗、藤原惟方组织了反院政集团，在平定“保元之乱”中立有大功而未被重用的武士源义朝也加入进来，于是形成了天皇亲政派与院政派两大势力。他们在朝廷近臣与武士之间错综复杂的矛盾中，展开了互相排挤倾轧的斗争。

1159年（平治元年）12月，源义朝、藤原信赖趁平清盛一族前往熊野神宫参拜之际，发动政变，迫使后白河上皇、二条天皇逃离皇宫。12月26日，平清盛进行反攻，举兵声讨源义朝和藤原信赖。经过激战，藤原信赖被斩，源义朝逃出京都，在尾张国被其部下所杀。这次叛乱史称“平治之乱”。源氏一家几乎全遭株连，仅有源义朝之子、年仅13岁的源赖朝幸免于死，但被流放到伊豆蛭岛。源赖朝后来建立了第一个武士政权镰仓幕府。

“平治之乱”与“保元之乱”仅隔3年，虽然有相同的社会背景，但也有明显不同。以皇位继承问题与外戚藤原氏内部矛盾交织在一起的“保元之乱”，无论是皇室，还是外戚，要战胜对方，都必须依靠新兴的武士力量。后白河天皇战胜崇德上皇时，依靠的是平清盛和源义朝的兵力。而平息“平治之乱”，还得依靠平清盛的武士集团的力量。值得注意的是，“平治之乱”虽然由院政与外戚、院政与天皇之间的矛盾引起，但却使源、平两氏之间的矛盾突显出来，平清盛与源义朝之间的对立，成为当时诸矛盾的集中体现。可以这样说，保元、平治之乱，既未能增强皇室的势力，也没有扩大外戚藤原家族的权力，反而为武士阶层登上政治舞台，最终夺取政权创造了有利条件。“鹬蚌相争，渔翁得利”，因此，武士阶层才是保元、平治之乱的真正胜利者。此后，源氏与平氏两个武士集团之间又经历了激烈的争斗，最后平氏取得胜利，形成了中央集权体制下的又一次专权。这是武家政治的历史前奏。

3. 武士专权

保元、平治之乱以后，平氏集团在中央公卿贵族的行列中取得了显赫地位。为了巩固和扩大这种地位，平清盛采取了种种措施。首先，他用联姻的办法，与天皇、上皇和摄关家结成亲密关系：1161 年，把妻妹滋子嫁给后白河上皇，生高仓天皇；以后又将三个女儿嫁给藤原氏家族，其中一个女儿为高仓天皇的中宫，生安德天皇（1180 年即位）。其次，安插亲信，控制中央和地方政权：其长子重盛、次子宗盛、弟经盛和赖盛、义弟时忠等均在中央部门就任内大臣、左大将、权大纳言、权中纳言等要职；在地方上，日本全国的 66 国中，为平氏亲信控制的竟达 30 多个；总计起来，平氏一门，在朝廷的公卿达 16 人，殿上人 30 有余，诸国的受领（即国司）、卫府、诸司 60 余人。再次，平清盛大肆扩大自己的庄园，并垄断海外贸易：其所属庄园 500 余所，并在权门贵族、国衙领地内派驻地头；在与中国宋朝的海外贸易中，平氏集团控制了博多、濑户内海的贸易商路，并据守福原，从而尽获巨利，史书称平氏为“扬州之金，荆州之珠，吴郡之绫，蜀江之锦，七珍八宝，无所不有”的富家。

随着平氏势力的扩大，平清盛开始直接参与朝政。1167 年，平清盛担任太政大臣，为平氏专权奠定了权力基础。1179 年 11 月，平氏因领地归属问题与摄关家、法皇产生矛盾，于是断然发动军事政变，从福原率兵数千人进入京都，幽禁法皇，迫使关白藤原基房引退，剥夺近 40 名后白河上皇的近臣官职，胁迫上皇不得过问政事，并停止院政。1180 年，高仓天皇让位于刚满 3 岁的安德天皇。由此，平清盛便以天皇外祖父的身份，控制了朝廷大权，确立了平氏的独裁统治。平氏的官邸在京都的六波罗，因此历史上又称“六波罗政权”。

平清盛的专权，引起中央权贵的不满。1177 年 5 月，后白河上皇命令大权纳言藤原成亲、藤原师光、俊宽等人，于京都鹿谷讨伐平氏，但因事泄遭平氏镇压，史称“鹿谷事件”。1180 年 4 月，后白河上皇的第二皇子以仁王的名义发布令旨，征讨平氏。6 月，平清盛为分离京都皇室公所，防止寺院反抗，发展日宋贸易，决定强行迁都福原，但是遭到公卿贵族的反对。1181 年 2 月，平清盛一病不起，内乱遍及全国。

平清盛建立的平氏政权，是从天皇为中心的中央集权体制向武家政治过渡的政权形态，它是以武士阶层作为基础的政权的萌芽，拉开了此后长达 700 年之久的武家政治——幕府统治的序幕。

（三）武家政权的正式出现：镰仓、室町幕府的统治

1. 第一个武家政权：镰仓幕府

平氏政权的骄横腐化为推翻它的任何行动提供了合法性。1180 年 8 月，被流放到伊豆蛭岛的源赖朝经过 20 年的流放生涯，在一片反平氏的声浪中举兵。他首先袭击了伊豆国目代（地方官的代理官）山木兼隆，掌握了伊豆国衙的实权。接着，率武士 300 余骑进军相模，途中遭平氏下属拦截，因兵力悬殊而失败，逃往安房。在安房，他倒平氏之志不减，并得到关东武士团的响应，于是，继续进击。10 月，源赖朝率军进入镰仓。在富士川会战中，击溃平氏军。原决定直捣京都，但经劝谏，决定驻守镰仓，着手建设根据地。

镰仓地处三浦半岛，是关东的鱼米之乡。它南临相模湾，三面丘陵环绕，是战略要地。源赖朝父辈在此经营多年，有良好的人际基础，源赖朝以此为据点，建立关东政权，大多出于此种考虑。1180 年，设立侍所，统一了各自为政的武士团，将他们变为服从自己指挥的家臣。此后，源赖朝便开始了扩充

势力的行动。1181 年，他两次遣使谒见后白河法皇（原上皇，出家后称法皇），提出将平氏占据的庄园归还原主。后白河法皇表示赞同，并颁布“寿永宣旨”，规定对不服之辈及与源赖朝抵触者均予以处分。朝廷不仅承认源赖朝的镰仓政权，而且还给予源赖朝在东海、东山等地的行政权和司法权。1184 年 2 月，源赖朝西征平氏得胜。10 月，在镰仓建立行政机关公文所（后改称政所）和司法机关问注所，分别掌管财务、庶务和御家人领地的诉讼，由此，镰仓政权初具规模。1185 年 3 月 24 日，源、平两氏在长门坛浦决战，源赖朝大胜。

对于源赖朝势力的扩张，中央朝廷既恐惧又迁就。一方面，后白河法皇为了牵制源赖朝，任命其胞弟源义经（源义经在坛浦决战中立有大功，但源赖朝不仅没有重赏，反而没收了原先奖给他的庄园，并禁止他返回故里，引起源义经的不满）为检非违使、左右门少尉，并准其出入院厅。而另一方面，又不敢得罪源赖朝，对于他的种种要求照准不误。比如：源赖朝要求追讨源义经擅自接受后白河法皇的任职；要求敕许他在各地设置守护、地头职；还要求法皇解除属于源义经派的大藏卿高阶泰经等 12 名朝廷公卿的职务，并由他推荐亲镰仓政权的右大臣九条兼实等 10 名公卿为朝廷的议奏，参与议决朝政等等，法皇都给予了批准。除此之外，源赖朝还向京都派遣京都守护，监视朝廷活动；在九州大宰府设“镇西守护”，管辖九州的御家人。1189 年，源赖朝亲自率兵征服奥州地区的藤原泰衡，设置“奥州总奉行”。至此，源赖朝的势力扩张到全日本。1190 年，源赖朝率军进京都，要求得到“征夷大将军”称号。此时后白河法皇深恐源氏的势力过于强大，便拒绝了他的要求，仅任其为权纳言、右近卫大将两职。源赖朝极为不满，在任命仪式后第四天即告辞退，愤然返归镰仓。1192年3月，后白河法皇去世，九条兼实等控制了朝廷。7月，后鸟羽天皇正式任命源赖朝为“征夷大将军”。源赖朝得此称号后，将镰仓政权改称幕府，史称“镰仓幕府”，此为日本史上的第一个武士政权。它标志着日本军事封建时代的正式开始。

源赖朝任“征夷大将军”后，对幕府的原有机制进行了调整。第一，充实幕府的中心机构。通过扩大规模，增加编制使中心机构成为完善的政府部门。第二，加强对地方政权的控制，在全国各地和各庄园内设置“守护”“地头”等职。“守护”为幕府委派到各地的地方官或军警头目，负责镇压谋反，指挥御家人轮番守护京都宫室，管辖该地寺社和交通等行政事务。“地头”是幕府安插在庄园内的政治代表，掌管庄园的土地管理、租税征收和警察治安权。第三，继续监视皇室活动，在天皇朝廷所在地京都仍设置“京都守护”。第四，在边远地区设立镇西奉行（九州地区）和陆奥总奉行（本州东北部）。通过这四方面的措施，源赖朝把中央和地方都统辖在自己的权力之内，使镰仓幕府变为实质上的国家政权中心。武士政权的建立是日本历史的重要转折点。亦如霍尔所说：“将军拥有的组织几乎能执行所有地方政府的职能，而且比朝廷贵族执掌的、日见衰落的国家机器效率要高得多。因此，赖朝创立了一种以封建命令为基础的行政制度，它最后代替（或吸收）了以京都为中心的文官政府。镰仓成为这些新机构的中心，并成为武士阶级的城市，这标志着日本历史的重要转折点。”[1]

---

〔1〕［美］约翰·惠特尼·霍尔：《日本——从史前到现代》，第69页。

镰仓幕府的政治结构中，有两个关键的社会因素对日本的封建时代及以后的近代社会有着重大影响，即“御家人”制度和“公武双轨制”政治。

所谓“御家人”，大多是与源赖朝有主从关系的地方豪强。他们彼此间的主从关系以“忠”“信”为道德基础。在行为实践中，御家人对将军要尽“忠”，负有公役和军役的义务，无条件地服从将军；将军对御家人要“信”，保证御家人的世袭领地和财产不受侵犯，并按战功赐以新的领地。御家人是镰仓幕府建立和发展的阶级基础，也是武家政权下的社会秩序的新基点。

镰仓幕府的建立，并不意味着皇室贵族政权的消失。也就是说，以武力为社会基础、以将军为最高首领的军事封建统治虽然改变了大化改新以来所建立的中央集权体制，但是它并不能彻底取代天皇的权威。在权力形式上，天皇政权依然有中央八省的完整机构和律、令、格、式等法律，天皇依旧发布诏书，甚至幕府将军也要由天皇任命。一方面，幕府通过自设的政所、问注所、侍所来把持全日本的政治、司法、军事大权；而另一方面，将军统治必须获得天皇批准才获得合法性。这就是幕府政权与天皇政权并存的“双轨制政治”。霍尔对此有个说明：“赖朝建立的幕府并非篡夺权威，因为它是得到皇家制度允许的。但是，赖朝获得权力的程序和平民所用的相反，他不急于进入宫廷，而是首先建立军事力量和个人的组织，然后求得朝廷的荣誉和头衔，最后是合法性。”[1]

这种双轨制政治，在开始阶段，还处于幕府与皇室互补互

---

〔1〕［美］约翰·惠特尼·霍尔：《日本——从史前到现代》，第67页。

利的状态。但是随着武士政权的逐步强大和完善，皇室彻底丧失政治权力，只是名义上的国家最高首领。就幕府与皇室的互补互利的关系而言，镰仓幕府建立之后，皇室在经济上还有实力，其领地长期存在并与其他中央贵族、佛教寺院结为一体，这是皇室赖以长期存在的经济基础和政治基础。同时，天皇不仅是权力的象征，还是精神信仰的象征，一切社会行为只有经过天皇的批准才具最高合法性，因此，幕府将军需要利用天皇的传统权威来号令天下。无论是镰仓幕府还是室町幕府，“挟天皇而令天下”是他们施政的基本保证。历史上的各位幕府将军，几乎都会向部下灌输效忠皇室的观念，以此防止部下谋反。另一方面，天皇、皇室与贵族之间的各种矛盾冲突，也需要借助幕府的军事实力来解决，可以说，幕府实际上是皇室的军事靠山。在镰仓幕府的前期，幕府与皇室（历史上也称为武家与公家）的政治力量基本是平衡的，用霍尔的话说，“这时期的突出特点是京都和镰仓两大中心之间的政治和文化的平衡。开始，这种平衡可以说是势均力敌的”〔1〕。然而到了幕府由外戚北条氏专权时期，皇室的政治力量彻底衰败，原有的权力平衡被打破，武士政权真正占据了优势。“很明显，这时的权力平衡偏向镰仓一边，而他们也开始越来越干涉皇家的事务，例如继承皇位和藤原的摄政问题。”〔2〕

北条氏是源赖朝的遗孀北条政子的娘家系统。源赖朝是个精明的领袖，但是却没能保证自己后嗣地位的继承，近亲中所有的对手都被杀掉了。1199 年他去世时，留下两个不成材的

〔1〕［美］约翰·惠特尼·霍尔：《日本——从史前到现代》，第 69 页。
〔2〕［美］约翰·惠特尼·霍尔：《日本——从史前到现代》，第 70 页。

儿子，显然没有能力控制幕府政权，于是，在赖朝当年的部下中就开始了权力之争。最后北条政子及其家族掌握了实权。1203年，北条政子的父亲成为政所的执权，实际上相当于将军的摄政。直到1333年灭亡，北条家族一直通过这个位置统治镰仓幕府。1219年，北条义时惨杀了第三代将军源实朝，拥立源氏的远房亲戚、年仅两岁的藤原赖经为将军。此后，被命为将军的皇室王子不过是个门面，真正在幕后治理幕府的是北条家族。

导致北条专权和皇室政治衰落的关键历史事件是“承久之乱”。源赖朝去世后，皇室企图趁幕府内讧来夺取政权，但被北条氏压制下去。以后，后鸟羽上皇和顺德天皇又策划以武力讨伐幕府的行动。面对皇室的倒幕计谋，北条政子亲自邀集有力量的御家人商讨对策。她声泪俱下地追忆了源赖朝征伐朝敌、草创关东的功绩，“其恩既高于山岳，深于溟渤，报谢之志减乎！”她悲壮激昂地劝说御家人要同心同德，对付朝廷的倒幕活动。在共同利益的驱动下，这些御家人表示在朝廷与幕府之间，效忠幕府。1221年5月15日，皇室院厅正式发布声讨北条义时的院宣和敕令，进行倒幕活动，史称“承久之乱”。5月19日，幕府得到消息后，决定“即刻发遣军兵，直捣京都”，于是北条义时集军19万，由北条时房、北条泰时统率，分兵三路进击京都。6月初，幕府军与皇室倒幕军会战于杭濑川，皇室军队不战而败。6月12日起，幕府军夹攻京都，迫使后鸟羽上皇撤销讨幕院宣，表示愿意听从幕府指示。6月16日，北条时房、北条泰时进驻六波罗府，由院厅策动的“承久之乱”宣告失败。

“承久之乱”平息后，幕府对皇室贵族进行了严惩。后鸟羽上皇、顺德和土御上皇、冷泉宫赖仁亲王、六条宫雅成亲王分别被流放日本各地；年仅4岁的仲恭天皇被废黜，并终身囚于九条殿；没收了院政及参加倒幕活动的贵族、僧侣、武士领地3000余处，重新任命这些庄园内的庄官、地头；在京都设置六波罗府，由北条泰时亲任探题（首脑），监督京都朝廷贵族的活动。

“承久之乱”是朝廷和院政（公家）与幕府（武家）之间的决战，最后以幕府战胜朝廷、院政为结局，从此武家政权对公家政权占了绝对优势。“承久之乱”后，北条义时成功地在幕府内部确立了自己家族的执权体制。1224年北条义时去世，其子北条泰时继任执权。他为了稳定国内局势，缓和武士阶层的内部矛盾，把执权政治由独裁改为集体合议制。具体措施有两项：第一，设置连署职，把原来只有一名的执权，改由两人担任，其中一名称为“连署”，也称“双执权”。此职由叔父北条时房担任，辅佐执权。第二，于1225年设置类似议会的“评定众”，由有政治能力的御家人担任。“评定众”的地位仅次于执权、连署。凡幕府政所、问注所掌管的重大事宜，包括财政及诉讼裁判等，都须经过“评定众”讨论通过才能执行。后来，北条泰时之孙北条时赖任执权时，又于1249年增设“引付众”（监察机关），由“评定众”中选人兼任长官，专事御家人的庄园诉讼并协助“评定众”共议政事。

镰仓幕府发展到北条氏时期，原有的中央集权体制下制定的《大宝法典》已经不能适应当时的国内状况。于是北条泰时在1232年制定了武士法《御成败式目》，又称《贞永式目》，共51条，涉及朝廷利益、寺社关系、守护地头权限、刑事诉讼手续、幕府功能和意识形态诸方面。这是根据源赖朝以来幕府的惩罚奖励规定和武士习惯法编成的成文法，也是日本的第一部封建法典，它成为武家治国的根本法律依据。《御成败式目》的制定，标志着镰仓幕府在全国范围内统治的巩固。由于幕府体制从政治、法律等各方面得到健全和完善，因此这一时期的日本，社会经济有所发展，特别是政局稳定。霍尔也是如此评价的，“镰仓政府给人印象最深刻的特点，是它相当公平且效率较高地注意了维持和平，并稳定各国的秩序”[1]。

与欧洲各国的封建制度相比较，日本封建时代的双轨制政治有它很特殊的地方。天皇朝廷虽然没有了政治实权，但却始终是精神价值的象征。幕府政权在其合法性上疑问重重，但却牢牢掌握着国政大权，且根深蒂固。镰仓幕府被推翻以后，时隔数年接踵建立的室町幕府以及封建统一集权的江户幕府，仍然是军事封建主执政。从源赖朝开始的幕府政治能维持长达700年之久，这是日本封建社会发展史上的重要政治特点，而二元的双轨制政治结构又是日本民族精神结构的重要历史依据。为武家政治提供论证的儒学和为天皇的凝聚力提供支撑的神道信仰，在日本封建时代尤其是江户时代处在前显后隐的状态，但在日本的近代史上却都有着不同的功用，这将在后文论述。

2. 武家政治的展开：室町幕府

14世纪中后期，镰仓幕府开始衰落。其原因有两个，即“日元之战”和御家人制度的瓦解。13世纪初，蒙古汗国成为世界上横跨欧亚大陆的封建帝国。1260年，成吉思汗的孙子忽必烈继位大汗。此时，蒙古汗国处于“腹背受敌”的困境。

[1] ［美］约翰·惠特尼·霍尔：《日本——从史前到现代》，第72页。

一方面，在其统治的中国境内，南宋朝廷仍然存在，汉族人民英勇反抗；另一方面，在进攻南宋时，海都大汗又趁机出击。为了转移内部矛盾，忽必烈着手攻伐日本。忽必烈攻伐日本，既是战略措施，也是野心的扩张。他企图通过东征日本来消灭南宋，以建立蒙、朝、日为一体的东亚新秩序。当然，垂涎日本的财富，也是忽必烈发动征日战争的重要原因。忽必烈曾屡次派遣使臣赴日，均遭幕府当政者拒绝，有些使臣甚至被斩首。1274 年（文永十一年）10 月，忽必烈率军 3 万，战舰 900 艘，由朝鲜合浦出发，远征日本；后因元军将士连续作战，疲惫不堪，又适逢暴风雨突发，元军船舰为风浪所卷，沉没海中，死亡兵卒为出兵总数的三分之一，无奈收兵而还，史称“文永之役”。1280 年 2 月，忽必烈设置征日大本营“征服日本中书省”，简称“征东行省”。1281 年，忽必烈兵分两路第二次远征日本。由于日本军民的顽强抵抗，以及元军中暴发大疫（死于疫者 3000 人），特别是台风的猛烈袭击，声势浩大的第二次征日也告失败，史称“弘安之役”。

镰仓幕府虽然取得了抗元战争的胜利，但在保全国土的同时，也使日本元气大伤。首先，战争中及战后为防卫元军再犯而加强军备，耗资巨大，造成了镰仓幕府的财政困难。北条氏设置的军事戒备状态，直到 1312 年才解除。其次，幕府无法支付抗元官兵的恩赏，也不可能像先前平息“承久之乱”那样向有功武士赐予土地，因为幕府没有土地可以作为恩赏。而参战和阵亡的将士大多是九州人。这样一来，幕府不仅在九州地区失去了人心，更危险的是动摇了由“奉公”而取得“恩赏”的御家人制度的基础，出现了脱离幕府的“独立领主”和破产御家人。御家人的分化和没落，促使御家人制度的瓦解。

在元军侵略和御家人群体松散瓦解的双重打击下，镰仓幕府的统治开始出现混乱，社会矛盾尖锐。京都的天皇和贵族趁此机会，发动了几次倒幕活动，希图夺回政权，重振皇威。1324年（正中元年）发动了“正中之变”，1331年策划“元弘之乱”，但都被幕府镇压。后醍醐天皇在逃向赤坂城途中遭幕府军捕获，流放于隐岐岛。后醍醐天皇策动的这两次倒幕活动虽遭失败，但却激起全国倒幕势力的集结。倒幕烽火四起，战乱不断。1333年2月，后醍醐天皇被人营救，逃出隐岐，重树倒幕大旗。4月，幕府派下野豪族足利高氏（即足利尊氏）讨伐反幕叛乱，但他在进军途中，宣布倒戈，进军京都，5月7日攻占六波罗府。另外，上野国的御家人新田义贞，也于5月17日分兵三路围攻镰仓，22日镰仓陷落。执权北条高时及其家族、随从数百人，在东胜寺被迫切腹自尽。25日，九州探题北条英时遭围攻自杀。至此，镰仓幕府彻底灭亡。

镰仓幕府灭亡后，后醍醐天皇迅即返回京都亲掌朝政。他恢复了朝廷原有的各个机构的行政功能，建立化公武两体为公家一体的皇亲政治。1334年1月，改年号为“建武”，因此后醍醐天皇的新政，历史上也称作“建武中兴”。但是，后醍醐天皇在亲掌朝政后，大兴土木，扩建宫殿，强行发行流通纸币，征收重税，对倒幕武士的论功行赏又极为不公，激起各阶层的不满，特别是“建武新政的第一功臣”足利高氏的反抗，于是公家与武家的对抗再次发生，建武政权的权威也迅速坠落。

有史书称此时期的公家与武家的关系是“公武如水火”[1]。

足利高氏原为镰仓时期的豪族，后背叛幕府，投靠后醍醐天皇，参加了倒幕活动。后醍醐因其有功，将自己“尊治”名字中的“尊”字赐之，称足利尊氏，但在官职上，仅授其左兵卫督官，于是遭到足利尊氏的不满。1334年春，后醍醐天皇密旨护良亲王、新田义贞、楠木正成等勤王武士图谋杀之。秘密泄露，足利尊氏迫使后醍醐下令拘捕并杀死护良亲王。1335年7月，足利尊氏借北条时行起兵进攻镰仓之机，要求后醍醐任命自己为“征夷大将军”，天皇不允。于是，尊氏在收复镰仓后，不从皇命，据于镰仓，遭天皇声讨。后来，足利尊氏与光严上皇秘密联系，得到“征讨新田义贞”的院宣。1336年5月26日，足利尊氏军队与新田义贞、楠木正成军队交战于兵库凑川，楠木正成战败切腹自杀。6月，足利尊氏拥立光严上皇的弟弟丰仁亲王为天皇，称光明天皇。11月，后醍醐天皇被迫将象征皇权的神器让渡给光明天皇，“建武中兴”至此告终。

后醍醐让渡神器后被囚禁。后于12月21日逃出京都花山院，潜伏于大和吉野山，自以为是天皇的正统。有日本学者认为，后醍醐让渡的神器是假物，真的神器仍由他带去吉野，因此他可自称正统。后醍醐在吉野的朝廷称南朝，足利尊氏操纵的光明天皇称北朝，由此开始了历经半个多世纪的南北朝对峙。

在日本历史上，一般将1336年11月后醍醐天皇新政结

---

[1] 关于武家政治，参阅赵建民、刘予苇主编：《日本通史》，上海：复旦大学出版社，1989年。

束，足利尊氏公布施政方针《建武式目》视为足利幕府的开始。足利幕府又称室町幕府。1378年，足利义满在京都室町修建豪华的花御所为住宅和幕府的办公厅舍，故有室町幕府之称。室町幕府的机构，基本上仿效镰仓幕府旧制。中央设立政所、侍所和问注所等，分别由足利同族人担任长官（所司）。但不设执权，改设“执事”，辅助将军处理具体事务，无实权。地方上，在关东设立镰仓府；另设立九州探题、中国探题、奥州探题、羽州探题。镰仓府长官由足利尊氏之子基氏一族担任；其他地方则由亲信担任守护大名，控制各地军政大权。足利氏主要靠同族联合来巩固政权。

1339年，后醍醐病死。足利幕府内部因争权夺利以及对皇室态度的不同发生分裂，这样，南北朝之间的对立转变为武士阶级内部的斗争。在复杂的争斗中，足利尊氏曾一度失去京都，直到1355年3月，足利尊氏最后取得胜利，夺回京都，幕府统治才获稳定。1368年，足利义满任第三代将军后，出现了足利氏的全盛时期。1392年，南北朝对峙结束。1398年，室町幕府建立“三管领四职”制度。管领由足利氏族内的细川氏、田山氏、斯波氏等三个家族轮流担任；四职，即侍所的长官（所司）由京极、一色、山名、赤松四家所独占。足利义满建立这种制度，意在防止有能力的武士和守护大名形成世袭的政治势力，以图在武士势力平衡的基础上确保幕府统治的稳定。然而在事实上，仍未能遏制各地方豪强以及家族重臣的势力扩张。这其中的重要原因是，室町幕府的统治，始终没有达到镰仓幕府时的集权程度。就经济基础而言，两个幕府虽然同以庄园制作为经济支撑，但镰仓幕府是在庄园制发展时建立的，而室町幕府则是在庄园制日益瓦解的条件下出现的。再以阶级基础来看，镰仓幕府以守护、地头，即中小封建主为支柱，因此比较容易驾驭和统领；而室町幕府则以守护大名即大封建主为社会基础，这些人随着势力的扩张，极有可能成为幕府的抗拒力量。实质上，室町幕府是各守护大名的松散联合政权，事实也正如此。至幕府后期，各守护大名的势力急剧发展，地方分权统治倾向日益增强，甚至以叛乱来对抗幕府。1438年镰仓公方足利持氏图谋用武力夺取将军地位，与将军足利义教对抗，后遭杀害，史称“永亨之乱”。1441年，四职之一的赤松满祐竟然杀死将军足利义教，史称“嘉吉之乱”。由于将军家内部、将军与重臣之间以及地方领主之间的矛盾冲突不断，以致发生了大规模的战乱——“应仁之乱”。从此，开始了日本历史上群雄割据的“战国时代”。[1] 直至17世纪，日本才再次统一，进入“定型”的封建时代——德川幕藩体制时期。

以上用了较长的篇幅来述介日本的前封建等级庄园制，是为了证明这样一些观点：在从12世纪末开始的镰仓幕府到16世纪后半叶战国时代结束的400多年时间里，日本一直处在动荡不安、战乱不止的状态，这是以天皇为中心的中央集权瓦解，政治权力位移之后的历史不适应征，许多社会在政治结构发生实质性变化的阶段大都会出现这种动荡或战乱；由于日本封建的社会结构、文明框架、体制和模式在这400多年中尚未完全“定型”，因此社会对于政治秩序和权力合法性方面的思想理论需求也不明朗；在这样的社会历史状态下，原本在大化

[1] 刘洪浪编著：《日本概论》上册，广州：科学普及出版社广州分社，1986年，第196—197页。

改新以及此后的律令时代被大量输入的儒家思想也就自然失去它的现实功能。朱子学在镰仓幕府中期就随着佛教，主要是禅宗传入了日本，但是并未引起特别的注意，而是作为一种理论学养在有知识的禅僧中流传。这固然因为佛教在当时的影响甚大，然而更主要的还是儒家的社会定位尚不清晰。一种没有社会载体的思想文化是不可能成为社会的精神主脉的。在这400多年中，“儒学成为禅宗的附庸”〔1〕，是很自然的事情。其实，在日本历史上佛教对于中国文化的传播起过非常重要的作用。按霍尔的说法，“它是中国文化给日本的主要传递者”，在奈良时代，“佛教作为中国文化运载工具的作用，很快显示出来。佛教吸收进中国文化，意味着建筑、绘画和僧人组织都带上浓厚的中国色彩，而且输入日本的佛经是中文译本。奈良时期到日本的中国文化人，绝大多数是僧人，他们是在信仰热情驱使下，才冒险渡海而来的。与此相反，没有一个出名的儒家学者曾经移居日本”〔2〕。

在镰仓、室町幕府乃至战国时期，儒学的确是一个没有独立历史角色的配角，但是它在佛教的僧堂和禅院中，经过长期的流播和浸润，其影响逐渐扩大，从而为江户时代儒学的独立与全盛准备了条件。亦如三宅正彦所说，在室町幕府末期，即战国时代，“朱子学作为阶级统治理论的最高形态予以吸收的上层建筑，已经奠定了基础”〔3〕。

〔1〕王家骅：《儒家思想与日本文化》，第54页。
〔2〕［美］约翰·惠特尼·霍尔：《日本——从史前到现代》，第45—46页。
〔3〕［日］三宅正彦：《日本儒学思想史》，第19页。

二、僧堂禅院中的儒学

儒学在前封建时代的沉闷，可以追溯到中央集权时代的9世纪后半期。

（一）黯然失色的儒学

平安时代前期即9世纪，是日本所谓“唐风文化”的全盛期。对此前文已有所述。在这样的文化氛围中，传播儒家文化的主要教育机构——大学寮也进入它的最盛期。然而，在一片繁荣升平的景象之下却潜伏着深刻的危机。儒学的流行和大学寮的兴盛，与建立和稳固中央集权体制有着直接的联系，或者说，它是社会需要以及政治力量扶持的结果。而在9世纪后半期，土地班田制的瓦解和藤原氏外戚的专权，使得以天皇为中心的中央集权体制日益削弱。政治力量的衰落必然连带儒学的消沉。换句话说，没有明确的社会需要和失去政治力量的支持是儒学走向低谷的根本原因。

除了社会和政治的根本原因，儒学的衰落还有另外两个原因，一是9世纪中期以后，日本社会有了较大变化；二是儒学自身的弱点。

1. 日本社会的变化

9世纪中叶，“唐风文化”开始衰落，而“国风文化”悄然兴起。“国风文化”又称“平安文化”，它是在消化中国唐朝文化之后发展起来的独具日本民族风格的新文化。空海用单音节的草书体汉字制成平假名，吉备真备用楷体汉字偏旁制成片假名，创造出日本民族作为表音符号的假名文字。此后，以假名书写的“和歌”（日本体诗歌）以及“物语”也相继出现。历史著作也不再模仿中国正史，而只以汉文书写。此外，美术、书法、音乐等艺术形式也表现了更多的民族特色。可以说，“国风文化”的兴起是儒学黯然失色的文化背景。

9世纪日本社会的另一个重大变化是，儒学在社会政治需求中的地位下降。如前所述大学寮中的“明经道”曾是奈良、平安时代儒学传授的最主要场所。中央政府规定，中、下级贵族子弟欲进入官僚行列，必须经过明经道考试合格，因而明经道在大学寮中地位最高，学生定员最多。然而，8世纪中期，大学寮又增设文章道，情况逐渐发生变化。“学令”规定，“凡学生，虽讲说不长，而闲于文藻，才堪秀才进士者，亦听举送”[1]。意思是说，明经道毕业考试虽不合格，但善于写文章的大学寮毕业生，也可举送太政官参加式部省的秀才、进士科考试，并授予官职。这样一来，原本需要儒学知识和儒学修养的行政、技术官僚，可以通过写作技巧来替代儒学方面的不足。通过明经道的考试，相对来说比较严格，于是不少大学寮的学生渐渐转向更易授官的文章道。文章道的学生经常满员，而明经道的生源往往不足；甚至一些明经道的学生放弃儒学经典的学习，改学汉诗文或史籍，以求成为宫廷诗人或显贵们的书手。至平安时代前期，写作汉诗蔚为风潮，随之文章博士的地位也从官位正七位下提高至从五位下，而超过明经博士。明经博士的官位始终为正六位下。过去由明经博士担任的大学头职务，在9世纪以后也多由文章博士担任。一些文章博士还成为朝廷重臣，或应召为天皇侍读。

9世纪后期，随着外戚藤原氏的专权，以及天皇中央集权

〔1〕《日本思想大系·3·律令》，东京：岩波书店，1997年，第267页。

制的削弱，原有的考试任官制度也遭到破坏。藤原氏依仗自己的权势，决定大贵族的子弟不必进入大学寮，通过“荫位”和“院举”也可授官。原为大学寮的附属机构——别曹因为多由藤原氏等大贵族经营，所以别曹的学生比大学寮的学生更受重视。在大贵族特权的干扰下，不仅明经道，甚至整个大学寮都变得无足轻重，式部省的考试也徒具形式。

10 世纪末以后，大学寮的教官开始“世袭化”，这就使得本已影响式微的儒学进一步萎缩为少数博士学官的“家业”。就 10 世纪末至 12 世纪末的情况来看，算道博士在大学寮中是最早开始世袭化的，由小槻和三善两家代代世袭。此后，其他各道也开始出现世袭化。明经道博士由清原、中原两家代代世袭，文章博士由菅原、大江、藤原（南家、北家、式家）诸家代代世袭，明法博士由坂上、中原两家代代世袭。从明经道的清原、中原两家来看，直至 12 世纪末，中原家有 23 人、清原家有 13 人先后成为明经道教官。显然，此时的儒学，已从律令时代制定国家大政方针的指导思想退缩为世代相传的生活技艺。

随着班田制的瓦解，国家财政日渐困窘，用于支付大学寮的费用也逐渐减少，甚至连举行“释奠”仪式和修理房屋的费用，都得靠地方捐助或卖官所得。以前祭孔，供品为肉食，自 1163 年起改用祀佛的“青菜类”。这虽然表明佛教影响扩大，但也反映了大学寮费用的窘迫。1177 年 4 月，一场大火殃及皇宫和周围的官厅。除太极殿外，大部分皇宫和附近的大学寮、劝学院以及神祇省、民部省等官厅均被焚毁。这场大火是对本已日薄西山的大学寮的最后一击。火灾后，同时罹灾的各官厅和藤原氏的别曹劝学院都得以重建，唯独传播儒家文化的大学寮从此关门停办。各地国学的命运亦相当衰微：916年，伊势国学的孔子像损坏不再修复；927年石见国学的释奠礼器被窃；大部分地方国学逐渐停止了“释奠”仪式。文章博士大江匡衡在1007年巡视尾张国学时，面对儒学的凋敝景象，不禁发出“思乡贡以兴学院”的感慨。

2. 早期日本儒学的蜕变

就学术的性质而言，早期日本儒家学者所传播的主要是训诂性质的汉唐经学。训诂性质的经学在其走向末流时，常常出现两种情况，一是流于支离和繁琐的笺注主义，二是成为秘传师法与家法的“累世经学”。这种经学不仅劳思虑而忘“大道”，更主要的是使人们丧失精神活力和思想创造力。早期日本儒学由于历史条件的限制，亦经历了流于支离琐碎的困境。

当时的日本人，为了阅读汉文写成的儒家经典，必须注重章句的解读，这样就很容易忽视义理。在日本，纠缠于文字的繁琐考证而缺乏思想创造力的情况，比中国更为严重。大学寮教授儒家经典，采取重背诵与死守注释的教学方式，考试也依此进行，就说明了问题的严重性。10世纪以后，大学寮教官的世袭化，又造成了与中国“累世经学”类似的世袭学问。在这些世袭博士学官的家族中，学人们只需墨守“学令”规定的经业和师法家传，即可换取官俸。“这些儒家思想的负载者对创造性理解与发展儒家思想毫无兴致，只可称其为禄蠹。”平安时代后期的著名儒家学者藤原赖长在呈给鸟羽上皇的奏文中尖锐地指出产生这种情况的原因。他说：“近代儒士多无才者，此乃因父之举而优其子，不论才与不才而给学问料之故。”当时被认为博学的儒者，不少是多知道些典故，多识些汉字，能满足显贵好奇心的无聊文人。比如《江谈抄》记载：关白藤原道长之女是天皇的女御，怀孕在身。一天，一条小狗突然闯入居室，其女受惊。藤原道长闻讯忧心忡忡，便询问文章博士大江匡衡此事的吉凶。匡衡答曰：此事可喜可贺，因为“犬”字之点，加在“大”之下便是“太”，加在“大”之上便是“天”，这预兆您的女儿将生皇子，而且会立为太子，并将成为天子。藤原道长听后大喜，并称赞大江匡衡博学。这样的儒者，不仅无聊，而且是无耻了。[1]

早期日本儒学的衰落有它自身的历史必然。天皇中央政权建立之时大量引进中国儒家学说，是为了补充统治的合法性资源，在他们的支持下，儒学得以在各级贵族和官僚中流行。这一历史时期的权力集团，需要的是儒家的制度文化和社会思想，他们虽然也引进了儒家“德”的观念以及相关的“孝”“友”“贞节”等思想，但那大多停留于天皇的诏敕或官僚的奏文中，并没有转变为一个民族或整个社会的价值理念，它只是维护一种政治秩序的思想资源。同任何与政治联结在一起的思想文化一样，天皇现实权力的衰落也必然连带早期日本儒学走入低谷。尽管在大化改新后至平安时代前期，出现了二三百年的汉学兴盛时代，诏敕、法令、史籍中儒家语言充斥，汉诗文集相继出版，各级学校的学生整日诵读《论语》《孝经》，但是由于早期日本儒学自身的弱点，儒者既无发展儒学理论的意趣，也无理解和创造的能力，他们大多是照搬与模仿中国儒家的经典和思想，因此，根本就不可能创造和发展出具有日本民族特性的儒家学说。加之当时的儒学只是官僚、贵族中的精神奢侈品，尚没有深传到占日本绝大多数人口的基层民众之

---

〔1〕 参见王家骅：《儒家思想与日本文化》之“早期日本儒家”。

中。就奈良时代看，当时的日本总人口约为600万，京城奈良的人口不过20万，而能够阅读汉文，享受唐文化精神成果的，据推测不足2万人。[1] 没有更深的文化受众根基，儒学的衰落也就在所难免了。

（二）寄寓在禅院中的朱子学

镰仓时代，武士阶层实际上掌握了日本封建国家的政治权力。天皇的地位虽然存在，但已形同虚设。作为天皇中央集权体制重要思想资源的儒学，其影响力自然大大削弱。加之从894年起，日本停止了遣唐使的派遣，仅仅借助商人来往输入少量中国书籍，维持着似断若续的文化思想联系。当时中国的思想界已经出现了极具活力的新儒学，但尚未影响日本。在缺乏外来新思想刺激的情况下，日本儒学只能作为博士们的世袭家业，固守汉唐旧注，维持气息奄奄的余绪。大学博士的任务，只剩下每年初参加朝廷举办的称作“御读书始”的仪式。当时的大学寮不仅焚毁后不再重建，就连保存在仓库中供“释奠”用的孔子和十哲的画像，也于1224年、1226年和1232年三次被窃。1244年，朝廷打算重制庙器与礼服，恢复“释奠”，向群臣和博士们募捐，然而以儒学为业的明经博士们却首先表示拒绝，声称“当道之贫儒，难于承担”[2]。

在儒学衰落的同时，日本佛教却进入空前活跃的时代。佛教自6世纪传入日本后，对日本古代国家起过相当重要的作用。霍尔归纳为三点：“第一，它作为一个宗教，给日本带来了新的信仰体系和虔诚的态度。第二，作为从大陆到日本的宗

---

〔1〕［英］G. B. 桑索姆：《日本文化史》，东京：东京创元社，1976年，第93页。
〔2〕［日］和岛芳男：《中世的儒学》，东京：吉川弘文馆，1965年，第46页。

教组织，它是中国文化给日本的主要传递者。第三，作为一个有社会影响和经济实力的宗教组织，佛教在日本政治事务中，也成了主要力量。”[1] 霍尔说的第三点在奈良时代特别突出。奈良时代，佛教以“镇护国家”为使命，与政治权力捆绑在一起，可以说是国家宗教。许多佛教僧人不仅与朝廷的权贵关系密切，有的甚至通过“君宠”混入高级职位而直接干预政治事务。例如，道镜和尚在孝谦天皇的宠幸下，于764年被任命为太政大臣，766年又获法王称号，类似一个“僧人天皇”。770年，道镜竟然图谋皇位，但是由于朝廷大臣们的反对以及孝谦天皇的去世，阴谋未逞并遭流放。这一事件在皇族和朝廷的支持者中引发了对佛教僧侣干预政治的强烈不满。有学者认为，天皇政府迁都平安京（今京都）与道镜事件有极大关系。“在中国，皇家政府以一系列激烈的迫害和没收财产来对付佛教的威胁，而日本则以极迂回的办法来处理这个政治问题。皇帝和他的朝廷很快舍弃奈良，而以另一个新的都城取代了它，奈良的寺庙也和这个京城割断了关系。”[2] 除了与政治的关系，奈良时代的佛教主要活动在皇室和贵族当中，对于基层平民百姓的生活没有什么影响。

如果说政治化与贵族化是奈良时代佛教的特点，那么镰仓时代的佛教之所以能够空前活跃，其平民化是重要原因之一。镰仓时代，原来为贵族所推崇的旧佛教逐渐失去势力，如法相宗、三论宗、天台宗和真言宗等相继衰落。代之而起的有净土宗、净土真宗（又称真宗、一向宗）、日莲宗和禅宗等。在这

---

〔1〕［美］约翰·惠特尼·霍尔：《日本——从史前到现代》，第45页。
〔2〕［美］约翰·惠特尼·霍尔：《日本——从史前到现代》，第48页。

些宗派的信徒中，不仅有武士和九条兼实等贵族，还有农民、渔民和工商业者，其中禅宗在武士阶层中影响最大。镰仓幕府的实际掌权者“执权”，如北条时赖、北条时宗和北条贞时，曾先后在镰仓建立建长寺、圆觉寺，专修禅宗，笃信禅旨。此后，建长寺、圆觉寺、寿福寺、净妙寺和净智寺等五大禅寺，被称为镰仓“五山”。至室町时代，足利氏又在京都建南禅寺、天龙寺、建仁寺、东福寺和相国寺，被称为京都“五山”。北条时赖、北条时宗还邀请中国宋朝禅僧兰溪道隆、无学祖元等来日传授宋代的纯粹禅风。

禅宗之所以在镰仓幕府时期被武士阶层所倚重，有两个主要原因。其一是禅宗的宗旨更为适合武士阶层的精神需求和心理状态。禅宗反对老教派的繁琐仪式和墨守成规，可以说它是一个改革的教派。他们既不主张苦行，又不要念佛读经，而是提倡沉思默想，用佛教的原始经验以求得“悟”。为了达到这一境界，必须经过严格的精神和身体的训练。达到这样境界的人，可以不受世俗社会功利原则的支配和干扰，而有一个自足丰满的主体精神世界。“就这一点对武士贵族就特别具有吸引力。如果禅宗能让人理解自己、信赖自己，它也能造就有坚强性格的活动家。”〔1〕身为武士，必须驱驰矢石之间，出入生死之门，禅宗的境界能使他们获得强大的精神支持和心理安慰。其二，原有的佛教诸派多与朝廷和贵族保持着千丝万缕的联系，而禅宗是个新兴宗派，没有旧日的瓜葛。镰仓幕府作为一种新出现的政权形式，皈依和依赖禅宗也是必要的政治考虑。

禅宗早在中国的唐代就传入日本，但未能盛行。直至

---

〔1〕［美］约翰·惠特尼·霍尔：《日本——从史前到现代》，第78页。

1191 年，入宋日本僧人明庵荣西的弟子道元从中国返日，传禅宗的曹洞教派，更增加了禅宗的影响。日本的禅宗虽然受到镰仓幕府的支持，但禅僧们却基本不参与政治事务。他们与武士的关系主要是精神的联络。这与奈良时代的佛教各派有极大的不同。霍尔也有同样的看法，“禅寺的寺庙建筑在京都、镰仓城的附近及主要的国的中心，但他们不同于奈良的宗派，和政治保持距离。禅宗的寺院只是在不和武士贵族的事务沾边的情况下才出头。他们用山的名字命名其庙宇，表示要重返自然。因此，在武士世界中，禅宗的寺庙越发成为学者和艺术家的主要避难所。而武士出家者成为禅宗僧侣的人数最多。……执权们自己又是这一宗派的在家信徒，依赖禅宗的训练，求得精神力量”[1]。

在中国，禅宗发端于唐朝的中后期，至南宋，已进入所谓“烂熟期”。而开始于北宋的理学却如日中天，到朱熹而集大成。为了获取新的思想资料，南宋以后的禅僧大多兼习理学。来华的日本佛僧就是在这些禅院中受到新儒学的熏陶的。他们返回日本后，很自然地将理学，主要是朱子学带进日本。

关于朱子学何时传入日本，学者们说法不一。根据和岛芳男在《中世的儒学》中的介绍，日本的东洋文库保存有朱熹的《中庸章句》抄本，卷末署有“正治二年三月四日，大江宗光”的识语。正治二年即 1200 年，是朱熹亡故的那一年。大江宗光是镰仓幕府的政所别当大江广元之子。由此推测，13 世纪始，即镰仓时代中期，朱熹的著作已开始传入日本。但是，大江宗光的事迹不详，故无从了解他对宋学有怎样的理

---

〔1〕［美］约翰·惠特尼·霍尔：《日本——从史前到现代》，第 78 页。

解。另外，据伊地知季安在《汉学纪源》中的推测，禅僧俊芿在1211年从南宋携回书籍两千余卷，其中儒学的256卷，可能包含宋学著作。[1] 然而没有书目，因此很难确证。大部分学者认为，带入宋学著作，并有一定理解的，是禅僧园尔辨园。园尔于1235年到宋留学，1241年归国。他带回的书中有朱熹的《论语精义》《大学或问》等著作。1257年，他为镰仓幕府执权北条时赖讲解南宋居士奎堂的著作《大明录》。《大明录》主张儒、释、道三教一致，关于儒则尊奉宋学，大多引用二程及其门人学说。园尔还著有《三教典籍目录》《三教要略》。根据这些资料，以园尔13世纪中期携宋学著作归日，作为宋学传入日本之始，是更为可信的。

在日本传播宋学的，还有一些到日本来的中国禅僧。前面提到的南宋的西蜀禅僧兰溪道隆于1246年赴日，1252年受幕府执权北条时赖之邀到镰仓，此后又受到后嵯峨天皇的召见。北条时赖曾问教化之道，兰溪道隆虽以禅语作答，但实质上是儒家的精神。他说：“天下大事非刚大之气，不足以当之。要明佛祖一大事因缘，须是刚大之气，始可承当。今尊官兴教化，安社稷，息干戈，清海内，莫不以此刚大之气，定千载之升平。世间之法能明彻，则出世间之法，无二无异矣。”兰溪道隆所说的“刚大之气”的治世之道贯穿了儒家的仁爱教化的基本精神，体现了那一时期儒释互解的学术趋势。另外，还有南宋的其他一些禅僧，如兀庵普宁、大休正念等，也在日本传授了宋学。元灭南宋后，有些禅僧怀着“生不食元粟，死不葬元土”的志向，流亡日本；也有的禅僧奉元朝廷之命赴

---

〔1〕 转引自［日］西村天囚：《日本宋学史》，东京：梁仁堂书店，1909年。

日。这些人在日本讲学，培养了不少兼通宋学的禅僧，使得宋学在日本的传播更深入了一步。

在禅僧之外，也有中国的儒者到日本的。不过他们人数极少，影响远在禅僧之下。据清末广东东莞人陈伯陶所辑《宋东莞遗民录》下卷《李用传》载，南宋遗民李用是“潜心理学”之人，于1276年（宋德祐二年）“浮海至日本，以诗书教授。日本人多被其化，称曰夫子”[1]。

由禅僧所传播的宋学，在日本的镰仓、室町幕府时代，其影响大致经历了两个阶段。第一个阶段主要在皇室、公卿及儒学博士中间流传；第二阶段，由于地方大名巩固政治统治的需要和博士、禅僧流向地方，宋学开始普及到京都以外的偏远各地，而且地位日渐提高。

据《花园天皇宸记》记载，后醍醐天皇在即位后的第二年（1319年），曾请僧人玄惠到宫中讲解《论语》，花园天皇在旁侧听。事后，他在日记中写道：“今夜资朝、公时等，于御堂殿上局谈《论语》。僧等济济交之。朕窃立闻之。玄惠僧都义，诚达道。”[2] 三年之后，花园天皇又在日记中记述：“元亨三年（1322年）七月二十五日癸亥，谈《尚书》，人数同先夕。其义不能具记。行亲义，其意涉佛教，其词似禅。近日禁里之风也，即是宋朝之义也。”[3] 从这两段记述来看，此时皇廷中所宣讲的儒学，已经不是汉唐旧述，而是北宋以来的新儒学。《花园天皇宸记》元亨三年七月十九日条更明确地记

---

〔1〕 转引自梁容若：《中日文化交流史论》，北京：商务印书馆，1985年，第181—182页。
〔2〕［日］西村天囚：《日本宋学史》，第31页。
〔3〕［日］西村天囚：《日本宋学史》，第31页。

载：“近日风体，以理学为先。”由此可见，理学在这时不仅进入天皇宫廷，而且受到特别的重视。在宫廷中，提倡宋学特别是朱子学最为热心的，是后醍醐天皇。之所以如此，是因为朱子学所内涵的“大义名分”的思想，有可能为他的“建武中兴”提供合法性支持，从而动员朝野的政治力量，从幕府手中夺回政治权力，恢复君与臣、中央与地方的统治秩序。

再以儒学博士而论。最初他们坚决反对宋学。据花园天皇的日记记载：“近日禁里频道德儒教之事……而冬方朝臣、藤原俊基等，此义殊张行也。而平惟继卿，颇偏执，以浅略义加难云云。”这是说，冬方和俊基是讲宋学的，而平惟继卿却固执地责难他们浅薄。另外，据足利衍述在《镰仓、室町时代之儒教》中介绍，还有一个守旧派，叫藤原忠范，是个反对“伊洛之学”的人物。禅僧中岩曾写诗说他“学尚汉唐不言今，奋然欲救伊洛弊”。然而，大多数博士家后来看到汉唐旧注的儒学已经失去生命力，转而师事禅僧，学习宋学。比如明经博士中原家的师高、师夏，文章博士菅原家的公时，日野家的资朝、俊基、资明等，都曾师事玄惠。

这些儒学博士，开始是在旧学中添加宋学新义。从日本足利学校遗迹图书馆所保存的元天历元年（1328 年）刊行的《礼记集说》（5 册）来看，此时的明经博士在宫廷讲学中已开始参酌新说。如第一册的附记中记载：“永和元年（1375 年）五月二日以此本候禁里御读讫。”这个附记是明经博士清原良贤所作，是说他曾为后园融上皇进讲《礼记集说》。《礼记集说》是宋末元初的著名朱子学者陈澔的著作。由此可见，明经博士中已有人开始讲述宋学新说了。到了清原良贤的曾孙清原业忠一代，明经博士们对宋学更为关注。比如清原业忠曾积极向人们介绍明永乐年间编辑的《四书大全》，并采用朱熹的《论语集注》来宣讲孔子的思想。至清原业忠之孙清原宣贤时，明经博士的学术方向已基本转为宋学。清原宣贤是一代硕儒，他曾担任后柏原、后奈良二位天皇及方仁亲王的侍读，又是幕府将军足利义植、足利义晴以及诸公卿的老师，还为僧俗广开讲习。有人作诗称赞他："啜讲筵茶口有津，斯人不愧迩英人。远来日日歌听者，只以千金合买邻。"清原宣贤是一个在日本讲解全部"四书""五经"的人。他的著述亦甚多，遍及《诗》《书》《易》《礼记》《左传》和《论语》《孟子》《大学》《中庸》，近20种。清原宣贤的观点既偏重宋儒，又有禅儒融合的色彩。比如，他认为孔子之学为心性之学，宋儒是其正传。他在解释孟子的"性善"说时，认为"性者，人受之于天所生之理也。在人曰性，在天曰理，此则理即性，性即理，人之性，本体善也"。这完全是在传述朱熹的理学思想。但是，另一方面，他在解释《孟子》的"尽心知性"时，又说这与佛典的"直指人心，见性成佛"相同，"直指人心言尽其心，见性言知其性，成佛言知天"。这显然又是儒释一致的观点，表明当时儒学博士，即使像清原宣贤这样的硕儒，也未能在禅学之外，另有建树。

虽然宋学在当时的日本，已经影响到社会的上层，但是它只是作为皇室成员和公卿的学问修养而存在，并没有成为被社会需要的一种思想资源而产生更深层的影响。准确地说，它只是一种宫廷儒学。直至室町时代后期，尤其是"应仁之乱"以后，这种情况才发生了变化。在战乱中，古城京都遭到严重破坏，"汝知京都艳，今朝遍荒野。黄昏云雀飞，悲凉泪满颜"。于是不少公卿、博士和禅僧，为避战乱，纷纷离开京都，去依附地方大名。由此造成了儒学学术从中央向地方的转移。所谓“大名”，就是在战乱中，地方领主和武士乘机夺取主家的领地和权力，从而成为独霸一方的豪强，这些人又称为“战国大名”。室町末期，不仅皇室，就是幕府将军的权力也名存实亡，此时的日本陷入诸侯分裂割据的状态。

就博士家来说，镰仓时代已经出现流向地方的情况。不过，这些人不是博士家的嫡传，即使留在京城也不能承袭博士官职，所以他们便到地方上找出路。“应仁之乱”后，博士家在京城丧失了谋生之路，于是不论嫡传或庶流，都逃往地方，以求生存。上文述及的清原宣贤是明经博士清原家的嫡传，他虽然在京都名望甚高，但为避战乱，也于 1529 年从京城前往能登，为能登的守护大名畠山义总举行讲座。1532 年，他又到若狭小滨的栖云寺宣讲。1545 年，71 岁的清原宣贤又去越前，为当地人讲《古文孝经》和朱熹的《大学章句》《中庸章句》等，并终老于此。另外，还有一些文章博士，如菅原家的菅原章长和菅原长淳也到越前、丰后等地方宣讲宋学。一些禅僧也离开五山，到地方上建禅寺，讲宋学。以这些文章博士和禅僧们为中心，日本出现了儒学的所谓“萨南学派”和“海南学派”。萨南学派的活动中心在九州的萨摩和肥后。海南学派也称南派，其活动中心是四国岛上的土佐（今高知县）。这些学派在地方上造成了很大影响。比如萨南学派，和岛芳男在《中世的儒学》中对他们评价说：“公及士大夫游其门者，问禅者少，皆受朱注，自此三州（指萨摩、大隅、日向三地）靡然成风。”

关于儒学在地方上的传播，特别应该提及的是设在关东地区的足利学校，它是室町时代汉学教育的中心，对于儒学普及于地方发挥了特殊作用，也为此后日本的统一和江户时代儒学的全盛做了必要的精神准备。

足利学校设在下野足利庄（今栃木县足利市昌平町）。一般学者认为是足利义兼（？—1199 年）所建。足利义兼是镰仓幕府第一代执权北条时政的女婿。早年习武从军，深得将军源赖朝的信任。晚年剃发出家，在领地足利庄内设寺院。寺内有讲学设施，此即足利学校之始。从该寺现存的文书来看，可知当时讲学的内容是兼习儒佛的，有《大日经疏》和《周易注疏》等。此后百余年，室町幕府第一代将军足利尊氏又在足利庄内建孔庙，设学堂。据和岛芳男在《中世的儒学》中介绍，“源尊氏（即足利尊氏）出奔西海与菊池战于多多良滨，时默祷孔庙遂得胜利矣。于是再造圣庙以宗奉之，以先祖之所创，世世不绝祭祀”。虽然在室町时代早期，儒学教育已开始重新受到重视，但足利学校的主持者和生徒多为禅僧，而且所教内容仍以汉唐旧注为主，以致受到提倡宋学的禅僧的批评。比如通晓宋学的禅僧歧阳批评说：“大唐一府一州以及郡县皆有学校，日本才足利一处学校，学徒负笈之地也。然在彼而称儒学教授为师者，至今不知有好书，徒就大唐破弃之注释，教诲诸人，惜哉。后来若有志本书（指《论语》）之学者，速求新注书而可读之。”

1432 年，足利学校得到扩充，学风也开始转变。这次扩充是由室町时代的武将上杉宪实（1411—1466 年）进行的。他曾任关东管领，喜好文史和搜集典籍。1432 年，上杉宪实受幕府之命，管理成为幕府直辖领地的足利庄。他聘请五山禅僧快元为足利学校的庠主（校长），从此讲学的内容以宋学为主，这可从学校的藏书中得到证实。藏书中已有《易学启蒙通释》《周易传》《书经集注》《礼记集说》等宋学新作。足利学校的扩充和学风的转变，在日本学术史上称为“永享中兴”。

足利学校的规模是逐渐扩大的。15世纪初，足利学校已具有相当规模，甚至设立了供学徒休养的病舍。室町时代后期，足利学校在战乱中勉强维持，成为日本唯一的学校。《镰仓大草纸》一书中说：“近年来，诸国大乱，学道亦中绝，此处乃日本唯一之学校。”葡萄牙的耶稣会教士沙勿略（1506—1552年）在1549年10月从日本寄出的信中说“坂东（即关东）有学院，日本国中最大而最有名也”。据有的学者介绍，当时有学生3000余人，来自全国各地。[1] 战乱中学生尚有3000余人，可以推测，和平时期学校的人数和规模一定是相当可观的。

足利学校培养的学生大致有两条出路：一是成为武将的顾问。足利学校汉学教育的重点是易学。完成学业后，学生为武将行占筮，观战阵，讲兵书，有兼才者也施医疗。对于忙于征战的地方大名来说，这些学生非常受欢迎。二是学生毕业后回到地方进行教学。如同沙勿略所观察的那样，“四方攻学之徒云集坂东之大学，斯学徒归其国，则各以所学教授乡人”。从办学的目的来看，到室町时代后期，足利学校的学风已经开始脱离纯粹学问的窠臼，而走向实用，并向其他地方普及。

进入江户时代，战乱结束，武家对足利学校毕业者的需求不像以前那样迫切，足利学校的重要地位也逐渐下降。但是这座学校依然延续下来，直至明治五年（1873年）。其藏书中有相当一部分珍本，如唐以前的古抄本、宋代精刻本，这在中国

〔1〕［英］G. B. 桑索姆：《日本文化史》，第306页。

亦不复见。这些珍本都是经过数百年的收集，并于战乱百端中保存下来的。这是足利学校的一大业绩，也是中日文化交流史上值得称道的佳事。这些藏书现保存于足利学校遗迹图书馆。[1]

宋学虽然在室町幕府后期开始流布于日本各地方，也产生了一定影响，但它仍未能脱离佛教而独立，禅僧们在传播宋学时，不过将其视为"助道之一"的学说，如足利衍述在《镰仓、室町时代之儒教》中所说："凡孔孟之书，于吾佛学，乃人天教之分，齐书也，不必专门，姑为助道之一耳。"这里的意思是说，儒书是讲人间界与天上界教法的书，不必专门研读，但是可以借助它来理解佛教的道理。在整个镰仓、室町时代，宋学乃至朱子学始终是依附着佛教禅宗而存在和传播的。它走进皇室宫廷，被作为贵族的学问修养；而流播于地方，又成为武家将军预测胜败的实用性思想工具。总之，在这几百年中，日本儒学从没有形成自己独立的系统，也没有出现纯粹的儒家学者。但是，经过长期的流播和浸润，却为儒学最终走出禅院，形成独立的社会意识体系准备了充分的思想条件。

儒学对于禅宗的依附，有其社会历史背景。幕府是在天皇中央集权制瓦解之后出现的新体制，当它的政治社会主题尚不突出确定时，律令制时代就被定位在社会功用层面的儒学自然也就无法明朗自己的角色，而只能成为其他社会思想的精神营养。社会政治主题的突显有一个逐步清晰的历史过程。从镰仓时代开始，幕府将军（战国时代为地方大名）与下属武士之间的新的秩序关系，以及这种关系与家族内父子关系之间的矛

---

[1] 参阅王家骅：《儒家思想与日本文化》之第二章"儒家成为禅宗附庸"。

盾，开始作为政治主题萌发，直至江户时代，全日本统一为定型的封建社会，这个主题才真正突出明确地摆在日本社会面前。对于这两种关系，三宅正彦把它们分别概括为“父子天合”与“君臣义合”。[1]

前文说过，武家政权是按照宗族结合和主从结合的方式来进行统治的。宗族结合自然涉及父子关系，而主从结合必然导致如何安排君臣秩序的问题。在新的社会政治体制下，如何协调这两种关系，是幕府政权的一个新课题。从镰仓幕府北条氏统治时期所颁布的《贞永式目》[2] 来看，当时的权力集团已经开始借助儒家思想来试着理顺新旧社会关系。在《贞永式目》中，大量引用了“忠孝之节”“礼”“不孝”“忠勤”“贞心”“经教之义”“仁政”“理非”等儒学用语。从此后的《贞永式目追加》中可以看出，幕府权力集团在早期对父子与君臣关系的处理是比较矛盾的。在武士统治的庄园体制下，同一个家族的成员可能分属于不同的敌对的庄园，《贞永式目追加》规定，如果子孙对服务于敌对庄园的父母、祖父母提起诉讼，要受到严厉处罚。这是把父子关系看作高于一切，是天经地义的，即所谓“父子天合”。然而在《贞永式目》第 27 条中又规定，如果父子分属于京都方面和关东方面，其赏罚各不相同，这又表现出对“父子天合”的否定。特别在第 19 条中规定，家臣对主君克尽“忠勤”而领受的封地，如果主君的子孙提出要求，必须毫无异议地返还。这又把臣对君的服从

---

〔1〕 参见［日］三宅正彦：《日本儒学思想史》上篇“中世日本封建国家与儒教”一节。

〔2〕《贞永式目》，全称为《御成败式目》，贞永元年（1232 年），由北条泰时根据源赖朝以来的判例而编纂的法典，一直到室町时代均为武家的根本法，到江户时代作为习字的字帖在民间广为流传。

当作绝对原则。

战国时代，武装力量在争夺领地的战斗中处于绝对关键的位置，因此军事上的服从关系也就显得尤为重要。在这种社会需求下，原本作为处理君臣关系的“君臣义合”逐渐演变为“君臣天合”，成为绝对的原则，而儒家“忠”的思想也被格外重视起来。如《吉川氏法度》第50条规定，“主从之间，万事不违规章，以示郑重，奉公之忠节不可懈怠，此乃旧制，勿须再令。专一无二之行迹，要在相契”。《丰前入国法制》中规定，当有企图谋反的情况发生时，“即令是生父或同族，亦应密报，若所报属实，当予保密且予奖励”。由此可见，主从关系的重要性已远远超过家族关系。用三宅正彦的话说，即为“主从制原理是优越于家长制原理的，亦即父子关系被‘义合’化了”。除了一般的主从关系，战国时代还特别强调对地方诸侯即大名的忠诚。如在《今川假名目录》中规定：“恩顾之主人、师长、父母之是非，不可披露。然里通敌地或企图谋叛，及偷窃、抢劫、赌博等不忠，虽为主人，亦应以护国法度为重，予以披露。”这段文字可以解读出两点，第一，要求陪臣具有超越直属主君而尽忠大名的意识，也即对领国最高君主的忠诚高于对直属主君的忠诚。第二，将大名割据的地方视为“国家”，而把全日本视为“天下”。这两种观念在此后的江户时代影响极为深远，而朱子学在江户时代发挥的就是论证以君臣关系为中心的社会秩序和以护国为政治理念的现实功能。

概括来说，“父子天合”向“父子义合”的过渡，由御家人制度发展而来的“君臣义合”向“君臣天合”的过渡，以及大名领主权威的绝对化，已经萌芽了建构新秩序的主题，这就为江户时代朱子学的全盛搭建了历史舞台。

第四章

新秩序建构中的肩鼎之任

——儒学的第二次功用性命运

由1467年“应仁之乱”开始的战国时代，经过长达100多年的内战，到16世纪中叶基本上实现了地域性的统一。在此基础上，强大的战国大名又开始了争夺制霸全国的统一战争。最后由尾张国的织田信长及他的部下丰臣秀吉完成了统一大业。从1573年织田信长推翻室町幕府，到1600年关原之战奠定德川家康制霸全国的近30年间，历史上称为“织丰时代”。以织田信长、丰臣秀吉的居城而名，也称安土桃山时代。这是一个武士一统的世界，也是日本历史发生重大变化的时期。不过，由于织丰政权的时间过短，真正使日本步入“完全封建主义化”[1]的，是原从属于丰臣秀吉的德川家康所建立的德川幕府。关于日本的“完成”或“定型”的封建社会的起始，有学者认为，应该将应仁战争视为转折点。如霍尔指出：“应仁战争是日本政治史上的转折点。毫无疑问，它标志着足利氏有效霸权的终结和日本封建主义完全分裂的开始。尚不止此，随着皇家制度的残余最后被革除而为封建势力所完全代替，它标志着日本制度史上一个主要周期的终了。

〔1〕［美］约翰·惠特尼·霍尔：《日本——从史前到现代》，第98页。

1467年以后，过去一直在某些方面依赖皇家地方行政的军事首领，也被一种称作大名的地方长官所取代。在大名的势力范围内，庄园不见了，在各地都代之以封地。在日本全国范围内，社会阶级的结构和成分的基本变化说明日本正在完全封建主义化。"[1]

无论学者们采取什么样的划分方法，从织田信长、丰臣秀吉开始，由德川家康完成的"封建主义化"时代，都是日本古典文明发展史上的最高峰时期，也是日本古典文明的框架、社会的结构、体制和模式的"定型"时期[2]（日本史学家将此称为"近世"）。由于社会整体模式的成熟，这一时期的历史政治主题也就自然而明确地摆在了人们面前，儒学作为从律令时代以来的重要思想资源，适时地帮助人们解决了这一时代课题，从而也经历了它的第二次功用性命运。那么，这一时期的历史政治主题究竟是什么呢？要作回答，必须从考察德川幕府的体制结构开始。

一、德川幕府的政治体制及所遇到的合法性挑战

1600年9月15日，原是丰臣秀吉下属的德川家康联合丰臣氏的强权派加藤清正、福岛正则等组成东军，与丰臣氏的文吏派石田三成等组成的西军，在关浓国的关原[3]会战，西军全线溃退，东军获胜。由此，德川家康开始了制霸全国的

〔1〕［美］约翰·惠特尼·霍尔：《日本——从史前到现代》，第98页。

〔2〕参见叶坦、赵光远主编：《文明的运势》，北京：人民出版社，1992年，第143页。

〔3〕关原，旧称不破关，与伊贺的铃鹿关、越前的爱发关，统称日本"三关"。地势极为险要，历为兵家必争之地。

大业。

1603 年 2 月，德川家康被后阳成天皇任命为右大臣和征夷大将军。8 月，德川家康在江户（今东京）召集近臣，宣告江户幕府（即德川幕府）成立。

德川家康为了巩固已经取得的权力，并使德川氏能够世袭将军的地位，于 1605 年 4 月把将军职位让给嫡子德川秀忠，自己引退于骏府，但仍以大御所的身份在幕后操纵实权。另一方面，德川家康还致力于铲除丰臣氏的势力。为削弱丰臣氏的财力，德川家康以各种名义劝诱丰臣秀赖修复大批寺社。1614 年，德川家康借口钟铭上“国家安康”“君臣丰乐”的词句，是“以丰臣为君，斩杀家康，才能国安”的意思，讨伐丰臣氏，进攻大阪。经过“大阪冬战”和“大阪夏战”两役，丰臣秀赖被迫剖腹自杀，其生母淀君及近臣随之殉死，丰臣氏一族灭亡。至此，德川家康建立起来的江户幕府，名副其实地成为号令全国的权力机构。

虽然与镰仓、室町一样，同为幕府，但德川家康建立的江户幕府在体制上却有很大不同。历史学家把德川时代的政治制度称为“幕藩体制”，它是由幕府和藩构成的两级统治结构。“藩”是江户时代由大名支配的领地及其统治机构，其名称是在明治维新以后，实行废藩置县时才正式使用的。

就幕府一级来看，它既是高度集权的政治统治机构，又是掌握着全国武装力量的军事指挥机关。幕府在将军之下设置大老、老中、若年寄三个执政要职。大老为必要时临时任命的幕府最高官职，可代行将军职权；老中为负责处理日常政务的常设职务；若年寄协助老中处理政务。老中和若年寄分别设有大目付、目付等职，负责监视大名、旗本（江户时代，将军直属家臣团中，领地在1万石以下，能面谒将军者）和御家人的行动。老中之下还设立三奉行，即勘定奉行——管理幕府直辖领地内的财政、掌管货币铸造和发行、处理民事诉讼；江户町奉行——负责江户的市政、警察和司法；寺社奉行——掌管寺社、神社僧侣，兼管关东八国以外的幕府直辖地的人民诉讼。三个奉行各自管辖的诉讼审判事件，如有涉及他人所管辖或难以独自决定的情况，由老中召集三奉行及有关高级官员进行协商。这种协商组织称为评定所，是幕府的最高司法机关。

为了加强对全国的统一控制，德川氏尽可能地将权力上集到幕府手中。在经济上，德川幕府废除了庄园等级制，通过丈量土地登记农田面积和劳动力，首先将国土全部收归幕府，然后按照一定的等级标准分配给各类大名，再由大名以俸禄的方式分配给各级武士。这就是说，幕府将军统一掌握着对大名（地方领主）的领地分配权，而大名又掌握着对下属武士的支配权。这不仅是集权化的必然趋势，也意味着领地私有权的丧失。

经济上的分配秩序是依据幕府与大名所结成的主从等级关系来进行的。幕府以血缘关系、亲疏关系和功劳大小把大名分为“亲藩”“谱代”“外样”三个等级。亲藩大名是德川家康的直系亲属，大致有23个家族，其中三个家族与幕府的关系最为密切，使用德川的姓氏。他们的领地在尾张、纪伊和水户。如果德川家族没有直系后代，他们有权为幕府提供继承人。谱代大名是关原之战以前一直追随德川家康的大名，也称“世袭大名”。外样大名是关原之战以后臣服于德川家康的大名，也称“外部大名”。在领地的配置上，凡军事要地、政治重心地带和经济富庶之地，则安置亲藩大名或谱代大名；外样大名则被安置在边缘地区，并由隔在他们中间的亲藩和谱代大名进行监视。

为了防止各地方大名利用天皇的权威与幕府对抗，德川氏对皇室采取了两手对策，一方面提高天皇的声望，对皇室极为尊敬，帮助皇室重修宫殿，增加皇室的供养土地；另一方面，又使天皇和朝廷的活动处于严密的管制之下，使大名无法与皇室直接接触。幕府在皇宫附近设立京都所司代，由军事长官统领强大的警卫部队。这个部门表面上担任皇宫的保卫任务，实际上是负责皇室与幕府之间的传递工作：把幕府的指令传递给朝廷，又将各地大名送呈天皇的文件首先送交幕府审查，然后再交与天皇。天皇召见官员或各地大名，以及颁发各类荣誉头衔，都必须征得幕府的同意。1615 年，德川家康对京都贵族颁布了名为《禁中并公家众诸法度》的十七条法令，硬性规定天皇“以才艺和学问为第一”；天皇任命武家官位必须听由幕府推荐；天皇只有按“本朝先规”决定年号的权力。在十七条法令中，还有限制皇族与大寺庙关系的规定，以及强令某些皇家王子出家修道的制度。《禁中并公家众诸法度》的颁布，完全剥夺了天皇的统治权力。

除了对皇室及宫廷贵族的法令，德川幕府还颁布了另外几个重要法令。1615 年 6 月，丰臣氏被消灭以后，德川家康颁布《一国一城令》，规定各国大名只准留下一个城池，其余均须拆毁。7 月，颁布《武家诸法度》，此法令到 1635 年修改后，共有 21 条款，主要内容为：告诫大名厉行文官武将职务，禁止联结徒党，不准新建城寨，对幕府应承担参觐义务等。在《武家诸法度》颁布的同时，德川家康还颁布了《诸宗诸本山法度》，以加强对宗教的控制，规定寺院须以学问为主，严禁各寺院妄立异说，聚集徒党，图谋争斗。

在对地方大名的控制中，有两项措施影响最为深远。一是取消武士（小领主）的在乡权，把他们集中移居到大名附近的城关区，以此来加强地方领主（大名）的权力和统一战斗力；二是通过“参觐交替”制度，将地方领主集中到幕府所在地的江户，以补充完善总领主（将军）的权力。可以看出，这两项政治上的统治措施是与经济上的土地分封制度相一致的。“参觐交替”对于控制各地大名（也可称作诸侯）起着非常重要的作用。幕府规定，各地方的大名要轮流到江户居住一段时间，参谒将军。原则上关东地区的大名每六个月一往返；离江户较远的大名隔年一往返，即在领国居住一年，在江户居住一年；每年的4月为交替期。为了使大名不背叛幕府，所有大名都必须在江户建造住宅（屋敷），将妻子儿女作为人质，长期留住。在权力的控制之外，幕府还对各地大名施以情感的控制。每位大名必须对将军以个人身份发誓，表示听从将军的命令，不与人勾结反对将军，并全心全意为将军效忠。将军则根据他们的忠诚程度决定其领地占有时间的长短。一般来说，大名的封地应该是世袭的，然而实际上，他们的占有期并不稳固。在这一统治的初期，充公或移交别人的情况屡见不鲜。只有几个最强大的亲藩和外样大名，在整个德川时代保持了世袭的土地。大名的职责虽然没有明文规定，但一般情况下必须做到：（1）为将军提供军事服务（谱代则需要为行政服务）；（2）有责任应召提供特殊服务；（3）必须有效而和平地管理好领地。

通过一系列的统治措施，德川幕府最终建立起“一整套幕府高于一切的制度”[1]，也可以说是“高度集权的封建权力形态”[2]。但是另一方面，幕府政权又不能够直接统治全日本的土地和人民，它必须通过地方领主（大名）来间接地实现自己的统治。也就是说，由大名直接管理领国土地和人民，并支付下属武士的俸禄，而将军统治大名，将军的统治权力只能达及大名一级。三宅正彦对此有一个概括：“首先，地方领主阶层夺取了庄园领主阶层的各种权利，确立了对人民和土地的全面统治权和统一管理制度。同时通过多重性的主从制，逐渐将下级领主的权力集中到上级领主手中。这样就实现了大名（诸侯——地方领主）统治藩（领国）和以此为前提的将军（总领主）统治全日本（幕府）的幕藩制。”[3]

的确如三宅正彦所说，德川幕府在江户时代对于大名的分封，实际上是在战国大名对相对弱小庄园进行夺取从而形成强大实力的历史基础上进行的。换句话说，国家统一后，面对历史遗留的各个强大势力集团，采取藩主领国的方式，实际上是一种不得已的政治对策。战国大名的崛起，大体有三种情况：一是在近畿、北陆、东海等社会经济比较发达的地区，守护大名的家臣、守护代、国人等凭借武力或权术，在战乱中取代自己的主君；二是关东、东北、九州等后进地区，原有的守护大名乘战乱之机，宣告独立，逐渐转化为战国大名；三是从商贾或食客中发展起来的。战国大名不同于由政府任命、领地分散的守护大名。他们独立于幕府体制之外，以军事实力为后盾，把自己所控制的地域称为“分国”，实行独裁的专制统治。室

[1] ［美］约翰·惠特尼·霍尔：《日本——从史前到现代》，第128页。
[2] ［日］三宅正彦：《日本儒学思想史》，第20页。
[3] ［日］三宅正彦：《日本儒学思想史》，第57页。

町幕府基本上丧失了对他们的控制能力。战国大名获得领国的统治权后，在领国内否定庄园制，没收庄园土地；应用武力和政治手段迫使小领主臣服，并将他们的领地转化为自己的直接领地。战国大名的直接领地，或委托代官管理，或以“知行地”（封地）名义授予家臣。获得知行地的家臣必须忠于主君、负担军役和其他义务。家臣又分为上层家臣和下层家臣。前者称作“寄亲”，后者称为“寄子”，后者从属于前者。通过这样的隶属关系，战国大名组成了自己最亲信的“家臣团”。为了严密控制家臣们的行动，战国大名又制定了“分国法”（也称“壁书”），禁止知行地的买卖和转移，只能由家臣的长子继承，这样可以防止家臣通过增加土地与主人抗衡。另外，家臣的女子结婚要通过主君的批准，以防止家臣攀附其他势力集团。家臣之间如果相互攻战，不论对错，双方都要受到惩罚，这样可以增加群体的凝聚力量。战国大名利用家臣团，通过制定法律，以及兵农分离和发展经济的各项措施，积聚了强大的实力。他们不仅取得了领国的最高土地所有权，而且彻底摆脱了幕府的束缚，形成战国大名领国制。

德川幕府建立初期，面对的就是这样一些无法消灭但又不能完全信赖的实力集团。对于历史给定的现实格局，最明智的办法就是将这些棘手的实力集团消化在新的统治秩序中。一方面幕藩体制可以说是国家的统一力量和战国大名的实力都达到相当强度的产物，这亦如霍尔所说：“从幕藩制度演化出来的政府形式，是日本所特有的。它代表日本的两个政治制度都终于成熟了。幕府作为国家的权威和大名作为地方上的行政力量。联结这个制度的力量在上层，特别是在调整将军和大名的关系上。”[1] 另一方面，它又是化解国家权威与地方大名相互抗衡的较好制度。从国家集权的角度来看，总领主（将军）的权力使地方领主（大名）的存在成为可能，地方领主又使小领主（武士）对封地内人民的统治得以实现。但是以地方实力而论，“所谓总领主，只不过是地方领主中的强大者，处于控制其他地方领主的地位而已，其实并不拥有直接统治全体人民的权力”[2]。

从幕府与地方大名的力量格局来看，幕府体制实质上是以德川将军为代表的中央集权势力与地方大名为骨干的地方分权势力既相互依赖又彼此对立的政治制度。它是在一种均势的状态下来实现中央权力控制地方割据统治的。与西欧地区相比，德川将军对全国的控制权大于“贵族民主制”时期的封建王权，也与“等级君主制”和“专制君主制”时期逐渐强大的封建王权不同，因为它不存在强大的市民等级或资产阶级作为支柱。然而，德川将军的强大权力，“与所谓的绝对主义不同，总领主并不能一元性地直接统治全部领土，而是要以地方领主的领国统治为前提，然后才是最大的地方领主——将军作为总领主统治全部地方领主”[3]。根据马克思的理论，它仅仅是“拟似的”亚细亚专制君主权力，与中国绝对的中央集权的封建君主不同。因为德川将军对各藩国并不拥有直接的行政权力，各藩大名相对独立地拥有立法权、司法权、行政权、税收权等，还有自己的军队，各藩对幕府的政策、法令有变通执行的权力。

---

〔1〕［美］约翰·惠特尼·霍尔：《日本——从史前到现代》，第126页。
〔2〕［日］三宅正彦：《日本儒学思想史》，第57页。
〔3〕［日］三宅正彦：《日本儒学思想史》，第20页。

在这种特殊的政治格局中，江户时代的日本社会必须解决好两个现实课题：第一，需要协调好由将军—大名—武士三层关系构成的主从制度，尤其要维持住幕府势力优于地方大名，而地方行政又有相当自主权的均衡关系，也就是霍尔所说的，“在封建的和官僚的机制之间，在分散权威和集中管理之间，保持了一种颇有活力的紧张势态”。第二，以天皇为首的皇室虽然在政治权力上被“空洞化”，但是作为日本民族的象征，其精神的权威一直存在。在德川时代，幕藩体制确立之后，实际上出现了两个中心，即以幕府将军为首的政治统治中心和以天皇为首的精神中心。如何既保持现实统治秩序的稳定，又维护精神中心的权威，是德川社会的又一个难题。可以这样说，三重关系两个中心是江户时代的日本所特有的，也是必须理顺的根本社会政治主题。

就第一个问题来说，德川将军与各藩大名之间既相互对立又相互依存的均势状态，维持了200多年。之所以如此，首先在于幕府与藩国在经济与军事力量上的对比优势。关原战役后，幕府将直辖领地逐渐扩大，最后将全国四分之一的土地（约680万石）划归己有；又把大阪、京都、长崎和大津等重要工商业城市，以及骏府、甲府等军事要地划为直辖领地；同时还掌握了佐渡、生野、伊豆等矿山的开采权，这样不仅把持了贵重金属的资源，还起到了控制国家货币的作用。在军事上，幕府有直辖武士（“旗本”和“御家人”）2.5万人，再加上征集来的军役，号称“旗本几万骑”，总兵力8万人。当时的各藩大名，在军事、经济实力上没有与之匹敌者。但是，大名的实力也在不断增加，特别是外样大名也拥有不可忽视的力量。18世纪初，外样大名有97家，领地约980万石。[1] 其藩兵总数，若照幕府规定的10万石大名可拥有兵力2000人计算，可达16万余人。[2] 幕府将军虽然对每个大名而言居绝对优势地位，但是要彻底取消外样大名的离心势力，依然力所难及。因为幕藩体制归根到底是领地统治，而领地统治最终显示的是地方领主的权力。当地方领主的经济、军事实力超过幕府时，幕府的集权统治也就无法维持了。德川幕府末期进行的天保改革（1841—1843年）之所以失败，就是因为西南地区的大名势力雄厚，而幕府则力有不逮，从而导致势力的均衡状态被打破，不久幕府便被推翻。

"幕藩国家，经常存在着总领主与地方领主之间权力失衡的危险性。"[3] 要消除这样的危险性，并保持整个社会秩序结构的稳定，除上述的经济军事实力的优势之外，还必须具有系统的公众立法，以及为这些法律提供合理性支持的思想理论。就立法来看，德川幕府把人群分为公家（皇室及朝廷贵族）、武士（包括大名）、僧侣、农民、城市居民和贱民（也称非人和秽多）等几个阶层，从主要的构成来看，也可以概括为"士、农、工、商"四个阶层，有学者称之为"四层制"。德川幕府对这些阶层都定有法律条例，以此作为行政的指导原则。"大量的法律、命令和规则源源不断地由幕府和藩发出，这都是有意识的产物——要把社会治理得井井有条，并为行政提供指导性原则。"[4] 对于天皇和朝臣定有《禁中并公家众

[1] ［美］约翰·惠特尼·霍尔：《日本——从史前到现代》，第127页。
[2] 据日本平凡社1963年版《日本史料集》大名一览元禄十六年数字统计。
[3] ［日］伊东多三郎：《日本封建制度史》，东京：吉川弘文馆，1955年，第249页。
[4] ［日］三宅正彦：《日本儒学思想史》，第57页。

诸法度》；对武士有《武家诸法度》；对宗教僧侣有《诸宗诸本山法度》和《诸社弥宣神主法度》；对农民虽然没有单独的一套法令，但在1649年的庆安触书中宣布了德川统治下农村系统的基本条款，以及加给村民的一般生活方式。

然而，如同任何新建立的政权一样，德川幕府也必须对自己在统治和立法上的合理性作出论证和说明。“从人治到法治的最初几个步骤，也需要建立新的法律和行政机构。这时的将军和大名既然认为他们比自己的前辈更是‘完全的统治者’，他们就不得不在立法上更全面、在理论上更明确，以证明他们权威的合法性。”〔1〕不仅权力集团需要如此，就是刚刚从战争骚乱中走出的日本社会也需要恢复秩序并使这种秩序得到普遍的认可。正是在这样的历史背景下，儒家的朱子学在沉寂了几百年之后，终于从佛教禅宗的寺院中走了出来，成为江户时代精神脉络中的主角。朱子学在江户时代的全盛，根本原因在于社会整体的需求，而这种需求不能只理解为统治集团的需要，它更表达了日本知识阶层对具有良好秩序的和谐社会的企盼。对于这一点，霍尔的理解是正确的：“对儒家思想在17世纪早期发生的新兴趣，并不是和中国重新接触的结果（我们可能如此设想），而是来源于日本社会自己的内部需要。……17世纪的儒学运动，既是一代人自发的产物，也是官方鼓励的结果。儒教传统的迅速发展，证明儒教对德川时代的日本人有新的意义。”〔2〕

从大的社会政治主题来看，德川政权主要集中在三重关系

〔1〕［美］约翰·惠特尼·霍尔：《日本——从史前到现代》，第140页。
〔2〕［美］约翰·惠特尼·霍尔：《日本——从史前到现代》，第138页。

的主从制度上，而日本社会（主要是儒学知识分子）也表达的是对秩序社会的诉求，这就决定了儒学在日本的第二次功用性命运，即作为政治秩序的理论支撑而存在。这与律令时代完全不同，那时的儒学是作为天皇集权体制的合法性与正当性的思想资源而被输入的。可以这样说，儒学为德川时代提供的重要帮助在于建立秩序这种政治行为的合法性，而不是德川政权本身存在的合法性。“儒教对于德川的政治秩序的重要性，在于提出了一个政府的新学说和一个和谐的社会的新远景”，“儒教给这个新的司法和政治秩序以哲学的支柱”。[1]

然而，政权存在的合法性又是一个不能回避的问题，这就涉及本章开篇提到的第二个问题，即政权中心与精神中心的分离所带来的政治困境。幕府体制出现之前，天皇作为传统神道信仰天照大神的直系后裔，集权力与精神象征于一身，因此不会出现合法性的质疑。至德川时代，精神中心与统治中心分离，这就使得现政权——德川幕府的存在本身缺少合法性支持。在第二章中曾论到，律令制时代天皇中央集权制度所遇到的问题只是合法性的修补，而在德川时代，幕府政权所遇到的，则实实在在是一个合法性的挑战了。从统治的高度讲，多中心是十分危险的，它往往会破坏执政者统治的稳定性。德川幕府在它统治的200多年中，一直试图通过秩序的建构来弥补存在合法性的不足，然而却最终没能消除统治权力与存在合法性之间的紧张。直至江户时代末期，势力平衡被打破，社会危机导致政权危机，幕府退出权力中心，天皇重新集政治权威与精神象征于一身也就成为历史的必然。由于被存在的合法性困

---

〔1〕［美］约翰·惠特尼·霍尔：《日本——从史前到现代》，第140页。

扰，江户时代的主流精神活动自然会以政治思想为主题。罗伯特·N. 贝拉在论及这段历史时，肯定地指出“日本以政治价值优先为特征……它关注的中心是集体目标（而非生产力），忠诚是第一美德。支配与被支配比‘工作’更为重要，权力比财富更加重要”[1]。从江户时代的历史过程来看，天皇权威虽然被排除在政治权力之外，但并未丧失民族的象征作用。有的学者说，这是处于神秘的“休眠”状态[2]，一旦遇有时代的需要，它就会重新苏醒复出，成为动员社会和凝聚民众的精神力量。明治维新时期的社会改革，就是以天皇为新的凝聚点而进行社会动员的。

二、政治秩序与道德秩序：朱子学的思想功用

德川时代社会政治秩序的主题，是基于现实困扰而提出的。在第三章中，我们曾论及“御家人”制度是镰仓社会的一个关键因素，因为它是武家政治中的社会新秩序的起点。江户时代的多重主从制就是在“御家人”制度的基础上发展起来的。多重主从制以两种人际关系为基础：第一是以家长制的家族及隶属于它的与本族有血缘关系的家臣（又称“家子”）所组成的人群，第二是无血缘关系的家臣群体。由这两种人群构成的同族集团，必然引发出两种价值原则，即以“孝”为主的家长制原理和以“忠”为主的主从制原理。作为人们的

---

〔1〕［美］罗伯特·N. 贝拉：《德川宗教——现代日本的文化渊源》，第 7 页。
〔2〕张旅平：《文明的冲突与融合——日本现代化研究》，第 19 页。

一种理想，忠与孝最好是合一的，如伊达政宗[1]在《命期集》中所言：“武士只以奉公为重，朝夕勤于忠孝之道，则合于天道，足可扬名。”忠与孝都是最重要的道德原则，遵从它就是遵从天道。然而，人们在社会的现实环境中却常常遇到“忠孝不能两全”的矛盾冲突。面对这种矛盾，德川权力集团坚决主张主从制高于家长制原则。德川幕府在其发布的公文中明确提出：“虽为父子兄弟，如有不利于两公（家康、秀忠）者，或违法乱纪之辈，应如实上报。”

德川权力集团之所以将主从制绝对化，强调“忠”高于“孝”的原则，是由幕藩体制的内在矛盾决定的。从大名的角度来看，作为地方领主，虽然领地是由幕府所封，但一般来讲，仍然具有相当大的自主权来支配领地和家臣，因此其下属很容易形成只见大名不见将军，即所谓“主君之主君，非主君”的观念（这应该是封建制的重要本质）。在这种状态下，地方领主很可能通过实力扩张而背叛将军。《本佐录》[2]就指出，世代相承势力雄厚的大名完全有叛逆的可能，“时世移则天下四方皆为敌，大臣卿相皆可有谋叛之时”。为了避免地方领主背叛幕府，将主从制绝对化也就成为必然。一种原则的绝对化，意味着对社会的整体覆盖，因此不会留下管制上的漏洞。不过，幕藩主从制原则在运用上是有区别的。主从制以臣之忠与君之恩为基本规则，臣子对主君服务尽忠，而主君则必

---

〔1〕伊达政宗（1567—1636年）：安土、桃山、江户初期的著名武将，仙台藩主，号称“独眼龙”。小田原之战时臣属丰臣秀吉，关原之战及大阪之战时追随德川家康屡立战功，受封仙台藩。

〔2〕《本佐录》，其作者和成书过程不明，据说成书于17世纪前期，其立场为德川幕府。参见［日］三宅正彦《日本儒学思想史》，第59页。

须以俸禄和领地作为回报，“尽忠节，御恩赏亦不能少”[1]。这种游戏规则，实质上允许臣属以得到恩赏的数量为标准来决定对主君尽忠的程度。比如，原本臣事丰臣秀吉的立花宗茂[2]在德川家康率军攻打大阪城时，丰臣家要求他给予援助，他却拒不出兵，理由是“在关原战役以前，我已为秀赖公（丰臣秀吉之子）舍身弃家，实为报答太阁（秀吉）之恩。其后，为了生计，蒙德川家赐我领地，自应为其奉仕”。由此可以看出，个人性的主从结合，忠的原则是相对的，即所谓“恩尽则忠亦断绝”[3]。但是，如果以同族或世代相承所组成的主从关系，忠的原则就是绝对的。比如前田利家断言，“在形势不利时”，新臣是要“里外观望”的，而世代相承的家臣则“不可逃遁”[4]。鸟居元忠在给长子忠政的信中写道：“先祖代代以御恩立家……不得有贰心……若无视国家领地，或稍有不足便忘却旧恩，或心存他念，则非为人之道。假令日本全国皆叛离投敌，我等子子孙孙亦永远不可另事他家。”

尽管忠的原则在运用上是有弹性的，但是主从关系作为一种统治制度和维系稳定的社会秩序却在德川时代确立下来。儒家朱子学就是在这样的历史需求下发挥它的思想功用的。无论是“官方鼓励”，还是知识阶层社会理想的“自发的产物”，朱子学的思想功用主要在于将外在的政治要求转化为内在的个人自觉，将一种政治秩序升华为道德秩序，进而变为指导人们

[1] 见《大日本古文书》毛利家文书之一。

[2] 立花宗茂（1569—1642年）：安土、桃山时代武将，筑后柳川城主。跟随丰臣秀吉，在文禄、庆长之战中以英勇善战闻名。关原战役后投降德川家族。

[3] 参见［日］三宅正彦：《日本儒学思想史》，第59页。

[4] 见《前田利家遗诫》。

社会行为的价值标准，即完成所谓从“君臣义合”到“君臣天合”的观念转变。这亦如霍尔的理解：“秩序是道德的。儒家这一教条的重要性在于它提供了思想和行动的统一、哲学和政治制度的统一。学问导致文，可以使人接触道德秩序的精华，因而产生有道德的人。政府的主要任务在于帮助人们建立道德秩序。”〔1〕

儒家朱子学在江户时代的发展，虽然面对的是同一个社会主题，但却是由两种社会力量推进的。一种是幕府政权的意识形态扶持，另一种是知识阶层建构道德精神体系的思想运动。

（一）德川政权对朱子学的意识形态化改造

一种思想文化要成为社会意识的主流，需要权力集团的认同或扶持。朱子学在江户时代的全盛，也是如此。德川政权大力倡导朱子学，大致有两个原因：其一，国家的霸权和统一使得权力者对自身的征服力量充满了信心，认为世界和社会都是可以支配的。为此，他们需要一个新的思想体系来鼓舞和证明自己。如霍尔所说：“早期儒家和他们的赞助人，在很多方面是先驱者——创造了一个新世界，一个亟须新的世界观的新世界。像丰臣秀吉和德川家康这种人的自信，都来源于他们比以前的统治者更相信他们有力量战胜命运。对他们和他们同时代的人说来，世界是可以控制、可以驾驭的东西。在很大程度上，就是这种态度上的变化促成了对佛教机构及其对生活的神秘观点的理智的挑战。山片蟠桃简洁地说：‘没有地狱，没有天堂，没有灵魂，只有人和物质世界。’儒家提出了一个新的人生哲学和宇宙论，就满足了德川的心理。他说宇宙之内有

〔1〕［美］约翰·惠特尼·霍尔：《日本——从史前到现代》，第139页。

理，理又通过气来产生人和物的世界。在社会的后面，也有理和秩序，只要你能理解它。”[1] 其二，对历史与现实状况的理解和总结。关于这一点，我们作重点论述。

德川政权是在战争的废墟上建立起来的。在100多年的政治混乱和社会动荡期间，政治秩序是由战国大名的武装力量维持的。可以说，既没有稳定的政治秩序，也没有正规的社会规范。由争夺权力和领地而引发的叛乱层出不穷。用井上清的观点来说，战国时代的特征是政治权威和社会等级的规范秩序全面崩溃，“权力政治的游戏使得这一时期很像霍布斯理论中的自然状态和马基雅弗利主义的意大利城市国家之组合体”[2]。

在这种混乱和动荡中，人们为了生存不得不依靠自己的权谋和应变能力。信任和忠诚的道德信念失去了价值，而野蛮的武力和狡猾的计策成为行为准则。织田信长是第一个开始统一日本的军事强人，然而他的下属明智光秀却在他征战的过程中背叛了他，强迫他在本能寺过夜时自杀。丰臣秀吉为了接替织田信长，设诡计立织田的两岁孙子做继承人，然后废黜，从而实现了权力过渡。丰臣秀吉在统一日本后，开始着手建立军事统治制度。他首先实行“兵民分离”的策略，1588年7月发布了《刀狩令》，收缴武士以外的所有平民的武器，并把农民组织成便于监督的村落体系。与此同时，丰臣秀吉又将平民大众分为不同的社会阶级，并使武士、农民、工匠和商人的社会等级制度固定下来。丰臣的目的是企图通过行政管理和社会控制来铲除社会动乱的根源，然而他推行的统治措施基本上是依

〔1〕［美］约翰·惠特尼·霍尔：《日本——从史前到现代》，第139页。
〔2〕［日］井上清：《日本历史》，东京：岩波书店，1974年，第190页。

靠军事管制手段来实现的。有学者说，“他仍然是那个时代的一个武士将军，而不是像德川家康那样的政治谋略家”〔1〕。丰臣秀吉并不懂得，政治权威与社会秩序是需要文化理念和价值系统来支撑的。他的权力集团由于既缺少文化内涵，又缺少道德基础，因此很快就被德川家康取代。正如有的学者所说：“在既没有‘信’和‘诚’的伦理标准，也没有道德传统的地方，就不会有稳定的人事系统或完善的社会制度。”〔2〕虽然德川家康也是采取类似丰臣秀吉的手段获得了国家统治大权，然而他却汲取了“马上得天下却不可治天下”的教训，从武治转为文治，寻找新的世界观和理论体系为新政权奠定文化和道德的基础。

德川家康是德川幕府的第一代将军。他不仅是一位精明的政治首领，而且还是一位向往文化的儒将。当他还是丰臣秀吉的属下时，曾于1592年邀请当时还是佛教禅僧学者的藤原惺窝为自己讲授《贞观政要》，了解唐太宗平定中国的情况。1600年，他成为日本的统领，再次邀请藤原惺窝讲授《汉书》，对中国王朝的兴衰变迁极感兴趣。那时，藤原惺窝已成为世俗的儒家学者。第二年，德川家康建立了名为伏见圆光的寺院学校，保存和研究经典著作；同时还和其他僧侣学者印刷出版了《易经》《诗经》等儒学经典；他还建立了江户书店和新的敦贺图书馆，收集来自中国和朝鲜的珍贵书籍。在那一时期里，他聘用了许多杰出学者做幕府的文化顾问。据井上清的研究，当儒家学者林罗山于1609年成为幕府儒官时，德川家

〔1〕［韩］黄秉泰：《儒学与现代化——中韩日儒学比较研究》，第247页。
〔2〕［美］约翰·W. 贺尔：《德川时代的日本，1800—1853年》，载于《现代东亚：解释论文集》，纽约：哈尔卡特与布雷斯公司，1970年，第65页。

康已经潜心于中国经典的研究，对孔子宣扬的良心和利他主义的美德，以及中国历代政治家们在洽理中国过程中所展示的政治智慧，产生了强烈的兴趣，并且深怀敬意。[1]

在德川家康时期，儒学还没有被立为国家的正统学说，但是他却为儒学的官学化铺平了道路。德川家康专心研究中国经典和起用林罗山作为儒学顾问，主要是出于治国的政治考虑。他将治国的方式从武治转为文治，希望通过向武士阶级灌输文化而使国家非军事化；通过伦理上的合理性的社会等级制度来稳定国家；将政治秩序道德化使幕府政权永久存续。出于这样的治国目的，他选择了儒学作为施政的思想理论基础。不过，德川家康对儒家及其朱子学的接受不是系统性的，而是根据政治的现实需要进行择取并进行功用的解释。

德川家康夺取政权和立法统治国家所依据的理论原则，都是自然法的原则。《本佐录》认为德川家康并非凭借武力取得天下，而是“天”所选择的“可治天下的有器量的人”，是“天”让德川家康成为“日本的主人”的。[2] 由于这是“天”的选择，不仅德川家康消灭其主君遗孤应属正当，就是剥夺天皇的政治权力也是合理的。但是，德川家康并没有将“天择”的自然原则贯彻到底，因为按照同一逻辑，他的下属也可以借助“天道”的理论来反叛和消灭自己的主君。为了杜绝“以下克上”事件的发生，德川家康聘用林罗山这样的朱子学家，利用他们的思想转而论证他所制定的社会身份等级制度是天经地义的神圣秩序。霍尔说：“德川的立法以自然法则为哲学前

〔1〕［日］井上清：《日本历史》，第256—257页。
〔2〕参见［日］宇野精一等编：《东方思想讲座·第10卷·东方思想的日本型展开》，东京：东京大学出版会，1967年，第303页。

提，他们认为社会自然是由不同阶级组成，法律也就根据社会的区分并根据公认的身份组别来对待每个人。”〔1〕 的确如霍尔所说，德川时期人们对于立法的解释，就是以自然性原则为根本依据的。等级秩序和各种社会制度是神圣不可侵犯的自然之序，违背它，不仅是违背了法律和习俗，也是犯下了违背自然秩序的道德罪过。丸山真男这样概括德川政权对儒家朱子学自然之理的运用：“追求生而不可及的财富和长寿，不是应追求的原则……追求不应追求的东西，期待不适于自己的东西，是恶人和蠢人的行为，犯了错误追求不应追求的罪过，带来最后的自我毁灭。这些是不应追求的原则……这符合天高地低的天地之正理。人生来心中就有天地之正理，因此，万事万物皆有等级（高和低）和次序（先和后）。如果我们把天地之中的这一精神加以扩展，君臣之间、高低之间和任何人类关系中就不会无序。”〔2〕

对于儒学的政治功用性的解读和利用，使得朱子学很快被意识形态化了。正如有学者所说：“日本新儒学自从禅宗佛学的宗教庇护下解放出来的那一刻起，便在政治上被解放它的人操纵为支持幕府政治事业的一种意识形态文化。一旦局限于文化意识形态的作用，日本新儒学就成为德川制度的政治俘虏。”〔3〕 据日本学者研究，德川时代，不仅幕府中央的思想领域被朱子学占领，就是地方教育也大多被朱子学者控制。自1630年至1871年，在各地藩校担任教授的1912人中，属于朱

---

〔1〕［美］约翰·惠特尼·霍尔：《日本——从史前到现代》，第136页。

〔2〕［日］丸山真男：《日本德川时期思想研究》，北京：生活·读书·新知三联书店，2001年，第17—18页。

〔3〕［韩］黄秉泰：《儒学与现代化——中韩日儒学比较研究》，第251页。

子学派的有 1388 人，居绝大多数。由此可见，朱子学的确是江户时代居于统治地位的意识形态。

朱子学虽然在德川政权的支持和利用下变为官方的意识形态，但是另一方面，它在日本知识群体中，作为一种追求社会理想和道德建构的思想运动，也表现出特有的精神内涵和理论路向。这是我们更应该关注的。

（二）道统传来垂不穷：朱子学与道德建构的思想运动

朱子学在知识群体中的展开，是从藤原惺窝和他的弟子林罗山开始的。

1. 人伦皆真：藤原惺窝与林罗山的朱子学理论

藤原惺窝（1561—1619 年）是名门贵族藤原氏冷泉家的后裔。他脱离禅门转向儒学，是日本儒学走向独立发展的象征性事件。藤原惺窝 7 岁剃发进入故乡播磨龙野的景云寺。18 岁时，父兄在战乱中遭土豪袭击而亡，他陪其母离开故乡来到京都，进入禅宗五山之一的相国寺为僧。藤原惺窝在习禅的过程中，大量阅读儒家经典，还接触了中国的老庄思想。可以说，他是一位具有丰富儒家学养的名僧。他曾受邀参加当时的关白丰臣秀次的诗会，还为以后成为江户幕府第一代将军的德川家康讲解过《贞观政要》。

藤原惺窝还俗归儒与到访日本的朝鲜儒学者的影响有关。1590 年，朝鲜国使一行访问京都。藤原惺窝前往拜访，并以诗文赠送。使节中的书记官许箴之致书作答：“子释氏之流而我圣人之徒，拒之尚无暇，反为不同道者谋，岂非犯圣人之戒而自陷异端。”[1] 许篋之是朝鲜朱子学派（李退溪学派）的一员。他严格区别禅儒，视藤原惺窝为“不同道者”的态度，很可能使长期生活于禅儒一气之中的惺窝受到刺激和震动。1596年，惺窝企图渡明求学，遇风浪未能成行。1598年，在京都又遇到在丰臣秀吉侵朝时被俘的朝鲜学者姜沆，彼此间经常进行学问交流。姜沆也是李退溪学派的朱子学者，对佛教持明确的批判态度。另外，藤原惺窝还阅读了不少在丰臣秀吉侵朝战争期间由日本人携回的儒学著作。这些经历，使得惺窝开始脱离禅宗而转向儒学。在姜沆的协助下，惺窝用朱子学的观点注解“四书”“五经”，并编纂《四书五经倭训》（倭训，即用日语写作）。不久，藤原惺窝即还俗结婚，在个人生活上也脱离了佛教。1600年，德川家康又一次召见惺窝。惺窝身着既非和服又非僧衣的“深衣道服”（自制的儒服）去见家康，表明自己已经彻底脱禅归儒。在座的禅林旧友承兑、灵三等人对他不满，诘问道：“吾子初奉佛，今又为儒，是弃真归俗。”惺窝回答：“由佛者言之，有真谛，有俗谛，有世间，有出世间。若以我观之，则人伦皆真也。”[2]

藤原惺窝转向儒学，除去朝鲜儒家学者的刺激影响外，更根本的原因是他对佛教逃避现实的出世主义不满。当时的日本正在经历战后的重建，社会的焦点集中在如何建构合理的人伦关系与稳定的社会秩序，从而使人们免受由人事纷争而引起的祸乱。对于饱受战乱之苦（父兄在战乱中身亡）而又有社会

[1] ［日］阿部吉雄：《日本朱子学与朝鲜》，东京：东京大学出版会，1971年，第48页。
[2] ［日］阿部吉雄：《日本朱子学与朝鲜》，东京：东京大学出版会，1971年，第89页。另参见王家骅：《儒家思想与日本文化》，第77—79页。

良知的藤原惺窝来说，必定会转向以现实担待为己任的儒家学说上来。“人伦皆真”既表明了惺窝的儒家学者的立场，也是他的入世宣言。他曾这样深切地总结自己思想转变的过程：“我久从事释氏，然有疑于心。读圣贤书，信而不移。道果在兹，岂人伦之外哉！释氏既绝仁种，又灭义理，是所以为异端也。”[1]惺窝是当时日本的名僧，他的转向，在日本知识界的影响非同一般，可以说标志着日本思想界新时代的到来。

藤原惺窝不仅脱离禅学，还表明自己与依附于宫廷的博士公卿家不同，他批评以汉唐旧注为圭臬的旧儒学，而主张宋明的新儒学。他在与姜沆的笔谈中说道：“日本诸家言儒者，自古至今，惟传汉儒之学而未知宋儒之理。四百年来，不能改其旧习之弊。……自谓汉唐儒者，不过记诵词章之间，才注释音训，标题事迹耳。……若无宋儒，岂续圣学之绝绪哉。”藤原惺窝的思想主张，表明日本社会中出现了既非禅僧又非博士公卿家，而以儒学为业的儒者，即儒学思想的真正独立。

藤原惺窝生活的那个时代，中国的陆［南宋陆九渊（1139—1193）］王［明王阳明（1472—1529）］心学也传入了日本。由于惺窝的关注点在于批评佛教和人伦关系方面，因此在研究朱子学的同时，他还接受了陆王之学。据源了圆在《近世初期实学思想的研究》中介绍，关于理学，他接受了朱熹的理本体论，认为“夫天道者，理也。此理在天，未赋于物曰天道。此理具于人心，尚未应事曰性，性即理也。”他还用朱熹的“理一分殊”的理论去说明社会等级结构的合理性，并注意防止从“理一”得出平等原理的危险。他说：“学问之

［1］［日］相良亨：《近世日本儒教运动的系谱》，东京：理想社，1975年，第28页。

道，分别义理，以理一分殊为本。万物一理，物我无间，则必入于理一，流于释氏平等利益，墨子兼爱而已。”他认为如果只讲“理一”而不讲“分殊”，就会“入于理一”，流于释墨，导致社会秩序的混乱。从惺窝的整体思想来看，他的兴趣在于伦理方面，而不在哲学本体论上，因此较少论及理气关系，对于“理”也主要解释为伦理道德性质的“道理”或“义理”。他说：“人事亦不可忽诸。是人事即天理。”关于陆王心学，惺窝认为：“周子之主静，程子之持敬，朱子之穷理，象山之易简，白沙之静坐，阳明之良知，其言似异而入处不别。”不仅兼收陆王心学，惺窝对于他所批评的汉唐训诂之学也认为有学问价值。他说：“汉唐训诂之学，亦不可不一涉猎者也。其器物名数典型，虽曰程朱，依焉而不改者夥矣，让焉而不注者数矣。”〔1〕

藤原惺窝兼容不同的儒家学派，大致有两种作用，第一，将不同的儒家学派兼收并蓄，可以形成整体性系统，以区别于佛教，加强儒学的独立地位；第二，尽可能收集一切思想资源支持社会道德秩序的重建。如有学者所说：“对于调和不同信仰的藤原惺窝来说，只要达到了为实现社会秩序和政治和平提供完善的伦理和道德准则的目标，不管新儒学是统一于程朱学派，还是统一于陆王学派，都无关紧要。”〔2〕

在藤原惺窝之后，继续致力于儒学独立以及道德秩序建构的是惺窝的大弟子林罗山。

林罗山（1583—1657年）也是从批判佛教而走向朱子学

〔1〕 参见王家骅：《儒家思想与日本文化》，第80—82页。
〔2〕［韩］黄秉泰：《儒学与现代化——中韩日儒学比较研究》，第244页。

的。罗山出身于武士家庭，13 岁进入京都五山之一的建仁寺做“稚儿”。所谓“稚儿”，不属正式的僧侣，以读书、学习诗作、接受教育为主要目的。在此期间，他阅读了大量的儒家著作。罗山读书十分刻苦认真，有时甚至听不到寺院召唤吃饭的木板敲击声。待到想起吃饭时，已灶冷锅空，只好挨饿。罗山才智过人，建仁寺众僧劝他剃度出家，“使之为禅僧，则必为丛林之翘楚”[1]。然而罗山却表示：“身体发肤不可毁伤，孝也。且无子孙，亦为不孝。”[2] 之后他便不辞而别，离寺回家。罗山 18 岁时，开始读朱熹的《四书集注》，从此倾心于朱子学，并开始批评佛教。在 20 岁时，他写了 18 篇题为“辩”的文章，其中批佛的有 11 篇。罗山对佛教的批判也是集中在人伦关系和社会政治方面。他尖锐地指责佛教是“灭人伦而绝义理”，“以山河大地为假，以人伦为虚妄”。21 岁时，他在京都设私塾，讲授朱熹的《论语集注》。22 岁时，结识藤原惺窝，并受教其门下。在此之前，林罗山曾自编《既读书目》，共列书 440 余种。除儒家系统的著作外，还有中国的秦汉诸子、史书、兵书、医书、律书、文学著作、佛书、天主教著作和日本的古典。其数量之多，涉猎之广，足见其为博学之士。

林罗山师事藤原惺窝之后，赞同老师的排佛主张，但是却反对藤原惺窝兼收陆王心学。他是执着的朱子学者，曾写诗赞誉朱熹“儒门第一集成功，道统传来垂不穷”，“朱子家风慕

---

〔1〕［日］源了圆：《近世初期实学思想的研究》，第 187 页。

〔2〕《日本思想大系·28·藤原惺窝·林罗山》，东京：岩波书店，1980 年，第 471 页。

二程，千年道统有谁争”。[1] 在他看来，朱熹才是真正继承了儒家道统。关于林罗山与藤原惺窝对朱子理学和陆王心学的不同看法，狄百瑞在《日本传统的渊源》中作了介绍。藤原惺窝认为“朱熹天生严谨，始终如一，喜好深奥与精确。因此，那些追随他的人易患过分拘泥的毛病。陆象山天生才华横溢，追求纯朴简洁，无拘无束。因此，那些追随他的人往往缺乏严谨。这就是他们的不同之处。人们注意到了他们的差别，而没有注意他们在根本原则上的一致。……因此，所有学生都应该做的是正心，行动敏捷，忍耐，不屈不挠。那么将有一天，他们会产生不依赖日常知识的顿悟，而一致和不一致的问题将会自行解决”[2]。他明确地教导林罗山，对儒家内部的各派，不要“见朱陆后学之异，而不见朱陆之同”。然而林罗山却坚持自己的看法，他认为，“王阳明是才智聪敏、记忆非凡的人，然而尽管如此，他在军事方面却转向孙武的计谋……他满腹伤害我们良知的策略和诡计……真正有教养的人并不致力于这种研究”[3]。林罗山坚决认为朱熹理学思想才是唯一的治世之道。他说：“圣人之道则不然，其道不在君臣、父子、夫妇、兄弟、朋友之外。所以行之者五常也。五常本在一心，此心所具之理，即是性也。人人所共由者道也。得道于心谓之德。”他又说：“天人合一，理物不可分。有理必有物；有物必有形；有形必有物。演化根在自然。……因此，三种神器亦

---

〔1〕 朱谦之：《日本的朱子学》，北京：生活·读书·新知三联书店，1958年，第160页。

〔2〕 [美] 狄百瑞：《日本传统的渊源》，纽约：哥伦比亚大学出版社，1964年，第341—350页。

〔3〕 [美] 狄百瑞：《日本传统的渊源》，第341—350页。

然……三种神器乃三德，三种神器是神圣的，而三德是人心之美德，神圣即在其中。所以它们是三中之一，一中之三，本质上是不可分的。”〔1〕

林罗山反对陆王心学，是从两方面考虑的：首先，他担心陆王心学强调个人的顿悟和主观作用，会与佛教禅宗通融一体，从而干扰理论视野的专注性和纯粹性；其次，建构战乱之后的社会新秩序，朱子理学是最好的理论资源。从林罗山的思想发展来看，他对朱熹理本体论的理解，前后有一个变化过程。青年时代，他受中国明朝学者罗钦顺理气一元的气本论的影响，主张理气不可分论。他说：“太极理也，阴阳气也。太极之中本有阴阳，阴阳之中亦未尝不有太极。五常理也，五行气也，亦然。是以或有理气不可分之论。胜（罗山）虽知其戾朱子之意，而或强言之。”〔2〕中年时代，罗山开始倾向于王阳明的理气一元论。他说：“理是气之体，气是理之用。”又说：“理气一而二，二而一，是宋儒之意也。然阳明子曰：‘理者气之条理，气者理之运用。’由之思焉，则彼有支离之弊……”〔3〕显然他是在批评朱熹的理气论有“支离之弊”。至1621年，林罗山又回归朱熹的理气论，不再谈王阳明的理气不可分的观点了。他声称自己“今崇信程朱，乃以格物为穷理之谓”。林罗山理气思想的前后变化，实质上是他的社会思想逐渐定型的表现。从他所提出的理论观点来看，对朱熹学说并无什么新发展，也没有超出理学的新概念、新范畴和新命题，但是社会的秩序建构却是他思考的中心课题，可以说理气

〔1〕［美］狄百瑞：《日本传统的渊源》，第341—350页。
〔2〕《日本思想大系·28·藤原惺窝·林罗山》，第417页。
〔3〕朱谦之：《日本的朱子学》，第159页。

思想的变化始终是围绕着这一主轴开展的。他最后之所以回归朱熹的理本体论，是因为他终于思考成熟，只有将理置于最高的本体之位，才能使社会等级秩序获得最后的哲学之撑。他明确提出，君臣父子的上下尊卑关系就是“鸢飞鱼跃”那样的“天地道理”。“有羽者之所以飞翔，有鳞者之所以泳跃，是何故乎？天地之间，道理炳然。故天尊地卑，上下尊位，君君、臣臣、父父、子子，其余亦然。”[1] 理本体论表现在行为观念上，就是忠大于孝的“君臣天合”论。林罗山认为忠孝“二者不可得而兼也，舍轻而取重可也”。这里所说的“重”，自然指“君国大事”，比“父家之私事”更重要。[2] 强调效忠的理念不仅是林罗山，也是日本朱子学的特点。

林罗山一生从仕50余年，一直受到德川政权的重视。从23岁侍奉德川家康开始，他历仕四代将军，“大受宠任，起朝仪，定律令。大府所需文书，无不经其手”[3]。1630年以后，幕府第三代将军德川家光为林罗山在忍冈建学塾，亲藩大名德川义直又在忍冈建孔子庙。林罗山在那里举行“释奠”仪式并主讲《尚书》时，将军家光亲自出席。这些说明林罗山所信奉的朱子学已经受到江户幕府的尊崇。以后，罗山之子鹅峰和耕读斋也相继被任命为幕府儒官。林罗山去逝后，1690年第五代将军德川纲吉在汤岛建圣堂，赏赐祀田一千石；又建昌平坂学问所（以后成为幕府直辖学校），任命罗山之孙林凤冈为大学头，成为日本教育界的最高负责人。从此，林家世袭

[1] 朱谦之：《日本的朱子学》，第162页。
[2] 朱谦之：《日本的朱子学》，第164页。
[3] [日] 丸山真男：《日本政治思想史研究》，东京：东京大学出版会，1953年，第12页。

此职。

林罗山时期，林家朱子学虽然还没有成为真正的官学，但是由于幕府的重视与扶持，也可以说处于准官学的地位，从而极大地影响了德川时代的思想发展。这亦如阿部吉雄所说：正是这两位（藤原惺窝和林罗山）杰出的禅宗僧侣个人的辉煌成就，使新儒学的研究从禅寺的监护下解放出来，使之服务于德川家康的政治事业。[1]

17 世纪中期以后，儒学在知识群体中逐渐传播开来。然而受到德川政权格外垂青的日本朱子学派，却在林罗山之后，产生了分化，朝着不同的方向发展。不过，这种分化和发展是有着内在的思想理路的。林罗山的朱子学观点明确地集中在政治目标和社会秩序的建构方面，这种思想取向如果不加界定，推至极端，必然会导致对个体生命的压抑和精神的扼制。为了防止这种精神异化的出现，山崎暗斋和贝原益轩从程朱学派内部开始了对林罗山的批评，并提出自己的思想路向。

2. 大疑则可大进：山崎暗斋和贝原益轩对朱子学的早期解构

山崎暗斋（1618—1682 年）出身于浪人（脱离主家的武士）之家。他是第一位向林罗山朱子学质疑的程朱理学家。15 岁时，出家为僧，但不笃信。有时深夜读佛典，突然拍案大笑，别人问其故，答曰：“笑释迦荒诞。”以后移至四国的土佐吸江寺，受海南学派谷时中的影响，渐渐转向儒学。25 岁时，脱僧服蓄发，以示脱禅入儒。31 岁著《辟异》，抨击佛

〔1〕 转引自［韩］黄秉泰：《儒学与现代化——中韩日儒学比较研究》，第 243 页。

教。从38岁开始，在京都设教席，教授门生。[1] 其讲授内容为"先小学，次近思录，次四书，次周易程传"。48岁以后，应江户幕府大老（地位仅次于将军的幕府官员）保科正之的邀请为宾师，名声渐噪。55岁时，保科正之去世，山崎暗斋回到京都专事著作与教育。相传门徒6000人，形成颇有实力的崎门学派。

山崎暗斋是虔诚的朱子学者，他推崇朱熹是"孔子以来第一人"，甚至极而言之："学朱子而谬，与朱子共谬，何遗憾之有？"[2] 在日常生活中，用朱色手帕，穿朱色衣服，包朱色书皮，以示对朱熹的敬意。正是出于这样的学者感情，山崎暗斋对林罗山进行思想批评时，也是以净化朱熹学说的名义进行的。[3]

山崎暗斋认为，朱熹的学说是以造就具有完善美德的人格为理想目标的，是理性知识和学究理论的完整概括。而林罗山却基于狭隘的政治观念，将朱子学解释为以政治为目标的思想体系。在这样的政治目标下，人的生命意义仅仅局限为有能力和有知识，从而失去生活热情和道德仁爱。他认为这是理论的坠落和精神的退化。为了纠正这些偏失，他提出回到朱熹本来的学说中去，通过日常生活的实际体验来重新理解朱熹思想的意义。从暗斋的思想主题来看，他强调通过个人的道德修养来体现生命的价值和意义。岛田虔次在《朱子学与阳明学》中

---

[1] 关于儒生或者儒师在日本政府中推进儒家社会秩序的职业作用，见约翰·惠特尼·霍尔著的《德川时期日本的儒师》，载于戴维·S. 尼维森编的《行动中的儒学》，第269—272页。

[2] 《日本思想大系·31·山崎暗斋学派》，第563页。

[3] 参见王家骅：《儒家思想与日本文化》，第98—99页。

转述暗斋的话说："在我看来，无论是初级教育还是高级教育，其目的似乎都是阐明人际关系。在初级教育中，要明了各种各样的人际关系，这种人际关系教育的本质是忠诚于人。在《大学》中提出来的高级研究中的'格物'只是使初级教育中所学的内容达到最终的结论……朱熹的教学规则列举五种人际关系作为课程……论述善行的文章与'修身'相配。自天子以至于庶人，皆以修身为本，包括'诚意'和'正心'两者。"在暗斋看来，朱熹的全部学说可概括为由五伦规范所决定的修身准则。从暗斋的理解来看，他虽然强调的是个人的修养主题，然而最终目标却是良好的人际关系。因此，从对社会理想的设计上看，他与林罗山实质上有殊途同归之处。只是林罗山希望通过政治等级秩序来实现人际关系的稳定，而山崎暗斋则企图通过个人的"诚意"和"正心"来达到社会的和谐。在林罗山的伦理关系中，每个人都处在由法律和政治秩序所控制的共同体中，从属于不同的社会地位和身份等级。山崎暗斋则预设了一个公共社会，在这种社会里，每个人通过诚意和正心的道德修养而进入自然的伦理关系之中。显然，林罗山是以外在的律法和秩序建构来理解朱熹学说的；而山崎暗斋则认为朱子学的精神是强调人的内在修养，并通过彼此的仁爱来达到秩序的和谐。

尽管山崎暗斋坚决维护朱熹的仁爱之说，但是他又对朱熹"仁为爱之理"的原则作了不同的解释。他认为，仁与爱不可两分，爱不是仁所显示出的一种情感，同仁一样，也是处于情绪未发的状态。他说："仁是爱的原则。以水相比时，仁是水之源，而爱是水之流。以树相比时，仁是树之根，而爱是树之枝……二者是'体'和'用'的关系，朱熹将这一事实隐喻地表述为糖之甜和醋之酸。很少有人知道被称作生命的本质和未显示的爱处于同样的联系之中……谈及爱的原则时，大多数儒家只知道它是显示出的爱的仁，而不知道它是未显示的爱的仁。”[1] 从山崎暗斋的论述来看，他并未真正理解朱熹学说的原意。当然，对于当时的日本学者来说，要想真正把握朱子学的思想体系，尤其是带有根本意义的理气关系、仁爱关系的哲学思想，实非易事，这需要一个长期的思想逻辑的历练过程。不过，山崎暗斋的思想活动是围绕着社会关怀进行的，所以他对朱熹仁爱思想的解释，自然有他的意向所在。他认为，爱之理是不能与爱他人的活生生的仁爱冲动相分离的。人性与爱犹如水与流、树与叶、糖之甜与醋之酸。人的存在不是个人的静止，而是能动的、集体的积极行动。如果人性只能在同其他人相互作用的联系中才能显示活力与生气，那么必然应该有一个能够发挥这种能动性的自我。在暗斋看来，将仁与爱相分离，就会导致对活生生的人性的压抑。那种无欲望无情感的圣贤状态只是道德严苛主义的产物，而不是真正的仁之境界。他认为仁与物质的自我是同一的。总体来看，暗斋一方面接受程朱只有消除私欲才能达仁的观点，另一方面又主张仁必须在强烈冲动和积极行动的生命状态下去实现。他坚决反对把物质的自我视为无情感无活力的容器。通过对朱子学理论的能动主义的解释，仁、爱与物质自我就处在同一层次之中，没有高下优劣之分，而只有体用不同。阿部吉雄说：“通过这种解释，他把儒学的实质作用从林罗山的次序和等级的政治领域降到兄弟之爱

[1] ［日］阿部吉雄：《日本朱子学与朝鲜》，第153页。

和合作互动的社会领域。”[1] 由此可见，山崎暗斋与林罗山是以不同的动机和方法来理解朱熹新儒学的。林罗山在朱熹的理论体系中，选择适合稳定日本德川政治秩序的那些学问和思想，而山崎暗斋则把新儒学的关切带进了仁义的伦理社会中；林罗山的政治尺度要求新儒学道德原则外在化，而山崎暗斋的伦理社会则要求同样的道德原则内在化；林罗山为政治秩序寻找理论依据必然重视和强调中国典籍中的外部礼仪和法典方面的知识，山崎暗斋为建构以仁爱为原则的日常社会，自然注重内省和反思以及道德良知的修养。这亦如相良彻所说：“在林罗山学派中，法律和秩序的政治观念及礼仪和刑罚的制度观念更有意义。按照山崎暗斋学派的内在论，集体社会美德和德行的道德观念及仁爱的伦理观念具有更重大的意义。”[2]

林罗山与山崎暗斋的思想分歧，对以后的日本思想界产生了极大影响。狄百瑞认为：“当政治和制度的外在主义在徂徕学派中达到顶峰时，当社会和伦理的内在主义在王阳明学派中处于顶峰时，这些差别就具有重大的历史意义。山崎暗斋相信外在化只是内在道德本身的扩展和忽视外部知识客观性的道德乐观主义，强调沉思的重要性，以及内严外正统一体的概念，与王阳明关于良知、知行合一和内省的概念是相似的。”[3]

林罗山和山崎暗斋各自的路向，不仅产生了徂徕学派和阳明学派这样的理论结果，甚至在近 200 年之后，影响到各自追随者对于明治维新的不同态度。“林罗山的追随者们是头脑冷静的学者，不愿意投入反对幕府政权的爱国主义狂热之中；但

---

[1] ［日］阿部吉雄：《日本朱子学与朝鲜》，第 239 页。
[2] 参见［韩］黄秉泰：《儒学与现代化——中韩日儒学比较研究》，第 255—259 页。
[3] ［美］狄百瑞：《日本传统的渊源》，第 359 页。

是，山崎暗斋的追随者是充满激情的道德家，自认为公正地投身于尊皇讨幕以拯救民族的救世事业。”〔1〕关于这方面的情况，将在后文论及。

在日本江户时代的思想史上，山崎暗斋创造了把朱熹的道德理想和哲学原则带入日常生活的公共领域的先例。在他之后，贝原益轩又通过对人性论的阐发，使平等主义的道德伦理向前大大迈进了一步。

贝原益轩（1630—1714 年）出生于黑田藩医官之家。14 岁开始跟随其兄学习“四书”的句读，受儒学教育；又受其父熏陶，掌握了一些医学知识。28 岁以后，利用藩费在京都学习儒学 7 年，与儒学大师松永尺五、山崎暗斋、木下顺庵、伊藤仁斋等都有往来。这时，贝原益轩既学朱子学，又习陆王学。据他的读书目录《玩古目录》记载，他曾反复阅读王阳明的《传习录》，有 12 遍之多。36 岁时，读到中国明朝史学家陈建的《学蔀通辨》，开始放弃兼习朱陆的做法，彻底转向朱子学。此后，他便站在朱子学的立场上，批判阳明学。他十分尊重朱熹，“后世之学经义者，皆朱子之力也。……吾辈不逮之质，虽不能窥其藩篱，然心窃向往之”〔2〕。但是，贝原益轩并不盲从朱熹的学说，总是带着自己的问题去思考。他经常引用朱熹的“大疑则可大进，小疑则可小进，无疑则不进”的名言来鞭策自己，对已有的学说观点提出质疑。不过，在相当长的时期内，贝原益轩并未将自己的所疑所思书诸笔端，直到去世的那一年，才将《慎思录》和《大疑录》两部重要著

〔1〕［美］狄百瑞：《日本传统的渊源》，第 360—361 页。
〔2〕转引自朱谦之：《日本的朱子学》，第 212 页。

作公布于世，从而确立了他在日本思想史上的重要地位。在贝原益轩看来，“六经语孟”虽是经典依据，但是“天下义理无穷，圣人蕴奥难尽。是以宋之诸贤所说，虽义理明备，然其细微曲折之余意，尚待后人议论，有益详审者”[1]。意思是说，孔孟之道、宋儒学说，只有后人根据社会历史的变化进行新的解释，才能产生新的意义。[2]

贝原益轩对于朱子学的提问和阐述主要集中在宣扬平等主义道德和普及儒家伦理方面。狄百瑞认为，作为山崎暗斋同时代的人和朱熹新儒学的追随者，贝原益轩是一个新儒家道德的伟大推广者和新儒家伦理的普及者。他通过使新儒家伦理学说成为人们（特别是妇女和儿童中间）共同讨论的问题，从而使儒家道德说成为社会友好博爱的媒介。“那些人已无法容忍林罗山那种政治化的等级制儒家道德学说。”[3]

贝原益轩认为，山崎暗斋在哲学上的二元论和道德厉行主义中的情感冲动，不能把所有人的道德义务平等起来。为了建构一种能够在所有人中普及的伦理标准，他从本体论和人性论两方面展开自己的思想路向。

首先就本体论来看。他在《大疑录》中概括了自己对朱熹哲学本体论的强烈疑问，并提出自己解决这些问题的答案。在序言中，他谈到了自己的苦恼：“予幼年诵朱子之书，尊其道，师其法，服其教，然于其所不解，则致疑思而审择，未尝阿所好，是欲俟他日之开明耳。”[4] 经过长期的思考，他提出

---

〔1〕《日本思想大系·34·贝原益轩·室鸠巢》，第467页。

〔2〕参见王家骅：《儒家思想与日本文化》，第94—95页。

〔3〕［美］狄百瑞：《日本传统的渊源》，第354页。

〔4〕转引自［韩］黄秉泰：《儒学与现代化——中韩日儒学比较研究》，第261页。

了自己的关于宇宙本体的答案：“理气同一，不能二分。我想冒昧地说，当它于浑沌之态，阴、阳未分而万物未生之时，太极便为以太之名……理非独立之气，只是气形之理。”[1] 显然，这不同于朱熹的理本体论，是“气”一元论，认为气是宇宙的本质，是构成万物的基础。

贝原益轩放弃了理本体论，在社会领域中，他引申出这样的结论：“理”这一等级法则并非是天经地义的自然原则，因此不具有不可动摇的神圣性；而“气”是任何人都可以秉持的宇宙本质，所以人不应该有绝对的善恶或优劣之分。“他排除了自然主义原则，结果也就修改了朱熹体系的道德厉行主义。没有上天固有的自然原则的概念，便没有关于天理的自然主义的概念；没有天理，也就没有天理和人欲之间的永恒的绝对冲突；没有这种冲突，也就没有绝对的善或绝对的恶。”[2]

贝原益轩确立了气本体论，也就为自己学说中的人性论提供了哲学支持。他说：“在这个世界上，在整个历史上，人只有一种本性……天的原初本性不也是气的派生之性吗？”[3] 在他看来，当天理的原初本性和派生之性（相当于人欲）等同时，善和恶就成为相对的存在。“善是人事的正常状态；恶是本性的畸变。”[4] 贝原益轩不同意束缚人性的道德厉行主义。他说：“一个学者要使其人生有序和校正其行为，必须习礼乐，举止庄重严肃，以一种和谐的方式享受生活。为什么一个人必须只坚持‘严肃整齐’？况且，当今之陈腐顽固的人并不

[1] 转引自［韩］黄秉泰：《儒学与现代化——中韩日儒学比较研究》，第261页。
[2] ［韩］黄秉泰：《儒学与现代化——中韩日儒学比较研究》，第261页。
[3] ［日］相良徇：《近代史上的儒家思想》，第40页。
[4] ［日］源了圆：《德川时期思想简史》，第415页。

理解‘严肃’的意义。他们往往成为这个词的奴隶。”（《大疑录》）贝原益轩反对自我严肃的形式主义，他提出人应该有一种“诚”的气质，从而使人们之间形成平等的交往。他说：“圣人们的教义以忠和信的观念为其根本原则……那些不以忠和信为其首要观念却徒劳无益地以敬为其首要观念的人们，专注于敬的应用，无疑会囿于敬的原则，以奴役和顽固的弊病而终结。……生于现代的人陷于旧礼仪，不能采取适应时代的行动。惯例和道德往往与时代的必然相抵触……这种状况怎能符合孔子之道？”（《慎思录》）

从贝原益轩的论说中，可以归纳出他的两个主要观点：第一，通过气本体论导出人性同一的结论，再以人性论为基点，得出大众平等的观念。第二，平等交往的根本前提是包含着忠与信的“诚”的气质，也就是说，遵循着“诚”的原则，才能使平等交往成为可能。这种平等交往不需要外在的强制，而是人们在日常生活中自愿实行的。正如狄百瑞在《日本传统的渊源》中所说，贝原益轩“把形式主义的和理论化的中国朱子学体系改变成为一种主张地方自治主义的和符合常识的日本朱子学，以服务于个人在日常生活中的需要”。贝原益轩所做的这种“改变”，使发端于中国的朱子学极大地日本化了。丸山真男在《日本德川时期思想研究》中特别指出这种“改变”的意义，“它已不像在中国那样是一种贵族阶级的文化垄断。它已改变成为日本民族的文化基础。在这种推广和普及的过程中，他使用日本的本国语言，从而把儒学民族化，为日本平民大众的个人需要服务”。

虽然朱子学传入日本，特别是脱离禅宗走上独立的发展道路之后，就已经开始了日本化的过程，然而贝原益轩从内部对朱子学的阐释却是极为关键的一步。从藤原惺窝和林罗山的外部秩序到山崎暗斋的内在良心，贝原益轩沿着他们的理论逻辑，第一次使朱子学的视野关注到民间社会。

需要特别提及的是，贝原益轩对朱子学的阐释有很大的主观性，但是他对朱熹基本精神的理解却是很正确的。他认为人性与自然等同，仁是联结人性与自然的纽带。仁不仅是忠诚、孝顺等行为的爱之美德，而且也是大自然的天之美德。以人类之仁报答自然之仁，是人类的责任。他说：“总是牢记他们报效自然以偿还这巨大恩惠的职责，他们不应忘记，正如他们应对其双亲尽孝一样，他们也应该对自然充分显示出他们的仁。仁意味着具有一种内在的同情心，并且把祝福带给人与物。对于那些依赖自然的恩惠养育成长的人们来说，这就是报效自然之道。”〔1〕

对于贝原益轩在日本思想史上的作用，黄秉泰的评价也是值得重视的：“贝原益轩是一位朱熹新儒学的伟大改革者，因为他把朱熹新儒学细分成一套有用的道德和伦理原则，并且把它改变成平等的平民社会的文化基础，但是他不是与外部破坏者相一致的内部破坏者。更确切地说，他使中国新儒学能够在日本民众的土壤中扎下根来，成为日本化的新儒学。他试图通过剪除朱子学中不适应日本民众口味的部分而使新儒学普及化，以便使新儒学能够内化于日本平民的日常生活之中。”〔2〕

如果将林罗山与山崎暗斋和贝原益轩的思想观点相比较：林罗山的朱子学是服务于德川名教的一种社会理论学说，它的

〔1〕［日］丸山真男：《日本德川时期思想研究》，第63页。
〔2〕［韩］黄秉泰：《儒学与现代化——中韩日儒学比较研究》，第265页。

效用在于幕府的政治制度和社会秩序的公共领域；山崎暗斋的朱子学重点放在个人的内在道德修养；贝原益轩则关切每个社会成员的日常生活。因此可以这样概括：林罗山的思想活动局限在公共政治领域，而山崎暗斋和贝原益轩则把儒学的意义与个人幸福和私人福利相联系。在山崎暗斋和贝原益轩开创了这个思想路向之后，王阳明学派中的中江藤树和熊泽蕃山把这个路向继续推进，从而在另一个逻辑层面上完成了将朱子学改造为政治化实用儒学的第一个过程。

3. 由“引马江边”到“饮马江边”：中江藤树与熊泽蕃山对人之主体的阐发

在中国，王阳明的心学学派大致是在明代中期出现的。自元明以来，朱子理学被官方定为社会的主流意识形态，原有的作为完整而生动的思想文化体系的朱子学被权力集团异化为衡定整个社会精神活动的教条。王阳明心学的异军突起，冲决了官方朱子学的堤坝，为沉闷而凝滞的社会思想领域放进了一股畅快的空气。王阳明之后，心学又分为浙中王学、江右王学、泰州学派等，至晚明时期，达到了阳明学的全盛期。在日本的江户时代，虽然时断时续地出现了倾向阳明学的儒学者，但是未能形成明确的学统和连绵不绝的学派。

在日本，早在室町时代就有人与王阳明本人相往来，然而出现阳明学者却是17世纪中后期的事情。据日本的史料记载，1510年，室町幕府将军足利义澄命87岁的禅僧了庵桂梧作为遣明正使，率290余人赴明。1511年，了庵到达北京。在完成外交使命之后，受明武宗之命，住于宁波育王山广利寺。此间，他常与当地的文人墨客交往。1513年，王阳明与门人徐爱等游四明而经宁波时，曾与了庵相见。同年5月，王阳明听说了庵桂梧即将东归，于是作《送日本正使了庵和尚归国序》相赠。此序未收入《王文成公全书》，却藏于日本并广为流传。有些日本和中国学者以此为据，认为从了庵桂梧开始，日本即有阳明学之传。不过，当时的王阳明尚未形成完整的思想体系，“致良知”说也未提出，特别是他的《传习录》尚未辑印，而《送日本正使了庵和尚归国序》并未记述王阳明与了庵的学术思想交流，加之了庵在归国的第二年即以90岁高龄去世，也无传布阳明学的记载，因此，日本阳明学之传始于了庵的说法还不能成立。一般认为，日本阳明学的开创者是中江藤树。

中江藤树（1608—1648年）在15岁时承嗣祖父，曾做过高岛城主加藤氏的下级武士。27岁时弃官还乡，侍奉老母，并以教学为业。中江藤树也是以学习朱子学开始其学术生涯的。他在20岁时“专崇朱学，以格套受用”[1]。33岁时，藤树偶然读到明人钟人杰编辑的《性理会通》和王阳明弟子王畿（龙溪）的《语录》，似有大悟，开始转向阳明学，用他自己的话说：“余尝信朱学……今始知其拘泥之甚矣。盖宋格法与求名利，虽不可同日而论，至其舍真性活泼之体则一也。”藤树已开始意识到，朱子学过分拘泥于形式主义的礼仪、法度等外在规范，以致影响了人的真性情，压抑了活泼生动的生命。不过，他认为王畿的《语录》夹杂佛语，见解近似禅学。直至37岁时，读到了《王阳明全书》，才彻底转向阳明学。中江藤树的主要著作有《翁问答》《孝经启蒙》《大学解》和

[1] 《日本思想大系·29·中江藤树》，第293页。

《中庸解》。后两部代表了他的阳明学观点。[1]

中江藤树晚生于林罗山 25 年，但比林罗山早辞世 10 年，因此基本上可以说是林罗山同辈的学者。中江藤树对于朱子学的反思必然涉及对林罗山思想的批评。他反对林罗山的政治化的官方新儒学，认为那种专于名教，把人的价值限制在政治秩序和社会群体中的朱子学是对个体幸福的消解。他试图从新儒学中解读出与个人幸福相关联的思想内容。这种对个人幸福的肯定，也许与中江藤树的个人经历有关。“27 岁时，他第一次遇到了个人选择的危机，即承担对国家的社会责任，还是侍奉年迈的母亲？面对这两个相互排斥的选择，他选择了后者，服侍他的母亲而不是献身于他的师傅”[2]。这种情感背景很可能极大地影响了他的思想路向和价值取向，使他转向肯定个体精神的阳明心学。

中江藤树在“第一次意识到对礼仪形式唯命是从并非善事”[3] 之后，就开始思考如何超越外在的礼仪规范而达到一种自由的道德境界。从中江藤树的思想系统来看，他从三方面来建构自己的道德学说。首先，他扭转了朱熹的修身方法，主张“知先行后”。他认为，不能用外在的秩序规范来强迫人们的行为，而应该首先生成内心的精神境界，然后由这种境界自然地决定对外部礼仪的遵行。这实质上是中国儒家“内圣外王”思想的另一种表达。中江藤树提出“畏天意，敬美德”[4] 的新说。在他看来，一个人通过敬畏天意尊奉美德的

---

〔1〕 参见王家骅：《儒家思想与日本文化》，第 115—116 页。
〔2〕 转引自［韩］黄秉泰：《儒学与现代化——中韩日儒学比较研究》，第 266 页。
〔3〕 ［日］丸山真男：《日本德川时期思想研究》，第 64 页。
〔4〕 ［日］相良彻：《近代史上的儒家思想》，第 55 页。

途径，就能够修养内在道德从而达到与外部规范的统一。在这种精神境界的状态下，即使他不能够避免外部礼仪规范的制约，也可以在既定的社会框架内，使自己的道德主体获得最大的自由。由此可见，中江藤树是想通过这种道德自律来保存和发展个人内在道德的自由。

然而，这种思考并没有解决他的疑问。他反思道："在过去的两三年里，我曾尝试了这些方法。然而我发现，由于人类之爱的诱惑和物质的干扰，我留下许多事未完成。所以，我抑制不住怀疑。"[1] 从中江藤树的思想理路来看，他意识到单纯的道德建构是不能把自己的精神主旨贯彻到底的。为此，他接受并重新阐释了王阳明的心本体论，试图使自己的道德学说获得一种哲学的支撑。中江藤树没有重复王阳明“心即理”的哲学命题，但是与王阳明一样，他也认为“心”是本体，是天地万物和万理的本源。他在《明德图说》中说：“心，统体之总号，太极之异名也。合理气，统性情……其大无外，其小无内。”不过，中江藤树没有到此为止，他在接受了王阳明的心本体之后，又进一步提出“全孝心法”，把本体之心解释为“孝”。在王阳明那里，“孝”只是人类爱亲的本性；而中江藤树的“孝”则是他思想体系中的最高哲学范畴。在《教经心法》中，他提出“天地万物皆由孝生”，又说“孝以太虚为全体，经万劫无终而无始。无无孝时，无无孝者”，“义，孝之勇也；礼，孝之品节也；智，孝之神明也；信，孝之实也”。

在中江藤树这里，“孝”不仅是万事万物之理和宇宙之本，而且更是人类社会的最高道德准则。因此，他把“孝”

---

〔1〕［日］相良彻：《近代史上的儒家思想》，第54页。

又称为“孝德”。通过“孝”之本体与“孝”之道德的论证，中江藤树消除了外在规范世界和个人内在道德的冲突，从而在理论逻辑上可以把道德行为的选择归还给行为主体，而不是由外部的权力阶层强加于己。换句话说，一个人有权利维护他自己根据时间、地点和条件来处置问题的独立性和道德权威。他这样表述了自己的思想：“孝德是人之根本。心中孝德泯灭，人的生命便如无根之本，而且只要一个人没有立即断气，这就是一种纯粹的幸运。……孝德是美德之巅，是贯穿于天、地、人三个领域中的道的本质。为天地万物带来生命的东西是孝道。因此，那些追求学问的人们需要研究的仅仅是孝道。尽孝的职责存在于哪里？存在于人的心中。”[1] 在中江藤树看来，作为实践孝道的能动者，个人就是宇宙的中心和世界的主宰，也是行为规范的参照标准和道德的最终裁判者。

在将“孝”与“孝德”推向极致的过程中，中江藤树发现了自己的理论缺陷。用他自己的话说，“孝道这个词我用得过分了”，因为他意识到“孝道”不能完整地覆盖人格的全部，无论是以“孝”作为哲学上的本体，还是作为道德上的终极，都太过牵强。他需要寻找一种能够“贯穿并统一宏观世界和本心的本体论的美德”[2]。在这样的思想追求下，他又回归到王阳明的原述上。他说：“人就其天赋的本性而论，他们无论是圣人还是百姓，都没有本质的区别。他们都被赋予区分善恶的明德。由于所有人的这种良知与生俱来，所以他们憎恨不义，耻于不善。只是由于一种人的慎独和另一种人的自

〔1〕［美］狄百瑞：《日本传统的渊源》，第 374 页。
〔2〕［韩］黄秉泰：《儒学与现代化——中韩日儒学比较研究》，第 268 页。

欺，才出现了高贵者和卑贱者之间的巨大的差别。”[1] 中江藤树所说的“明德”，只是对王阳明的“良知”的另一种表述。经过长时间的探索，中江藤树终于从哲学本体、行为准则和人性本质三个方面完成了他的道德建构。

从中江藤树的人生关怀来看，他的道德建构目的在于确立个人有享受个人幸福的权利。他认为，社会的每一个成员都具有平等的地位和价值，每个人都依自己的权利而生存。中江藤树的平等主义是以个人主义为基础的，为了支持这种个人主义，他又创造了一个支配宇宙万物的全能的人格神，使他的理智平等主义蒙上了神秘色彩。他说：“上天之主是无限的，然而他是一切的最终目的。他是绝对真理和绝对精神。所有物质力量的形式都是他的形式；无限的原则是他的精神。他是自满自足的。理和气是自持自立和不能拆选的。通过它们的联合，他创造了遍及所有时间的生命，无始无终。他是万物的父母。”[2]

就中江藤树的价值出发点和思想路向来说，他与贝原益轩大体一致，但是他却走到了阳明学的极端。贝原益轩使新儒学与社会成员的日常生活相关联，而中江藤树沿着个体生活继续前进，直达人的主观精神世界。由于山崎暗斋和贝原益轩是在朱子学的理论框架内活动，因此他们不可能彻底放弃道德原则的客观性。中江藤树彻底选择人的主体价值，把世界统一于主观之心，所以他虽然循着贝原益轩的路向，但却进入了一个完全不同的思想领域。如果说山崎暗斋和贝原益轩驱马驶向江

---

〔1〕［美］狄百瑞：《日本传统的渊源》，第373页。
〔2〕［美］狄百瑞：《日本传统的渊源》，第373页。

河，那么中江藤树则真正饮马江边了。这亦如黄秉泰所说："由于这些差别，尽管山崎暗斋和贝原益轩使儒学降到了日常生活的层次，他们却不能进一步深入个人幸福的主观领域。山崎暗斋和贝原益轩把马引到了水边，但由于朱熹理性主义的客观性外在干扰，他们却不能使马喝到水。"〔1〕

中江藤树发挥了阳明心学的内在主体精神，但是他却没有将这种精神转化为改造社会的实践力量。这主要是因为他的价值取向是定位于个体的自由和幸福，而对社会则缺乏热情和关心。正因为如此，他没有成为社会的改革家或反叛者；就他在德川时代的社会环境中寻求平等主义和个人幸福而言，也远不及中国李贽的思想激进。尽管中江藤树本人缺乏社会参与精神，但阳明学的本质精神却在日后的日本明治维新中成为鼓舞改革志士的重要精神力量，许多儒家武士成了献身维新的领袖，如西乡隆盛、久坂玄瑞、高杉晋作和吉田松阴。如源了圆所说："在这样一种主观主义的个人主义峰巅上，发现吉田松阴受到李贽激进主义的巨大影响，也是毫不奇怪的。"中国近代著名学者章太炎也有类似的评价："日本维新，亦由王学为其先导。"〔2〕 梁启超亦说："日本维新之治，心学之为用也。"〔3〕

从日本朱子学的开端林罗山到阳明学的肇始中江藤树，江户时代的儒学大致经历了从名教的外在化到个体内在化的进程，这种转变在中江藤树的阳明学中达到了顶点。由于中江藤

---

〔1〕［韩］黄秉泰：《儒学与现代化——中韩日儒学比较研究》，第270页。

〔2〕"答铁铮"，《民报》第14号。

〔3〕梁启超："宗教家与哲学家之长短得失"，转引自魏常海："王学对日本明治维新的先导作用"，《北京大学学报》1987年第1期。

树对社会政治秩序的大力弱化，也就使得日本的阳明学派成为社会生活和历史潮流之外的主观内省的消极运动。“他的阳明学派是一种在主观内省的自由之外便软弱无力的遁世隐居的道德运动。”[1] 这种思想倾向与王阳明“知行合一”的实践精神完全不同，如岛田虔次在《朱子学与阳明学》中所说：“王阳明不仅是一个哲学家和道德家，而且是一位斗士和政治家。他关于良知的理论，即积极生活的成果，是治愈朱熹学派形式主义衰退症的积极工具。”中江藤树的思想学说是置身于社会运动之外的，因此，当他的主体主义走到与历史无关的极端时，也就意味着丧失了作为一种文化思想在社会中继续存在的理由。因为日本社会对于儒家文化是以其“实用价值”来接受的，如果对社会不再发生影响，人们自然就会丧失对它的兴趣。中江藤树的极端主体主义预示着日本儒学已经来到十字路口，面临着新的选择：或者恢复与社会历史的密切联系，或者继续遁身社会历史之外，直到被人们忘却。在这关键的时刻，中江藤树的两个弟子熊泽蕃山和渊冈山分别选择了两个不同路向。熊泽蕃山走向复归社会历史的思想之路，而渊冈山则忠实地继承了中江藤树关于内省和慎独的学说。前者被日本学术界称为事功派，后者称为存养派。在这里，着重介绍熊泽蕃山的思想。

熊泽蕃山（1619—1691 年）是一位独特的儒学家，他不是从朱子学走向阳明学，而是以师从中江藤树开始研究阳明学派的，因此他不曾经历山崎暗斋、贝原益轩和中江藤树所遭遇的思想疑惑和理智抉择的痛苦。蕃山对阳明学的阐扬，扩大了

---

[1] ［韩］黄秉泰：《儒学与现代化——中韩日儒学比较研究》，第 270 页。

阳明学在日本的影响。

熊泽蕃山出身于武士浪人家庭，16 岁即仕于冈山藩主池田光政，4 年后辞职。22 岁时，读到朱熹的《四书集注》，但没有专注于此。23 岁时，慕名投到中江藤树门下，受到阳明学的熏陶，以后又通过渊冈山学习了阳明学的“良知”说。这期间的熊泽蕃山极其尊奉阳明学，自称“不读书而练心法三年”，可见其对阳明学的痴迷。27 岁之后，蕃山再度被池田光政所邀，出任年禄为三千石的“番头”，主管军务。在熊泽蕃山思想的影响下，池田光政渐渐接受阳明学说，并与相关人物经常在花园别邸研讨文武之道，主讲人是熊泽蕃山。蕃山起草“花园会约”的学则，第一条便是“今，诸子之会约，以致良知为宗”。以后蕃山又随从池田光政去江户，一些大名和幕吏也登门向蕃山求教。由于蕃山的影响日渐扩大，引起幕府及官学学者的不安。1650 年，林罗山指斥熊泽蕃山是一起反对幕府事件的主谋，幕府大老酒井忠胜也警告池田光政“聚众讲学，不善”。1657 年，熊泽蕃山被迫辞职。有日本学者认为，熊泽蕃山的遭遇是江户时代幕府镇压思想异端的重大事件。

熊泽蕃山辞职后，四处颠沛流离，直至 73 岁时在软禁中死于穷乡僻壤。蕃山在后半生写出了《集义和书》《集义外书》《三轮物语》和《大学或问》等重要著作。在这些著作中，蕃山试图调和朱子学与阳明学，在学理上使中江藤树的极端主体主义回归到社会的集体领域中。他在《集义和书》中说：“愚既不取于朱子，亦不取于阳明。惟取于古之圣人而用之也。”“愚拙自反慎独之功向内而成受用，乃取于阳明良知之发起，辨惑则依朱子穷理之学。”[1]

熊泽蕃山的回归，首先是以孟子的王道思想作为基点，即如他所说“惟取于古之圣人而用之也”。在蕃山看来，社会的形成，是人们相互约定的结果；而政治则是王侯阶级为了统治阶级的利益，将仁、义、礼、智这些内在美德外化为秩序的产物。显然，这也是中国儒家“内圣外王”的翻版。在这样的社会政治领域中，每个社会成员应该认真发挥内心的道德信仰，“把心中的明光投射到一个具体的社会目标”上去，“实现心中的道德之善”。[2] 将中江藤树与熊泽蕃山作一比较可以看出，中江藤树强调纯粹的个人内心和个人幸福；而熊泽蕃山通过把道德基准与王道政治的公共利益相联系，使关心个人幸福成为政治的主题。虽然从关注的基点来看，熊泽蕃山也是将“日本阳明学派政治化”（狄百瑞语），但是却与林罗山非常不同。林罗山把朱熹新儒学政治化，是为了使幕府制定的政治统治和社会秩序获得合法性依据；熊泽蕃山将阳明新儒学政治化，是服务于政治领域中个人幸福的目标，并且为改革德川的政治制度提供理论说明。

熊泽蕃山对阳明学的解说，首先是对权力集团的道德要求。他认为现实的政治秩序必须以“王道”为标准才是合理的统治；权力者有责任有义务不断检讨自己的政治行为，使之合乎天理。正是在这样的社会关怀下，熊泽蕃山既不同于林罗山的官方朱子学，也不同于中江藤树的个体阳明学，他是一位将自己的学说积极运用于社会生活的实践者。他任冈山藩主的

[1] 参见《日本思想大系·30·熊泽蕃山》，第141—560页。
[2] [韩] 黄秉泰：《儒学与现代化——中韩日儒学比较研究》，第272页。

家臣首领时就在政治管理事务中实践着自己的抱负。有学者说他是“实践性的王道儒学”家确实很有道理。《熊泽蕃山文集》中的一段话代表了他的根本思想：“那种管理的性质是什么？它与财富有关。按照常识，财富是一人所得而另一人的损失，使占有者欢乐，使其他人恼火……然而根据天理，如果一省领主拥有财富，那么全省都将是幸福的；如果幕府的将军拥有这样的财富，那么整个国家都将是幸福的，因为这就是和平和好运的财富。……因此，即使一个杰出的统治者也必须效仿古代圣王的榜样，否则他将不能在持久的和平中统治整个国家。”在遵守“天理”的前提下，个人的物质幸福与政治集体的公共财富就是统一的，而不是相互排斥或冲突的。换句话说，这种统一要求君王的政治必须按照圣王天理的标准去运作才有可能。

熊泽蕃山的王道儒学并不是空洞的道德理想主义，他很注重王道实践中的各种条件。他说：“理想的范例包含了最有利的情况的结合，包括恰当的时间、地点和政治地位。很难将它们诉诸笔端……这个理想只能为那样的人所领悟：他们尽管出身低微，但对事件和人们心中的作用具有深刻的洞察，同时他们有学问、管理才能，而且是真正的忠臣。只有具有这种品质的人才有资格成为王者师。”[1] 从熊泽蕃山思想的主要脉络来看，他从肯定人的内在精神出发，经过对政治的王道要求，再理智地提出实现社会理想的时间、地点和形势等诸多条件，最后完成了日本阳明学向社会主题的回归。蕃山的阳明学，是关于个人幸福与公共福利相联合，并在公共福利中得以实现的学

〔1〕［美］狄百瑞：《日本传统的渊源》，第380页。

说。有学者这样评价他在日本德川思想史上的地位：“随着熊泽蕃山将儒学日本化，儒学完成了自中国新儒学的文化体系分割为一套服务于日本幕府时期社会利益的文化思想的第一个回合。”〔1〕

如果接续前文的说法，山崎暗斋和贝原益轩虽然将儒学落在人的日常生活之中，但因其未深入到个人的主体论域，故只可谓“引马江边”；而中江藤树和熊泽蕃山，循此路径，继而深入到人的主体精神和个体福祉，因此，实可谓之“饮马江边”了。经过这样的思想历程，儒学真正成为日本德川时代政治秩序和社会规范的价值参照系，实实在在地承担着历史文化的功用性的命运。

熊泽蕃山去逝后，日本的阳明学即进入沉寂阶段，近百年未能出现有影响的学者。江户后期的阳明学者大盐中斋曾描绘这一时期说：“我邦藤树、蕃山二子及三轮氏之后，关以西，良知学既绝矣。故无一人讲之者焉。”直至 18 世纪末 19 世纪初，日本阳明学才出现复兴趋势。

日本儒学在德川时代独立发展之后，在学理上形成了林罗山的社会政治外在论和山崎暗斋、贝原益轩的个体人格内在论两个分支，“于是，朱熹儒学这一完整的文化体系被分解为许多套文化思想，为德川时代日本的社会需要和个人需要服务”〔2〕。虽然这两个分支在关注社会的合理性上是一致的，但是在使用儒学思想资料时“为己所用”的做法却不免使许多人产生疑问：他们都自称儒学的正统，而什么才是真正的

〔1〕［韩］黄秉泰：《儒学与现代化——中韩日儒学比较研究》，第 275 页。
〔2〕［韩］黄秉泰：《儒学与现代化——中韩日儒学比较研究》，第 276 页。

“圣人之道”？另外，这些人认为，朱子学和阳明学都或多或少受到佛教和老庄的影响，因而他们主张直接回到未受佛老影响的古典儒学中去，到孔孟或孔孟之前的先王之教那里去探求儒学真谛，这就有了所谓“古学派”的产生。古学派的三大代表人物是山鹿素行、伊藤仁斋和荻生徂徕。

4. 实用之学：古学派对儒学文化体系的社会性分解

古学派的三个代表人物，没有师徒传授关系，思想上也有不少差异，但是在返回古典的主张上却是一致的。他们返回古典，既不是简单地回到儒学原点，也不是为了再现儒学原意，而是希望通过对原典的阐释，重新构建不同于朱子学和阳明学的世界观和伦理观，而这种新的世界观和伦理观可以使人们获得处理现实问题的智慧，获取实际行动的方法。因此，有人把古学派又称为“经世之学”或“实用之学”。有学者认为，“古学派的思想是日本儒学中最具日本特色的一部分，充分地表现了日本文化和日本民族心理的特性”〔1〕。

山鹿素行（1622—1685 年）是古学派的先驱。据他的自传《配所残笔》记载，9 岁时即投师到大儒林罗山门下，因能阅读未加句读的《论语》，使罗山兄弟大为赞叹；15 岁时便可讲解《大学》，并赢得诸多听众。可见，山鹿素行早年是信服朱子学的。山鹿素行涉猎广泛，颇具才艺。他不仅学习武艺和兵法，还学习神道和日本歌学，同时又研究老庄著作，修习佛学。在自传中，他曾这样回顾自己的思想历程：“余自幼年到壮年，专攻程子、朱子之学理。……中年好老子、庄子，以玄玄虚无之说为本。此时尤贵佛法，会五山之名僧，乐参学悟

〔1〕 王家骅：《儒家思想与日本文化》，第 128 页。

道……然或因余之不敏，修程朱之学则陷持敬静坐之工夫，觉人品趋于沉默。较之朱子学，老庄禅之所适豁达自由……然于今日日用事物之上，则不得要领……神道虽本朝之道，而旧记不分明，事之端底不全。”[1] 从这段叙述中可以知晓，山鹿素行带着自己的问题遍习各类学说，仍找不到答案，最后他决定“读汉唐宋明学者之书不得要领，则直览周公、孔子之书，以为规范，或可正学问之道”[2]。

在与古圣人的对话中，山鹿素行终于意识到把学问付于道德实践才是真正的儒家精神，也是人生的价值目的。丸山真男在《日本德川时代思想研究》中转述山鹿素行的话说：“我断定，汉、唐、宋、明时期的著作没有澄清我心中出现的问题，因此，我决定直接研究周公和孔子的著作，依靠它们得到一个正确的学术理解。此后，我不再运用晚期的著作，而日夜研究圣人们的著作。于是，我第一次能够领悟圣人之道。……按照圣人的教诲，我终于意识到学问不能作为文字来对待。一个人今天学到的东西可以付诸今天的实践。”

山鹿素行所说的实践是一种道德实践，而这种实践的主体则是武士阶级。他说：“农民、工匠和商人的职业必然作为相互补充而发展。然而武士阶级没有种植却吃食物，没有制造却使用器皿，没有买卖却得益。对此，何以证明其行为正当？……不能说作为一个武士根本没有作用……一个武士的事业在于自己在世间的职位，思考向主人忠心效劳……他免除了农夫、工匠和商人的事务而把自己限制在实践道德上。……对于违反道

〔1〕《日本思想大系·32·山鹿素行》，第335页。
〔2〕转引自［日］田原嗣郎：《德川思想史研究》，东京：未来社，1976年，第26页。

德责任的人，武士立刻惩罚他，于是在大地上高扬真正的道德原则。……这三个普通人的阶层把武士作为自己的老师并且尊重他。他们通过奉行他的教义，便能够理解什么是根本原则，什么是第二位的。武士之道即在于此，武士以此挣得衣服、食物和住所。”〔1〕山鹿素行把维护道德的纯正视为武士的专职。在他的思想中，儒学的实践就是武士阶层的道德实践，由此，儒学被解释为一套实用的伦理准则，尤其是武士阶级的伦理准则。在山鹿素行看来，圣人是最优秀的武士的原型，武士“不计较个人的成败，满足于自己的命运，从不偏离职责的轨道”〔2〕。

由于把儒家具有普遍性的伦理之道演绎为特定阶级的伦理准则，山鹿素行在宇宙观上也就反对“理”本体论。他说：“天地万物都源于阴阳和五行。它们都生于一源。然而，它们一旦转变成天地和万物，便不能只用一理来讨论。……教导人们人性和天等同于理是一个极大的错误。……宋代学者使‘敬’成为圣人学问和全部哲学的基础。如果一个人按照这种思路专注于沉思，他会变得严肃庄重和沉默寡言，觉得压抑和失意，他的眼界变得狭窄和肤浅。”〔3〕

山鹿素行不仅批评理本体论，而且认为由理本体衍推出的“复性”说也是错误的。就朱熹的复性说而言，认为学问的最高使命是通过“居敬”“穷理”等修养工夫，去除由“人欲”造成的种种“蔽锢”，以恢复“天理”降于人身的“天命之性”。山鹿素行认为这种复性说，“有持敬存心之弊”，只注重

〔1〕［美］狄百瑞：《日本传统的渊源》，第389页。
〔2〕［美］狄百瑞：《日本传统的渊源》，第386页。
〔3〕［日］丸山真男：《日本德川时代思想研究》，第44页。

内省而完全脱离了日用之道的实践。显然，对于朱子学理本体和复性说的批评，是为他的道德实践说作理论铺垫的。山鹿素行针锋相对地提出“学问之极惟在于穷致其事理日用”。

对于实践的强调，使得他对于实践的主体——人，也充满了宽容和肯定。他认为朱子学和阳明学把人伦、理性与感性欲求相对立是不对的，尤其是不能以善恶来判断人欲的好坏。他说：“事物的性质不能根据善恶加以讨论……这是学者们最大的错误。……灭人欲者非人。他们无异于砖瓦和石头。……人的情欲是不能避免的。……早期的学者赞同无欲，这是一个严重的错误。”在山鹿素行看来，幸福与感性快乐乃是人生中的应有之义。当然，他不是纵欲主义者，他主张应该以“礼、乐、刑、政”等外部控制来调节人欲，防止人欲的“过”与“不及”。他在《谪居童问》中说：“人建立礼仪以便能够根据人的感情控制其多寡。他也能够判断一切事物的本质，考察一切事物的大小、价值和质量。通过这种方法，人的感情被置于控制之下。衡量一切事物中固有之道和固有之礼的标准是由圣人建立的。他们可以被看作是外部因素。”

依据对人欲的肯定，山鹿素行对与之相关的“利”与“义”也提出自己的看法，他认为“利”与“义”并不矛盾，朱子学崇义绌利是一种偏见。在他看来，“人皆有好利恶害二心，是谓好恶之心。依此心立教，遂述圣人之极”，“果无此利害之心，乃死灰槁木，非人也”。[1] 他认为只要求利的人情“合于节”就是“义”，就是道德的。

---

〔1〕 参见［日］永田广志：《日本哲学思想史》，北京：商务印书馆，1983年，第91页。

从上述的山鹿素行的主要思想观点来看，他是从建立武士的伦理准则和道德精神的主旨出发，通过对当时颇具影响的朱子学和阳明学的批评，并利用儒学原典中的思想资源来建构自己的思想体系的。这正如永田广志所说："他是一个建立在'君道'—'臣道'的'格法'之上的武士道的建树者，是一个把儒教首先作为维持武士阶层的特权地位和这个阶层内部的现有秩序的行为规范之学而全面加以应用的思想家。"[1]

山鹿素行的武士道学说对于现实人生中的感性快乐和利益索求的肯定，与日本当时的社会状态有很大关系。17 世纪中后期，幕藩体制已进入稳定发展时期。武士商品消费的增加导致了交通与商业的发展，町人（城市商人和手工业者）的经济力量亦随之逐渐增强。由于锁国政策造成与国外市场隔绝，工业生产的技术水平不高，因此商人手中积累的货币不能用于生产的开发，而只能转化为高利贷资本或用于生活消费。这种社会经济模式，造成了城市生活中放纵情欲的奢靡风气。比如以井原西鹤、近松门右卫门、松尾芭蕉为代表的町人文学，或肯定商人赢利的才干，或表现人的感官欲求，或将精神寄托于自然风光，总之是洋溢着一种追求现世幸福的生活情趣。正是在这样的文化氛围中，产生了山鹿素行与伊藤仁斋肯定情欲和功利的合理性的反朱子学思想。[2] 当然，山鹿素行在日本历史上的影响并不在于他的人性论和生活观，而是以儒家思想阐述的"武士道"理论。

对于武士道精神的肯定，表现了山鹿素行对当时的日本社

〔1〕 参见［日］永田广志：《日本哲学思想史》，第 920 页。
〔2〕 王家骅：《儒家思想与日本文化》，第 131 页。

会充满了自信。这种自信导致他在政治上的非理性观念。他认为日本是神创造的，是由天长地久的皇室家族统治的，这就是所谓的“日本神国论”。他把儒学作为日本神国的论据，提出“儒学的真理已经为神武天皇的皇室家族显示出来，只有日本人忠实于神武天皇和孔子提出的职责的最高概念。……在中国则相反，朝代更迭，儒家学说本身被讹用，几乎无法辨认了”。他明确地说，“我曾经认为，日本很小，因此在各方面都劣于中国——‘只有中国才可能出圣人’。……只是最近我才意识到那种观点的严重错误。……值得一提的是日本对武士勇敢之道的追求。……智、仁、勇是圣人的三种基本美德，甚至在缺少三者之一时，一个人也不能成为圣人。当我们以这些美德为标准把日本和中国加以比较时，我们看到日本在各方面都大大胜过中国，无疑比中国更值得享有中华之国的名称”〔1〕。山鹿素行将日本视为“中华”，消除了对中国的崇拜，这虽然与他的武士道的价值取向有关，但更与当时的日本的排外意识和中国明朝灭亡的残酷事实分不开。如永田广志所说：“素行摆脱了对中国的崇拜，称日本为‘中朝’或‘中华’，并说在智仁勇这点上日本‘远胜’于外国，这在当时是个特殊现象，如果撇开由于锁国而来的排外意识的抬头以及由于日本人对于一向尊为‘大明’而崇拜的明朝的灭亡（1644年）而产生的幻灭感，这大约是一个无法正确理解的现象。”〔2〕

与山鹿素行思路大体一致的伊藤仁斋也是古学派的重要人

〔1〕［美］狄百瑞：《日本传统的渊源》，第395—397页。
〔2〕［日］永田广志：《日本哲学思想史》，第92页。

物，不过他不是将儒学具体化为武士阶级的实用伦理，而是朝着人伦日用的方向开展。

伊藤仁斋（1627—1705 年）的活动中心在京都，山鹿素行的活动在江户，两人虽然分别在关西和关东两地，但几乎是在同时转向古学的。伊藤仁斋在 11 岁时读到《大学》治国平天下一章时，发出这样的感慨："今世亦有知之者耶。"从此有志于儒学。[1] 伊藤仁斋最初学习的也是朱子学。传说他曾反复阅读《延平答问》，甚至将书读烂。他这时的名号叫"敬斋"，足以表明他对朱熹"居敬"思想的尊奉。但是他渐渐不满于朱子学，于是又学习了阳明学和佛老之道，还曾醉心于禅宗的"白骨观法"，终日枯坐，以致染上一种神经症。经过这样的思想探求，伊藤仁斋认为所有的这些学说都不能解决"人伦日用"中的问题，最后决意回到孔、孟的原典《论语》和《孟子》中去寻求真正的"圣人之道"，而不再借助后人（也包括中国宋明大儒）的诠释，"悉废语录注脚，直求诸语孟二书"[2]。他认为《论语》是"最上至极宇宙第一书"[3]，《孟子》是《论语》不可缺少的注脚。他通过文献学的研究，指出《大学》不是孔子遗书，而是汉代的伪作；还指出《中庸》也有后人添加的内容，不过是《论语》的衍义。伊藤仁斋宣称自己要到《论语》《孟子》中探求"古义"，并以此为依据，重新构成自己的思想，所以他的学说也因此被称为"古义学"。伊藤仁斋的主要著作有《论语古义》（1662 年）、《语孟字义》（1683 年）、《童子问》（1691 年）等，由此构成

[1] ［日］吉川幸次郎：《仁斋徂徕和宣长》，东京：岩波书店，1975 年，第 33 页。
[2] 转引自［日］相良亨《近世日本儒教运动的系谱》，第 122 页。
[3] ［日］源了圆：《德川思想小史》，东京：中央公论社，1981 年，第 60 页。

了他的古学思想体系。他的这些著作是在他去逝后才问世的，但他在京都堀河家塾讲学的40年中，受教者达3000人（据《古学先生行状》所载），死后家塾由他的长子东涯继承，次子梅宇、三子长衡、四子长准，尤其五子长坚以继承家塾而闻名，加之相继出现了中江岷山、并河天民等有名的学者，使他的影响远播日本各地。古学派的兴起和繁荣，大都有赖于仁斋学派，甚至荻生徂徕也是受其启发而奋起的。著名的本草学家松冈玄达、稻生若水也是仁斋的门人。

伊藤仁斋对于孔子、孟子学说的探讨，主要是为了重新发现与平民大众有关的儒家伦理准则。如前文所说，17世纪的日本社会，城市中的町人文化迅速发展，人们普遍对于现实生活充满乐趣和肯定，而朱子学所强调的对“理”的恪守和对“持敬”的尊奉，是对这种生活态度的无形的压力和批评。伊藤仁斋在学术上批判《大学》是伪作，而实际的人生指向却在于肯定现实感性经验的合理性。他在《童子问》中说：“如果所有的事物都只根据理来判断，那么，残忍和冷酷的态度将获胜，而友好和人道的态度将衰退。……这种态度浸透人心，渗入骨髓，最终将使人失去人性。只坚持理这个词的错误就在于此。这是一种可悲的状态。”他又说：“儒家以漠视金钱、视财富和地位为粪土而感到自豪。社会一般来说也尊重那些不屑世俗事务而保持超脱态度的人。二者都表明，他们对道是极端无知的。”从伊藤仁斋对朱子理学的批评中可以看出，他实际上有一种思想上的担心，如果把朱子学的“理”作为一种至高的人生准则加以绝对化，那么就必然会压抑人的生命活力，排斥追求现实人生幸福的合理性。用永田广志在《日本哲学思想史》中的话说，一味强调“理”会陷于“残忍刻薄”。在伊藤仁斋看来，只要使人的日常生活乃至情感欲望置于礼、义的范围内，就是合理的。他说：“只要使他们处于礼、义的控制之下，那么，就能使情感等同于忠，使欲望等同于义。为什么会有憎恶它们的理由？如果一个人试图完全消除感情和欲望，他就得毁其肉体，塞耳闭目。有些事，人是不可能完成的……因此圣人不会接受它。”〔1〕

为了使自己的人生论点获得哲学上的依据，伊藤仁斋坚决反对朱熹的理先气后的哲学本体思想。他认为，不断运动变化的“气”是宇宙的本源，“盖天地之间，一元气而已。或为阴，或为阳。两者只管盈虚、消长、往来、感应于两间，未尝止息。此即是天道之全体，自然之气机。万化从此而出，品汇由此而生”（《语孟字义》卷上）。他不认为太极、大虚是“理”，主张太极也是气，“所谓太极云者，亦指此一元气而言耳”（《童子问》卷中），断定“所谓理者，反是气中之条理而已”（《语孟字义》卷上）。关于理气先后问题，他明确主张“理则在于气之后”（《童子问》卷中），断言“今日之天地，即万古之天地，万古之天地，即今日之天地，何有始终？何有开辟？”（《语孟字义》卷上）

伊藤仁斋反对朱子学的理先气后，是为了进一步推进他的理论观点。他认为，天地是“一大活物”，而理却是静止的，因此不能以理来概括生动变幻的现象世界。“惟圣人能识天地之一大活物，而不可以理字尽之”（《童子问》卷中）。换言之，天地“有动而无静，有善而无恶。盖静者动之止，恶者善之变……非两者相对而并生，皆一乎生故也”（同上）。这

〔1〕［日］吉川幸次郎：《仁斋、徂徕和宣长》，第31页。

就是说，天地万物就像“走马灯”似的生生变化，而“理”的哲学却用静止的、死寂的状态来理解它，认为“无极”是万有的根源，所以才排斥理学。用“一元之气”来说明一切现象，这就是伊藤仁斋具有特色的哲学思想。

值得注意的是，伊藤仁斋不是像一般的思想家那样，把自己的哲学观点贯彻到底，保持理论逻辑的一致性。他一方面批评理本体论，指出“若先以穷理为主，则惟理是求，玩心高远，殚力精微”（《童子问》卷上），在人事上“专依理断决，则残忍刻薄之心胜，而宽裕仁厚之心寡”（同上）；而另一方面，又将生动的宇宙本源之气阻挡在同样是生气盎然的人世社会之外。从他的思想表述来看，“切断无生命的自然宇宙和活生生的人类世界之间的有机联系”（黄秉泰语），恰恰是为了贯彻另一种逻辑，既然不允许“理”的法则干预人的生活，那么与“理”处于同一哲学位格的“气”也不能妨碍人类社会。他说：“正像仁义不能等同于天道，阴阳也不能等同于人道。……圣人们谈及天道和人道时，从不说理决定它们的进程。……注意，理是附属于气的，而不附属于天或人。”〔1〕在伊藤仁斋看来，气只能说明世界的生动性和变幻性，但是却不能代替人类生活的特殊内涵，特别是社会的伦理之道。

那么，什么是人世间的伦理之道呢？伊藤仁斋指出是“仁”。他认为，作为“一种从内部到外部世界都完全彻底地洋溢着同情和仁慈的心……没有一点儿严厉或残酷”，仁正是爱。“仁以爱开始，以爱结束。没有比爱人更伟大的美德，没

---

〔1〕转引自［日］丸山真男：《日本德川时代思想研究》，第51页。

有比伤害生物更大的邪恶。”[1] 在仁爱的最高美德之下，义是仁扩散的边界，是对仁的补充。在伊藤仁斋的伦理学说中，“仁”既是最高的伦理准则，也是人性的基本物质。他认为，人不是生来就具有存在论意义上的本性善，而是通过仁的动态增长达到仁、义、礼、智等各方面的道德之善。伊藤仁斋指出“人在，人性在；人无，人性无”，人性是每个人特有的资质，人性的唯一一致之处是其爱人行善的自然倾向，即“仁”的基质。这是取自《孟子》的“善端”说。

在论述了“仁”这一最高道德原则之后，伊藤仁斋又将“道”引进他的伦理思想之中。他认为，道应该是与人的先天本性相一致，也即与仁相一致。有人的地方，就应该有道，也就是应该有仁。“道”是“仁”的具体应用，是所有人应该遵循的日常生活的行为规范。“假如它只是国王、贵族和高官可行的，而普通男女不可行的，而愚人和小人都不能，那么，它也不可能是道。”[2] 伊藤仁斋还告诉人们：“人之本性有其局限性，而世界美德则无穷尽。如果一个人希望用其有限的本性去追求那些美德，他必须依靠求学之道。”[3] 在他看来，学问使人性沿着真理的方向成长。经过这些论述，伊藤仁斋将儒学中的仁爱美德扩展到平民社会，使之成为“甚至愚钝和不足道的人也可以理解的简易的伦理准则，或者伦理之道”[4]。吉川幸次郎这样评价伊藤仁斋的理论，说他“把作为道的积极力量的人欲和情感从物质性宇宙的非人格之理的桎梏中解放出

〔1〕［日］吉川幸次郎：《仁斋、徂徕和宣长》，第14页。
〔2〕［日］吉川幸次郎：《仁斋、徂徕和宣长》，第22页。
〔3〕［日］吉川幸次郎：《仁斋、徂徕和宣长》，第24页。
〔4〕［日］吉川幸次郎：《仁斋、徂徕和宣长》，第29页。

来，并且赋予人性不断增长和扩展仁爱的活力，从而使儒学的伦理准则变得简洁，易为大众的道德意识所理解”。与德川时代的优秀的儒学家一样，伊藤仁斋也是为了道德秩序的建构，使儒学实用化为一套伦理准则，“旨在改造日本社会，使之成为一个充满同情和爱的友好社会”（黄秉泰语）。

与山鹿素行和伊藤仁斋不同，古学派的另一位重要人物荻生徂徕虽然也将儒学变为一种实用性的伦理准则，但是他的指向既不在武士阶层（如山鹿素行），也不在普通百姓层面（如伊藤仁斋），他关注的是如何使儒学成为管理政治共同体的道德指南。

荻生徂徕（1666—1728年）脱离朱子学比山鹿素行和伊藤仁斋稍晚。他的思想变化历程可以分为三个阶段。从幼年到40岁左右为第一阶段，此时期他主要在江户开设家塾，还做过幕府重臣柳泽吉保的家臣和五代将军德川吉纲的侍讲。他像当时大部分儒者一样，尊重朱子学。第二阶段大致从40岁到50岁，这期间他受到中国明代学者李攀龙和王世贞的影响，在文学方面开始提倡“古文辞”，这对他后来转向古学有重要影响。第三阶段从50岁直到63岁去世，这期间他先后写成《辨名》《辨道》等著作，把李攀龙和王世贞的文学主张移植到儒学方面来，并且脱离了朱子学，完成了他的独特的古学思想体系。荻生徂徕从语言学角度，提出古今语言有变化，而宋代诸儒以及日本的朱子学派，甚至包括伊藤仁斋在内，不懂这种变化区别，因此不能获得古典儒学的真道理。“以今文视古文，以今言视古言，故其用心虽勤，卒未得古之道者。”他认为，要真正理解“古圣人之道”，探得儒学真谛，应“以识古文辞识古言为先”，而不能借助后儒的解说。“古文辞”的解读，古典语言学的研究，是荻生徂徕研究儒学的基本方法和出发点。他说："知古今之文辞所以殊，则古言可识，古义可明，而古圣人之道可得而言焉。"荻生徂徕的古学主张也被称为"古文辞学"。在荻生徂徕看来，伊藤仁斋批评朱子学，试图从《论语》《孟子》中去寻古道，这条学问之路是走不通的，因为《孟子》是为了与告子争论而写成，所以不能反映儒学的真精神。他主张应从《诗》《书》《礼》《易》《乐》《春秋》等"六经"中去探求古道，"六经即先王之道也"[1]。

荻生徂徕对于"六经"的研究也带着很强的功用性。与其他日本儒者一样，他放弃了朱子学而返回到儒学原典，不过是在不同的典籍范围内汲取所需的思想资源而已。中国儒学是一个完整的思想文化体系，它的本体论、宇宙观、伦理学、社会思想等诸多方面是由一条精神主脉贯穿始终的，因此在内在理路上必然会保持前后的一致。如果说伊藤仁斋以区别"天道"与"人道"的形式割断了宇宙观与伦理学的连续性，那么荻生徂徕则不仅从他的思想体系中放逐了本体论，而且也截开了政治学与伦理学的关联。在他看来，任何关系准则的理论思辨和哲学论证都应该从政治运行的领域中清除出去；在政治的现实世界里，最重要的是运用先王尧、舜的治世之道去管理国家。丸山真男在《日本德川时代思想研究》中引用的荻生徂徕的一段话，可以清楚地表达他的思想。他说："我们的道的缔造者是尧和舜。尧和舜是人们的统治者。这就是说，圣人之道首先是统治世界的道。……早期圣王的道是平天下之道。这种道是复杂的，但是最终目的是平天下……政府禁止暴力，

---

〔1〕《日本思想大系·36·荻生徂徕》，第200页。

但是又使用军事法律将人处死。这能被称作仁吗？但这都是出于在国土上维护和平的需要。后来的儒家谈到了仁，并解释诚和理；如果他们没能平天下，他们便是不仁的。因此，只要人民的统治者能把和平带给人民，纵然他们与恰当的理相冲突并且成为嘲笑的对象，也必须采取一切措施。……后来的圣贤学者喜欢毫无限制地运用他们个人的智力……他们不遵循古代圣王和孔子的教义。他们依据其主观的观点发表意见，而且自信地阐述天、理相同的理论……人是社会存在；他们不能相互分离、孤立存在。世界上所有的人都是帮助君主的臣民，君主是人民的父母。”

荻生徂徕把儒学诠释为治国安民的政治学说，即所谓“安天下之道”。“道”是他思想学说的最高范畴。在中国儒家学说中，“道”既是自然法则，又是人间规范。依据“道”的理念，中国儒家主张贤相政治和道德治国论。孔子认为政治关系与过程是由己及人的过程，为政者必须从修身律己开始，即“修己以安百姓”（《论语·宪问》）。宋儒最为重视的《大学》《中庸》，更加强调道德治国，认为“修身”是治国、平天下之本，“身修而后家齐，家齐而后国治，国治而后平天下”（《大学》）。荻生徂徕则与中国儒家的道德政治学大为不同。他几乎不谈宇宙论，也不讲“天道”和“地道”，认为“天”是神秘而不可知的，就如同人与禽兽不同伦，因此不能以人心理解禽兽心一样，人与天亦不同伦，也不能认识天。既然不讲天，在逻辑上，也就不讲“理”，他认为“理无形，故无准”[1]，荻生徂徕虽然在宇宙观和本体论上有神秘主义的色

---

〔1〕《日本思想大系·36·荻生徂徕》，第205页。

彩，但是他的政治学主张却是理性主义的。他所说的“安天下之道”，就理想模式来说，就是“先王之道”，或“圣人之道”。在他看来，孔子的道德论的核心——“仁”，不外乎是“养之道”、“治国家之道”（《辨道》）、“长人安民之道”（《辨名》），其内容就是“礼乐刑政”。他说：“礼乐刑政，先王以是尽安天下之道，是所谓仁也。”（《辨道》）由此可见，荻生徂徕所理解的儒家之“道”，在于治国平天下的政治性。他认为，“道”与人之“性”和心之“理”没有联系，它不能作为人的先天能力或自然之道而成为人的道德根据。在他看来，“道”是“先王”所造作的，“先王之道，先王所造也。非天地自然之道也。盖先王以聪明睿智之德，受天命，王天下。其心一以安天下为务。是以尽其心力，极其智巧，作为是道，使天下后世之人由是而行之。岂天地自然有之哉”（《辨道》）。荻生徂徕的一个重要思想原则就是坚决把自然之则与治世之道区分开来。永田广志在《日本哲学思想史》中说：“把自然规律同人的生活法则这样加以区分的，在日本的儒者之中，以徂徕始。”

根据对“道”的明确界定，荻生徂徕否定个人的道德修养是治国平天下之本。在他看来，空讲修身，不知治国之道，是毫无价值的。“纵使如何治心修身，修行成就如无瑕之玉，若无悯下之心，不知治国家之道，何益有之？”[1] 他还把宋儒所说的“仁”称为“妇人之仁”。荻生徂徕认为，治国安天下是第一重要的。有些情况下，从个人道德的角度看似乎是“不仁”的行为，但只要有利于国家的安宁稳定，就应该肯

〔1〕参见［日］丸山真男：《日本政治思想史研究》，第83页。

定。例如“政禁暴，兵刑杀人，谓之仁而可乎？然要归于安天下已”。显然，荻生徂徕在割开政治理论与道德观的关联性的同时，也就否定了作为“治心”与“修身”的儒学，从伦理本位的儒学转变为政治本位的儒学。

虽然荻生徂徕认为道德是道德，政治是政治，政治优于道德，但他并没有放弃对政治的道德要求。他认为好的政治是合乎“先王之道”的，“尊奉先王之道的那些人是正义的；不尊奉先王之道的那些人则是邪恶的……先王之道是衡量的尺度和准绳。我们只有尊奉先王之道才能达到正义”[1]。荻生徂徕所说的先王，是指中国的尧、舜、禹、汤、文王、武王、周公七位以“仁义”治天下的君王。显然，他强调儒学的治世之道，是包含着他的政治和社会理想的。史籍中记载的一件事足以说明他的政治思想是有理想要求的。1696年，他从仕幕府将军德川纲吉的宠臣柳泽吉保。柳泽吉保领地上的一位农民，因生活贫困，与妻子离婚，自己剃发为僧，然后带着老母四处流浪。途中，老母患病，于是舍弃其母，自己到了江户。这个农民因“弃亲”罪被捕。柳泽吉保召集臣下讨论如何处置。一些朱子学者从个人道德的角度提出，如果这个农民一开始不与妻子离婚就舍弃母亲，那可以说是“弃亲”；但是，这个农民并无“弃亲”的动机，而是与妻子离婚，带母亲流浪。以后因母亲有病，才迫不得已离开的，因而他们主张不应以“弃亲”论罪。荻生徂徕的思路与这些人完全不同。他认为在饥荒年月，人们为了生存，常会出现这种情况。这种情况的发生，不是农民的责任，而是为政者的责任。这个农民的罪责要

---

〔1〕［日］丸山真男：《日本政治思想史研究》，第95页。

比为政者轻。[1] 为政不良才使百姓食不饱腹，外出逃难。可见，荻生徂徕所主张的治世之道，是要求统治者承担民生的责任的。

由于荻生徂徕把儒学理解为政治之学，因此在学理上必然带有经验论的特点。他排斥关于“理”的形而上思辨，认为“理无形，故无准”，“理”不能作为指导现实生活的准则。他又说：“盖先王之教，以物不以理。教以物者，必有事事焉。教以理者，言语详焉。物者众理所聚也。而必从事焉者，久之乃心实知之，何假言也。言所尽者，仅仅乎理之一端耳。且身不从事焉，而能了然于立谈，岂能深知之哉。……故不先之以事而能有成焉者，天下鲜矣。不啻先王之道，凡百技艺皆尔。”（《辨道》）站在经验论的立场上，荻生徂徕认为学问不是修身治心的道德途径，而“只是广泛搜罗一切以广自己之见闻”（《答问书》）的实证知识。荻生徂徕的经验论思想在某种程度上反映了当时日本经验科学的开展，也显示了一部分知识分子的“实学”倾向。这正如永田广志的总结，荻生徂徕的这些主张“可以说反映了元禄时代以后的经验科学的进步。而徂徕学在理论上肯定了当时兴起的科学意识越出‘心学’——道学的狭隘框框，向着广阔的经验探索领域的突飞猛进。如果说过去的儒者认为佛教和老庄之说是空理，提出伦理纲常之学的儒教——道学才是实学的话，那么徂徕在当时已经初步有了这种思想，即与其说道学是‘实学’，毋宁说关于自然和社会的经验认识才是‘实学’”[2]。

---

[1] 参见王家骅：《儒家思想与日本文化》，第140页。

[2] ［日］永田广志：《日本哲学思想史》，第144页。

荻生徂徕的思想在当时的日本社会影响很大，据说“世之人喜习说，习之如狂”，形成徂徕学派。荻生徂徕死后，他的学派分为两支：一支是不讲理论的古文词——美文派，以服部南郭为代表；另一支是接近儒者的学派，主要人物有太宰春台、山县周南等。值得注意的是，在社会的影响力上，古文词——美文派极为昌盛，达到了“其来而荐束脩者甚众，大抵岁得金百五十余两。凡以儒为生理者，其饶裕如此者鲜矣”（《先哲丛谈》）的地步。在服部南郭的弟子中，出现了平贺源内这样非常有名气的俗文学[1]作家。就是在儒者的学派中，也有以狂歌创作闻名的人物，如太田南亩。这些情况表明，徂徕学派在它的发展过程中，已经脱离了儒学的义理和对社会政治的关注，而演变为追求才艺的流派。如永田广志所说：“儒教在徂徕学派中已经脱离了它固有的伦理学和经世论，表现了即将丧失理论的倾向，同时也证明，徂徕学派已经具备了萌芽状态的町人文学的特点。”

尽管徂徕学派在整体上向具体的才艺之学归靠，但是，它的另一支即儒者派的思想动向还是值得关注的。太宰春台在荻生徂徕“先王之道”的思想基础上，进一步指出，在中国的“先王”以前，或者说在“先王之道”为人们所知以前，在人类中间并不存在“先王”之道。依据这个思想前提，太宰春台展开了对日本文化主要是神道文化的批判。这在日本思想史上极其少见。太宰春台指出，“天地是一大活物，阴阳之升降往来，是活物运动之气，故凡天地间之一切事，不仅风雷雨

[1] 俗文学：原称“戏作”。在江户时代，与日本、中国的正统文学相对应，把民间文学，特别是小说之类如读本、黄表纸、洒落本、滑稽本、人情本，称为“戏作”，即俗文学。

雪，如水之流，火之燃，草木之荣枯，人物之生死，皆神之所为，圣人亦不能测知。所以《易》中有云：阴阳不测谓之神。不测者不能测知之义也。圣人且谓不测之事，后世学者欲测之以知其理，大愚者也”（《圣学问答》卷之下）。从这段论说中可知，太宰春台与荻生徂徕一样，一方面反对“穷理”之论，另一方面主张“天地是一大活物”的泛神论。不过太宰春台的泛神论是与他的尊孔思想相联系的。在他看来，“祈祷祭祀”和“佛事”只是“治理小民之道”，而孔子的思想才是人类之“道”。他说自己只尊信孔子，“远鬼神，不祈祷祭祀，全如一向门徒[1]……更不安置神像佛像，宅不贴方寸护符，身不佩一封护符”。

太宰春台所说的人类之“道”，不是自然天赋性的，而是“先王”造作的。这一点与荻生徂徕的观点一样。不过，太宰春台却将它进一步引申为：“先王”之道传入日本之前，即使在隐暗中，“道”也是不存在的，所行的只有禽兽之道。这实质上否定了日本的上古神道之说。为了论证这个思想，太宰春台提出了自己的关于国家和社会的起源之说。他在《辨道书》中指出：“大凡天地开辟之初，人之生也，有如池久而生鱼，物腐而生虫，乃是由于自然之气化而生也。故其时之人，不分贵贱上下，皆为同辈。是谓平民。形虽是人，心则不异于禽兽，男女群居一处以度日。不久，因不能不求衣食，无任何人之教导，人人凭天生之智慧，作充饥御寒之计。然而人性各异，有贤者，有愚者，有强者，有弱者。贤者能免于饥寒，愚者不能免于饥寒。强者夺弱者之衣食，弱者被强者夺去衣食，

[1] 一向门徒，指佛教一向宗即净土真宗的门徒。

于是平民之中发生斗争。此时，在亿万人中出现所谓聪明睿智、神妙智慧之人，教彼愚者以衣食之道，分别教训斗争者不为暴虐。……此聪明睿智、至仁至德之人，谓之圣人。此圣人立于上，为天下人所仰，即称为天子，谓之大君，故天下之人皆是臣。是为君臣之始。”这个观点，山县周南也提出过。从实证性的角度来看，这也是一种神话，是关于“圣人”的神话，但是在当时的日本，却是关于人类原始生活的合理描述。由于把圣人出现以前的人类生活表述为弱肉强食的状态，从而也就否定了历史起源于神的说法。从这种观点出发，太宰春台又以《古事记》和《日本书纪》中记载的古代日本人近亲结婚为例，说明未有圣人之前，人皆为禽兽之行。他说：“昔圣人未出之前，礼仪之教未立，人皆为禽兽之行，可知日本之古昔亦无二致”（《圣学问答》卷之上），由此他得出神道之说不可信的结论。“当今之世，所谓神道者，乃佛法中加入儒者之道而建立者也”，“今之神道，乃中古以前所未有，故亦不见于古时记录以及假名草纸[1]之中。因此，应知圣德太子之时，尚未有神道……神道一词出于周易，圣人之道中之一义也。今人以巫祝之道为神道……嗜学之者多，乃是大误，荒谬非理之事也”。他又说：“近来神道行于世，以此为我国之道，殊不知此神道为巫祝所传，乃极其微小之道也。”（《辨道书》）这种思想同荻生徂徕所说的“所谓神代，乃祀死人为神之代，如今可以说是被祀为神的人代”（《可成谈》）的观点相同。这是一种理性主义的态度，它对于进行“批判的、客观的历

[1] 假名草纸：江户时代初期的一种短篇小说的体裁，用拟古文体的假名文字写作，供妇女、儿童阅读，内容多为启蒙、娱乐、教训之类的故事或小说。

史研究的深入发展，在思想史上也具有重要意义”〔1〕。

就古学派所倡导的思想内容来说，他们讲求的经世论、经验论以及对感性世界的肯定，都具有理性主义的精神，与现代社会有着某种契合。正如有的学者所说：“古学派的思想表明，所谓的日本传统思想与文化是具有两重性的，它既缓滞了传统社会向近代社会变革的步伐，又内驱地成长出近代思想要素，不断地适应与导引已经开始的社会变革。”〔2〕然而，从儒学在江户时期的思想文化功能来看，古学派三位代表人物各自所持的经世路向——山鹿素行的武士之道，伊藤仁斋的平民之学，荻生徂徕的“尽安天下之道”——又是对儒学这一完整思想文化体系的解构，使它变为既没有形而上的哲学理念，又没有普遍性的价值思想的实用伦理。特别是徂徕学派的末流，以服部南郭为代表的一派，继承徂徕学的文艺倾向，以模拟古诗文为务，文求“达意”与“修辞”，诗求“格调”，形成美文派；以太宰春台为代表的一支，虽然继承徂徕学的政治论倾向，形成经世论派，但是远不及美文派影响大。这样，徂徕学派的主要影响力最终体现在文章之学方面，从而使儒学面临着丧失思想文化功能的危机。

徂徕学派所带来的思想危机在两个方面刺激了日本江户时代中后期的思想界，一是如永田广志所说，徂徕学派对于幕府的歌颂和对中国的崇拜，引起了神道家的愤激，“刺激了对于日本‘古道’的研究，促进了‘古道’主义——复古神道的兴起”；二是促进了以批判徂徕学、恢复儒学为主导的折中学

〔1〕［日］永田广志：《日本哲学思想史》，第149页。
〔2〕王家骅：《儒家思想与日本文化》，第142页。

派的产生，这个学派中很有几位重要人物，我们从道德秩序建构的角度，重点介绍室鸠巢和井上金峨两位。

5. 天地之道即程朱之道：折中学派向朱子学的复归及近代意识的萌发

江户时代中期以后，朱子学在古学派的解构下，其社会主导意识的地位大大下降，许多儒者的思想创造力也开始降低。永田广志这样评价道：“从林罗山开始，直到荻生徂徕，可以说儒教的各个学派已经全部登场。虽然它的影响以心学（石门心学）的形态更加扩大，但是作为封建道学和经世之学，儒教在其理论的创造力上，已经渐告涸竭。”在这种思想危机中，折中学派的室鸠巢试图以自己的努力拯救朱子学的颓势。

室鸠巢（1658—1734年）是保卫程朱理学，反对古学派的重要人物。他对程朱学派深信不疑，“天地之道，即尧舜之道；尧舜之道，即孔孟之道；孔孟之道，即程朱之道”（《骏台杂话》上卷）。他笃信程朱，超过任何朱子学家，甚至提倡应该“取从杂无用之书而焚之”（《前编鸠巢文集》卷八），不承认朱子学派以外的任何学派和宗教。面对当时日本社会中的商业主义所造成的道德颓废和物欲放荡，他深感忧虑，自比为中国唐代儒学复兴大师韩愈，宣称也要捍卫和复兴儒学的正统路线。《骏台杂话》中说道：“正像韩愈在佛学和道学盛行时站出来，单枪匹马地向他们发起进攻，把自己比作孟子。这位老人也发誓，尽管他的德行不可能与孟子相比，他仍然不敢不响应韩愈的号召。”

从室鸠巢的思想系统来看，他并不热衷于精心构造或发挥任何新的哲学学说。他的角色是一个进行争论的辩护士，是儒家道德正统学说的捍卫者。不过，他仍然以朱熹的理先气后说作为自己道德学说的哲学基点。为了阐明这个道理，他以车为例，指出车的形状是由各个部分（轮、轴、轼、辕）构成，但车本身却和这些部分不同，是另外的东西，“只是由于车的理在车造出以前已经定了，所以上古无车时，就会造出车来，即便现在车匠要想造一辆车……不拘何时，造车不都是因为车的理常存不灭，所以才能根据它造出车来的吗？……说车由轮轴构成，这是只知车有形，而不知车有理。”他还举岁为例，说岁由月、日构成，但“其理不依据日，也不依据月而经常存在”，所以它和作为它的部分的月、日不同（《骏台杂话》上卷）。室鸠巢这里所说的实际上是朱熹“理一分殊”的思想，强调一草一木皆备固有的“理”。但是，室鸠巢把“理”作为对于事物的部分而言的整体加以认定，并赋予“理”以先验存在的性质，从而得出“理”为万物所分有，因此万物则为平等的结论。这个结论在他的道德思想和政治思想中体现出来。

就政治思想而论，室鸠巢指出：“主君亦不贵，依民位而贵也。……民与我本独夫也。民来求劳于我，我约以劳，是以民拜我为君。我为君、为民而劳，是践约也。”他又说：“人本无贵贱，惟依人望而生贵”（《不亡钞》卷三），因而断言“惟谋利民”才是君主的任务。他的这种观点与社会契约论很接近，也强调了主权与人民之间的契约关系。在儒家思想中，论证政权的合法性大致有天命说和人民推戴说两种，当然这两种说法是相互结合在一起的，只是不同的学者各有侧重而已。室鸠巢显然强调推戴说，但是又把它理解为“契约”关系，这是从稳定社会秩序的角度考虑的。从这种观点出发，他认为“以征伐取国家”（指诸侯国）和“受封而取国家”，都是

“为民应之”。他说：“国家既非天授，亦非君与，更非我取，惟民延而与之也”（同上）。

从道德思想来看，室鸠巢指出，儒学所说的对君主效忠和对双亲孝敬的道德之“理”是绝对要遵从的社会准则。不过，室鸠巢并不否定生命感受和物质利益的价值，他只是将道德之理与其他生活要素作了秩序安排，武士阶级作为社会的中坚力量尤其要遵守这种道德秩序。用狄百瑞在《日本传统的渊源》中的话说：“对武士阶级来说，没有什么事情比职责更重要。其次重要的是生命，然后是金钱。……在古代日本，为保持它的‘圣人之国’的声誉，举止纯朴，没有为价格和利润所腐蚀。”室鸠巢反对荻生徂徕把国家政治与社会伦理和私人道德相分离的思想，他认为中国三代的“圣王之道”并不像徂徕所说只是“治世之道”；“治世之道”实质上也体现了君主个人的道德境界。他说：“世上没有什么东西比食物更重要了。农夫生产食物，上天把食物托付给君主，君主必须像尊敬上天本身那样来尊敬人们。……在三代，统治者视人民为天……他倡导孝、悌和勤劳……再没有这样好的政府。”（《骏台杂话》）从室鸠巢的论述中可以看出，他的道德思想是双向的，一方面，社会的成员要遵守忠和孝的道德准则；另一方面，国家的统治者也要履行视民为本的政治理念。这种双向的道德的基准，使室鸠巢把人类社会看作一个互相依存的整体，“虽然他们（农夫、工匠、商人和武士）都履行他们自己的职责，他们也互相帮助。假如其中一个部分缺失，整个国家就会瘫痪。人是社会存在，他们不能相互分离，孤立存在。世界上所有的人都是帮助君主的臣民，君主是人民的父母”[1]。

同古学派的日本儒者一样，室鸠巢虽然不同意荻生徂徕的政治道德分离论，但因为他的理论视野仍定位在具体的道德秩序建构上，所以也必然会肯定经验知识的价值。为此，他批评王阳明的“致良知”说，认为“致良知，不以万物，以何致之耶?”他又说，“一向以内省”为事，不知“即事物致良知”（《骏台杂话》），“非只以人为师，天地万物足以为师”（《不亡钞》卷一）。室鸠巢主张“诸道要从技术入手”（《骏台杂话》上卷），对农、工、商者要分别授以“农桑之学”“工人之学”“商人之学”（《不亡钞》卷三）。对于经验知识的肯定，与当时日本经验科学的兴起有很大关系。

由于站在知识论的立场，室鸠巢对于宗教，包括神道教，采取了相当理性的态度。他批评神道说，“世上有所谓神道者，试闻其说，则云乃我国之道，说得似比圣人之道高出一等，致使其意殊难理解”（《骏台杂话》上卷）。关于佛教，他认为“把人世一切都看作是梦，是假的，不分真和妄，从‘三纲五常’起，全都破弃”，是非常荒谬的。他指出，宣扬神佛灵验，“诬世欺民”，“其人是国家之大贼，其事乃天下之大弊”（同上）。在室鸠巢看来，神的降临或感应，是由于“神明之舍”这个心“没有一毫私欲的障碍，便自然和天地的神明同气相感”而引起的，“只要此心无私欲，即所谓静虚动直，凡事不假思虑作为，只从静虚之中，按道理径直而出，所以……制鬼神而不为鬼神所制”。根据这个观点，他主张“吉凶祸福，只好听天”。他不承认祈祷有什么作用，又将《诗

[1]〔日〕丸山真男：《日本德川时代思想研究》，第92页。

经》《易经》等充满原始宗教观念的古籍解释为教人知晓仁义的书。他说：“若求诗于知觉之间，好易于事为之间，则陷于流连之惑，终不知根源（仁义），而一生不免为愚人。当时学‘四书五经’之辈，多不知此理”，他排斥那种视《易经》为卜筮之书的见解。

室鸠巢在理性地对待神道教和佛教的同时，将“仁心”这个道德目标解释为天地之“心”，因此使他的伦理思想又具有了道家色彩。他说：“道者阴阳也，阴阳者一仁心也”，认为修养的目标就是要合于这个“一仁心”，同时又进一步解释，这个“一仁心是赤子之心”，是“抛弃了人世利欲”的心。这种思想和张载所说“无心之妙，非有心所能及”的观点相似，又非常接近老庄的无为观念。由此可见，室鸠巢虽然排斥朱子学之外的学说，但对老庄却很能妥协。他认为，“老庄之书，先儒皆视为异端，盖其言不系经典，不同于孔孟之说故也。但老子乃当时之大儒，帝王之史官，其学极大而至无学，忘有先圣之书而只见有时弊，其言虽不系经典而其心皆通于经典。其书以玄为本，以道为体，以自然为要，戒智慧，斥人为，暗合于孔孟之道，终不见有异端之说”。对于庄子，他指出“庄子以卓越之才，不能屈于俗学之下，发大言以晓谕天下之陋儒，譬如呼醒睡人，不可用常调然”。他认为，只是老子愤世之余有棱角，庄子则有“自傲之病”，因而学者“不应安于老庄之学”，而应吸取其真意，否则“反成老庄之罪人”（同上）。有学者分析，室鸠巢的这种观念倾向，一方面与他的寂静主义的性格有关，而更重要的是，他把老子的自然之道与人格性的“天”相融合，从而可以诠释他的道德目的论，将人们的道德修养和社会的道德秩序作为最高的追求。

与室鸠巢共同维护程朱理学道德论的另一位重要人物是井上金峨。

井上金峨（1732—1784年）是一位以仁斋学派开始其学术生涯的儒家学者。他也曾受到徂徕学派的影响，不过，后来他逐渐认识到，徂徕学派把儒学等同于政治之道，并缩窄为诗文辞章之学，会削弱儒学在道德秩序维护方面的正统作用，造成个人修养和社会道德的危机。他和室鸠巢一样，决心针对古学派对儒学的解构，重新确认儒学对于道德和伦理的正统地位。但是，他没有像室鸠巢那样，在程朱理学的正统性中寻求目标，而是尝试一种折中的方式，希望从儒学的整个历史系列中提取思想资料，来论证自己的观点。他认为学者应该依据各个时期各个学派的儒家注释，“兼收儒家的观点，并且把所有这些据为己有……孔子之道是保持天下万物太平；它不是儒家学者私人之道”[1]。井上金峨试图超越各学派建立一种共性的道德思想。

在道德伦理的建构方面，井上金峨更强调个人在道德上的自主选择，他批评以往的许多儒者有违这种自主原则。他说：“求学的真正途径，全在于依靠自己探及它的核心。就像一个好的木匠挑选他的木料一样，一个人应该吸收好的东西，抛弃坏的东西。在学习先王的教义中，一个人应该按照自己的本性修养德行，而不应该渴望使自己像他们（圣人）。今天，所谓的教义都具有这种性质。他们的主要著作不是狭隘地尊奉汉代儒家，就是狭隘地尊奉仁斋、藤树、暗斋或徂徕。他们不善于接受未被他们的老师认可的任何事情。这种尊奉主义的后果，

---

〔1〕转引自［日］岩桥纯正：《日本儒学解说》，东京：岩波书店，1926年，第211页。

使他们个人的才能无法显露出来。这是违背圣人发展才能和修养德行的意愿的。它们正造成很大的危害。”[1] 从井上金峨的思想主张来看，他似乎比兼容老庄学说的室鸠巢更具有综合各类学说的特点，因此有学者将他列为折中学派的代表人物，而将室鸠巢与林罗山和山崎暗斋划为同类的朱子学者。

除室鸠巢和井上金峨之外，折中学派中还有一位学者值得重视，这就是片山兼山。

片山兼山（1730—1782年）也是以追求所谓的“圣人之教”为目标。他既批评以往的各个学派，又从儒学各流派乃至中国的诸子百家中汲取思想，也表现了典型的折中主义态度。他批评朱子学和阳明学都是“阳儒阴佛”，但是另一方面又承认它们有“一洗汉唐诸儒鄙陋之见”的功绩，“有功于圣门”。对于古学派，他认为伊藤仁斋“始悟宋学之阳儒阴佛，其功虽大，但蔑弃其他古书，只凭《论语》《孟子》说教洙泗之道，难免自以为是之过”。[2] 对于古学派中的荻生徂徕，他批评得更为激烈，也很中的。他说：“知先王孔子之道之大，全在礼乐……对于先王孔子之道，不求诸理而求诸文辞……窥见先王礼乐之宫墙，其功至大，但舍弃礼乐之宅而不全面，故不能尽其善美。……宜哉其学问杂乱，见识亦不统一耶。徒驰其博辩强词，以喑恶叱咤浅学之徒，使五六十年来天下之人心汹汹，成为血气用之世界，是谁之过耶？”（《山子垂绕》前篇）片山兼山对于各学派的批评，主要集中在他们的门户之见上，而他自己则力争到中国秦汉以前的各家各派中去寻求

---

〔1〕 转引自［日］岩桥纯正：《日本儒学解说》，第211页。

〔2〕 参见王家骅：《儒家思想与日本文化》，第144页。

“古道”。与室鸠巢相同，片山兼山也不排斥老庄申韩，甚至替他们辩护。他认为“讥尧舜文武及孔子，本皆议论之言，有不得已之势，非其本心。”对于佛教，片山兼山也认为有可取之处，他说：“虽后世禅释之索隐行怪之书，其理之所据，其语之所由，皆未出吾道之圈。”[1]

从室鸠巢、井上金峨、片山兼山三人的思想路向来看，他们的社会关切是保持以程朱或整个儒家思想为理论支撑的道德秩序。但是从学理上看，虽然他们试图吸收各学派的观点，然而并没有形成一个系统的思想体系，更缺少哲学本体论和宇宙观的深刻思考，因此在很多问题的表达上，常常堆砌一些思想资料而使自己的立论不够稳固。正如永田广志所说，折中学派“是一个相当混杂的集团，其代表人物也各有特色，但就整体来说，缺乏建立牢固体系的能力，总之已经丧失了上升时期儒学那样作世界观性的探讨的热情”。

折中学派除上述三个代表人物外，还有两个主要的分支，一个是由皆川淇园和太田锦城为代表的考证学派，另一个是主张自由学风的怀德堂学派。

皆川淇园（1734—1807 年）、太田锦城（1765—1825 年）的考证学派主要活动在京都，与在江户的折中学者片山兼山和井上金峨遥相呼应。皆川淇园的主要著作《名畴》主要是根据《易》和《尚书·洪范》，对孝、悌、忠、信、敬、恭、俭、谦乃至仁、智、勇、德、宽、柔、温、直、正、刚、强……神、政、刑、礼、乐以及心、意、志、情、性、命等种种概念，加以考证性的解说。其中虽然也偶有“鸟栖于林，

[1] 转引自［日］相良亨：《近世日本儒教运动的系谱》，第 222 页。

故其羽与木叶相类；兽居于野，故其毛与草叶相类；其他，鱼在水中，故其鳞与水纹相类”（卷之四）这类的观察，但总的来说，缺乏独创性的世界观方面的思考，有的只是概念的解释而已。例如，淇园的“开物学”来自《易》的“系辞传”中“夫易开物成务，冒天下之道”这句话，是以“正孝悌仁义诸德物之名，明其义理之等类，以九畴之纪实体用之道为之，使其无漫忽纷乱之患”为目的的学问（《名畴》序说）。

太田锦城的主要著作是《仁说三书》。他的考证学明显受到中国清代初期的考据学者顾炎武、阎若璩、毛奇龄等人的影响。虽然他似乎对清代考据学评价不高，他说清朝的考据学“实为无用之学”，但是这方面的影响是掩饰不了的。他的著作曾引用中国清代学者曹溶编辑的《学海类编》。就学术倾向来说，太田锦城批评宋学，并以考证方式来阐明自己的观点。比如关于“仁”的内容，他认为“仁”是“众善行之统名”，是“诸行之本宗”，绝非徂徕所说的“长人安民”之德。他指出，“如果说仁是长人安民，则民兴起于仁，其所兴而行之者，谋反叛逆，霸占国郡，如何完成长人安民之行矣。”（《梧窗漫笔》后篇卷下）由此，他认为圣人教导的“仁”不是“礼乐刑政”，而是“心学”。他认为“宋儒称圣学为心学，极是矣。我邦倡古学者，奉崇一部论语，不通他经，却憎恶心学二字，可笑之甚也。他经故置不论，论语一书，是心学之骨髓也”（《仁说三书》）。

虽然日本折中学派的考证学是受到中国清代学者的影响，但他们与清代的考据派又有很大不同。首先，日本的考证学者更为尊信古典，如太田锦城就是以古说为标准来评价宋学的；而中国清代的考据学派却有疑古辨伪的精神，例如阎若璩的

《古文尚书疏证》就怀疑东晋梅赜所献《古文尚书》的可靠性。对于日本考证学的这个缺陷，永田广志说：“在不能脱离古典而自由进行思维这一点上，具有着和古学派相同的缺陷，同时，它又未能像清朝的考证学那样，达到考证地批判古典的地步。”其次，日本考证学的考证成果也不如中国清代考据学那样全面。例如皆川淇园的考证学方向，较之词语更为重视文字的表现能力，即“文辞”。[1] 最后，从社会影响看，中国考据学派是清代学界的主流，而日本考证学派却是日本儒学衰微的一个表征。

再述介一下怀德堂学派。怀德堂学派是以大阪的商业资本为背景的儒学流派。17 世纪末以来，日本社会中的“町人”（主要指商人）的经济实力和社会地位逐渐提高。许多大名和武士向商人借债，以致出现“大阪富商震怒，天下诸侯战栗”这种颇具夸张的说法。早在元禄时代前后，就产生了反映商人生活和作为商人消遣对象的文化，如西鹤、近松的文学作品，但是在儒学的发展上，大阪却比江户和京都落后许多。与江户和京都相比，大阪是商人——高利贷的金融家的都市，在这里居住的武士，除以大阪城代（江户幕府的官职，即守护大阪的主要官员，意为代替君主守护城市）为首脑的幕吏以外，都是在藏屋敷（各藩大名为贮藏和贩卖领地内的谷米和其他物产以换取货币，而在大津、大阪、江户等地设立的仓库兼销售办事处的机构）上班的各藩武士，而藏屋敷乃是诸侯依存于高利贷的媒介。在这种条件下，如永田广志所说：“尽管产生了取材于以金钱为中心的悲喜剧——放纵的享乐生活、金钱

[1] 参见王家骅：《儒家思想与日本文化》，第 145 页。

上的纠纷和人情上的葛藤、生活上的苦心筹措的故事等等——的文学，兴起了作为富裕町人的消遣品的歌学，但是可以说不存在促进儒学发展的有利条件。”

在大阪，为儒学开辟道路的是五井持轩（1640—1721年）。享保十一年，在幕府的保护下以及鸿池（大阪的富商，这里指鸿池家族的第三代鸿池善右卫门）等富商的支持下，在尼崎设立了怀德堂，为儒学的发展奠定了基础。该堂的创立人是三宅石庵。继三宅石庵之后，二代塾主中井甃庵争取幕府的支持，使怀德堂变为半官半民的教育机构。第三代塾主五井兰洲进一步巩固了怀德堂的地位，他培养的两个弟子中井竹山和中井履轩则带来了怀德堂的黄金时代。从创立到明治初年，怀德堂延续了146年。在这期间，许多有名的学者到此讲学，在中井竹山和中井履轩的门生中出现了山片蟠桃这样杰出的思想家。

怀德堂的学风是比较自由的。虽然他们基本属于朱子学系统，其创始人三宅石庵也被批评为“外朱内王”，甚至被蔑称为“鵺学问”（鵺是想象中的怪物，类似于中国的“四不像”），但是他们并不拘泥于朱子学或阳明学，很少门户之见，有时还邀请古学派的学者来此讲学。学生听讲也很自由。其学规规定，可以不带书来听讲，中途有事可退席；讲课之前，武士和商人不可混坐，但开讲之后就不再分武士席和商人席。到中井竹山任塾主时进而规定，“书生之交，不论贵贱贫富，应为同辈”[1]。

从怀德堂学派的学术倾向来看，他们也没有超然于时代之

---

〔1〕《日本思想大系·43·富永仲基·山片蟠桃》，第645页。

上，主要的兴趣不是放在哲学理论的探讨上，而是在经学方面。他们儒学方面的主要著作有兰洲的《非物篇》和竹山的《非征》，两者都是对荻生徂徕的《论语征》的批评。由此可见，“他们在理论方面，只不过是停留在针对反对学说来维护朱子学这样一种消极的课题上”[1]。怀德堂学派虽然在思想理论上没有什么新的创建，然而有些精神特点还是值得肯定的。首先，他们具有批判的理性主义的学风。比如，石庵的门生富永仲基对佛教的批判就是一例。富永仲基在他的《出定后语》中指出，大乘教是后代人的造作，而佛教的须弥山说和三千大千世界等思想也是不可信的。他认为，“世界之说，其实模糊不清，不过以之谈心理而已，亦何知其然否”。他还否定三世因缘说，排斥佛教唯识派的阿赖耶识说，断定佛的真理归根结蒂“只在于树善而已”。总之，仲基的立场是从佛教中排除一切神秘而不可知的成分，排斥禁欲主义，只吸取那些可以合理解释的道德说。其次，怀德堂学派在批判徂徕学的不可知论的同时，发展了朱子学“格物穷理”思想中的合理成分，建筑了接受西方自然科学的思想基础。如前文所述，徂徕学派在割断自然与伦理、伦理与政治的联系的同时，也提出“理无定准”的观点，从而使他们的社会思想带有不可知论的色彩；另外，他们又讲“学问之道，以信圣人为先”，认为人智是“臆”的表现，从而否定了人们合理地认识世界的可能性。与徂徕学派不同，怀德堂的学者，如五井兰洲则明确地主张人的“新知之功”，他认为“虽古人已云，先师已传，我所始得亦以为新”（《非物篇》），把“我”即人自身视为认识的主体。

---

〔1〕［日］永田广志：《日本哲学思想史》，第186页。

作为主体认识客体的方法，他提出了“真知”和“实见”两个概念。他说：“穷理工夫乃真知实见天下之理，真实此二字，穷理之神明也。”（《兰洲茗话》）怀德堂学派所处的时代，西方的自然科学思想已经开始传入日本。在承认客观世界可认识的前提下，五井兰洲认为，“红毛人（指荷兰人）一般所说的算用方法，用器具实测，不言不用不确实之事”（《兰洲茗话》）。把西方自然科学的“实测”方法也纳入认识探求的范围。此后的中井履轩进一步强化了五井兰洲的“真知”和“实见”的思想，提出自然世界和人类社会各有自己的规律，他说：“天地为我覆载，日月为我照临，星辰为我参列，草木为我生殖，昆虫为我动伏。故由日月之会食以至昆虫草木之异，而自咎相责。岂不陋哉，谓之俗习。”（《水哉子》）中井履轩依据天文学知识，指出太阳比地球大，根本不可能与地球上每个人的言行相关，天道与人道各有特点，因此“天人合一”的思维模式是不正确的。另外，中井履轩还对朱熹的“理”概念作出了新解释，他说“日用事物当行之理”，是指“物”的自身规律性，而不是“理在气先”的本体之意。除了肯定经验知识，怀德堂学派的学者还亲自学习西方经验科学的知识。中井竹山与兰学者麻田刚立相互合作，在人体解剖学方面写下了十分出色的作品。中井履轩的《越俎随笔》则是在观察麻田刚立解剖人体之后所写的人体解剖学著作。他还对从荷兰传入的显微镜十分感兴趣，写了《显微镜记》，这是日本最早的有关显微镜的文献。

依上述情况来看，怀德堂学派的学者受到当时在日本以“兰学”为主的西方科技的影响，他们的思想中已经具有了重经验、重实证的近代科学思想的要素，特别是他们把朱子学中的“理”本体思想，解释为客观世界的规律，更是在认识论方面接近了近代思想。虽然他们反对徂徕学派，但是在理论性格上却殊途同归地走到了一起。诚如有的学者所说：“如果说徂徕学的政治论带有近代色彩的话，那么也可以说怀德堂学派在认识论方面已表现了近代性格。”不过，由于受到历史条件的限制，怀德堂学派虽然提出一些近代意义的概念，但是并没有进一步发展这些思想。在社会观方面，他们仍然主张农本主义，中井竹山和中井履轩兄弟则提倡保护小农论。他们的道德思想的中心依然是“孝悌”和“诚”一类的概念。可以说，怀德堂学派的思想路向依然是沿着德川时代道德秩序建构的方向发展的。[1]

任何思想形态的发展都有着双重命运，既开放着新生之路，又消隐着自己。日本儒学发展到折中学派时期，在内驱地蕴含着近代思想要素的同时，也“标志着儒学的哲学创造力已经涸竭，儒学已经丧失了在哲学上进一步发展的可能性”[2]。不仅如此，日本儒学在德川时代建构新历史境况中的道德秩序的使命也基本完结。这种历史结局，可以说是由儒学第二次功用性命运所决定的，亦像永田广志所说，“是由于日本儒学的以往发展本身的内在的逻辑”造成的。儒学功用性的定位只能使它朝着日益实用性的路径发展，而初始阶段原本就不算丰满的哲学和伦理的思想内涵在实用性的解构过程中，迅速失去它的思想魅力，至18世纪中后期，“以致儒学本身已经没有什么东西足以强烈地打动知识分子了”（永田广志语）。

---

〔1〕 参见王家骅：《儒家思想与日本文化》，第146—148页。
〔2〕 ［日］永田广志：《日本哲学思想史》，第184页。

当时的日本，学习儒学主要是为了学习写文章，为了具备武家社会的常识和一般的教养，“它正在丧失以往的那种新颖性和指导力量”（永田广志语）。折中学派以后，除重复以往的学派之外，没有产生新的学派。日本儒学这一时期的颓落，可以从太田锦城所写的《梧窗漫笔》中窥见一斑：“百年前，学者皆质实而为有用之学。近时自物茂卿（指徂徕）之流始，学问皆流于空诗浮文，而讲经义道学之人少矣。此二十年以来，学问愈益浮薄，流于书画文墨耳，以风流为学问，可怕之甚也。”

在儒学日益颓落的状况下，持续了100多年的道德秩序也遭到动摇。为了挽救这一颓势，德川幕府在1787年至1793年，由幕府老中松平定信主持了“宽政改革”。作为改革中的思想文化政策，实行了“宽政异学之禁”，镇压非朱子学派的儒学者和“兰学”，将朱子学正式定为官学，亦称“正学”。面对幕府的政治压力，有些儒者被迫“转向”，皈依官学的朱子学派；有些学塾被迫解散，如属于折中学派的龟田鹏斋，以前在江户的家塾中曾聚集千余武士讲学，此时不得不将学塾解散。当然也有不少儒者要求取消禁令，恢复自由论学，但未能奏效。

在“宽政异学之禁”以后，被划归“异学”的儒学诸流派（如阳明学、古学派、折中学派等）更加衰落，就是作为“正学”的朱子学派也彻底失去思想活力。直至江户幕府完结前，朱子学派中只有通晓程朱理学的教育家，再也未能出现以前那样的有个性的思想家。即使被任命为儒官的，如佐藤一斋、安积艮斋等人，也只是表面上信奉朱子学，实际上却是阳明学者，或是折中学者。这些都表明朱子学再也无法恢复它在思想界的主导地位。不仅是朱子学，就是整个日本儒学也失去了它的整体性的思想形态，成为“一种操作性的儒学”[1]，只能在与其他学说思想的结合中存在和延续。这一时期的儒学有两种主要倾向，一是心学派的复兴，二是与“洋学”的结合。

6．理即人心之灵：心学派的复兴

“宽政异学之禁”之后，心学思想在日本儒学全面低落中再次显露出几许生机。永田广志称“这是一个有趣的现象”。一般认为，这次复兴阳明学的代表人物是佐藤一斋和大盐平八郎。

佐藤一斋（1772—1859 年）是幕府的儒官，辅助林家在昌平坂学校讲学，表面上是朱子学者，实际上是阳明学者。他的主要著作有《言志四录》，是以处世格言方式写成的儒学理论概说。在这部著作中，他不刻意划分朱子学与阳明学的区别，表现了学术上的调和立场。比如，他承认朱熹的理本体论，认为“理本无形。无形则无名矣。有形而后有名。既有名，则理谓之气，无不可。故专指本体，则形后亦谓之理，专指运用，则形前亦谓之气”。在肯定理为本体的同时，他又将理与阳明学的“心”相等同，指出：“此理即人心之灵。学者当先穷在我之万物。”“伦理，物理，同一理也。我学伦理之学，宜近取诸身，即是物理。”（《言志晚录》）这显然是对朱子学与阳明学的融会贯通。

在佐藤一斋为《周易》《大学》《近思录》《传习录》等书所作的“栏外书”（书页上的批注）中，比较集中地表现了

[1]［韩］黄秉泰：《儒学与现代化——中韩日儒学比较研究》，第 312 页。

他的阳明学观点。他说：“心则天也”，认为由自省可以体认的心内“神光灵昭本体”也是“充塞宇宙”的本体。关于知与行的关系，他明显赞同王阳明的知行合一说。他认为：“就心曰知，知即行之知。就身曰行，行即知之行。”（《言志耋录》）

从佐藤一斋的思想活动来看，他不是致力于理论体系的建设，而是以调和朱子学与阳明学为理论目的。他认为“周子主静，谓心守本体。……程伯子因此有天理人欲之说。叔子持敬工夫亦在于此。朱、陆以下，虽各有得力处，而毕竟不出此范围”。“孔孟是百世不迁之祖也。周程是中兴之祖，朱陆是继述之祖”（《言志晚录》）。他把儒学各家之说贯穿在一条学理线索之中。由于他的调和性立场，因此在理论上难免出现矛盾。比如，他一方面主张“天道以渐运，人事以渐变，必至之势。不能却之使远，又不能促之使速”（《言志录》），而另一方面又提倡人的主体作用，认为“助天工”和“人君财成辅相”(君主辅助天地之道)。

就政治思想来看，佐藤一斋与室鸠巢和徂徕学派相类似，主张王道政治。他认为政治起源于人类社会最初的纷争。他说：“上古之时无人君，无百官有司。人各食其力，以为生。殆与禽兽等耳。当是之时，强凌弱，众暴寡，有不得遂其生者。其间有才德出于众者，则人必有来控以情，请宰断者，于是往而为理解之。强者、众者，屈于其直，而服于其义，不敢复凌暴”，于是就“以众议”拥戴这个有“才德”者，“是即君长之始，而贡赋之所由起也。”（《言志录》）最早的君主是众人公推出来的有“才德”者，因此，佐藤一斋认为，天下是“公共之物”，而不是君主的私产，如果君主将土地人民视为自私之物，那就等于“偷天物”，必将“取怨”于民。他说：“土地人民，天物也。承而养之，使物各得其所，是君职也。人君或谬谓‘土地人民皆我物也’而暴之，此之谓君偷天物。”（《言志录》）他又说：“财者天下公共之物。其可得自私乎？”（《言志录》）“利者天下公共之物，何曾有恶？但自专之，则为取怨之道耳。”（《言志录》）

对于当时已经传入日本的西洋的科学技术，佐藤一斋一方面主张应该振兴武道，加强海防；另一方面也采取肯定的态度。早年他认为“泰西之说，已有渐盛之机。其所谓穷理，足以惊人。昔者程子以佛氏之近理为害，而今洋说之近理，甚于佛氏。……学者当亦以淫声美色待之”（《言志录》）。然而到了晚年，他的思想有了很大转变。他认为，“西洋之穷理，形而下之数理也。周易之穷理，形而上之道理也。道理，譬如即根株也。数理，譬如即枝叶也。枝叶生自根株”。“水火此天地之大用也。凭物而成形，无有定体。近观西洋所出奇巧大小之器物，盖皆尽水火之理以制之，如大炮气船，亦不外水火之理也”（《言志耋录》）。在这里，佐藤一斋虽然仍是以儒家概念来解说西方科技，但是他认为西方的自然科学是“形而下”之学，有功于“利”之学，则显示了当时的儒学家的开放的态度。

佐藤一斋的这些思想在江户后期的思想界影响很大，特别是他居于官学中枢的合法地位，因此更易扩大影响。许多活跃于幕府末期政治改革舞台上的思想家和活动家，如佐久间象山、大桥讷庵、吉田松阴、西乡隆盛等都出自他的门下。

大盐平八郎，又称大盐中斋（1792—1837年），是更为热心的阳明学者。他早年丧母，自幼饱经忧患，深知民间的疾苦。最初游学于江户，在大学头林述斋门下学习朱子学。后来受中国明代学者吕坤的《呻吟语》影响，开始转向阳明学。他曾长期担任大阪町奉行的“与力”和“吟味役”（警官），同时开设私塾“洗心洞”。38岁辞职后，专事教育与著述。他的第一部著作《古本大学刮目》，广泛收集了汉唐宋明清诸家有关《大学》的解释，其中尤详于王门各派对《大学》的注释。另外，还著有《洗心洞札记》和《儒门空虚聚语》等。

大盐中斋对于阳明学的态度很鲜明，不带有调和色彩。他直截了当地将“心”视为宇宙本体。他说“天者，吾心也。心葆含万有”，认为“身外之虚，即吾心之本体也”（《洗心洞札记》卷上）。在肯定心本体的前提下，大盐中斋认为仁、义、礼、智、信等道德行为都是“心”之“用”。根据这种思想，他倡导理气合一说，“先天者理焉耳，而气在其中矣。后天者气焉耳，而理在其中矣。要之理与气一而二，二而一者也”，他认为“然而理气合一，则太虚亦惟理气焉耳”（《洗心洞札记》）。

大盐中斋在哲学思想方面没有什么创新，然而他对于阳明学“知行合一”说的践履精神却值得人们重视。他在《洗心洞札记》的自述中，说明自己的思想核心是“一曰太虚，二曰致良知，三曰变化气质，四曰一死生，五曰去虚伪”[1]。他认为“致良知”就是不欺“良知”地行动。在他看来，“圣人之学”是“明体适用之学”，“论学明道而无用者乃背天”，即是“异端之教”。根据阳明学的“知行合一”思想而强调道德意识与道德行为的统一性是大盐中斋学说的根本精神。然而，

[1] 《日本思想大系·46·佐藤一斋·大盐中斋》，第224页。

大盐中斋并没有将“致良知”停留在个人道德修养的领域。他从“宇宙内事皆我分内事”这一阳明学的命题出发，提出“学固正已心，修已身，然惟以正已心、修已身为学，盖非大人之道”。他认为“人之嘉言善行，即吾心中之善，而人之丑言恶行，亦吾心中之恶也”，因此“为善去恶亦我身之事”。在大盐中斋看来，真正的学问不仅在于自己践行“为善去恶”的道义，而且“赏”他人之善行，“刑”他人之丑行，也是“存吾心之善”，“去吾心之恶”。他常说，“真致良知”便要忧他人之忧。这种思想使得他把改造社会也视为自己的责任。他由此倡导一种勇于实行的勇猛果敢的战斗精神，“当其义，则不顾其身之祸福生死，果敢行之”。大盐中斋不仅要求个人勇于道义上的践履，对那些不仁不义的行为他也勇于批评和斗争。1836年，日本发生全国性的大饥荒。大阪充斥饥民，而富商却囤积粮食，以牟暴利。幕府对此坐视不顾。大盐中斋卖尽藏书，罄家产以救济饥民。当局却斥以“沽名钓誉”。在忍无可忍的情况下，大盐中斋于1837年2月率洗心洞学徒与大阪城内的贫民及附近农民300余人起义，袭击富商，捣毁仓库，以钱粮赈济饥民。在起义的檄文中，他痛斥富商“置贫民乞丐之饿死于不顾，自己以珍馐美味为食，流连于妾宅，或引诱大名之家臣，高踞于青楼酒肆，狂饮挥霍无度。际此民生艰难时节，彼辈身着绮罗，招优伶娼妓寻欢作乐，一如平日”。起义在当天即遭镇压，大盐中斋也于潜伏多日后自杀。这就是日本历史上著名的大盐平八郎起义。

从理论本身的发展来看，日本江户时代后期的心学复兴，没有提出新的思想，也没有达到一定的理论高度。然而它的价值却在于，当幕府政治处于危机四伏的社会状态时，以阳明学为精神支柱，倡导人的主体精神和勇于改革的实践勇气，从而为即将到来的明治维新运动注入新的精神动力。如前文所引章太炎之语：“日本维新，亦由王学为其先导。”这里以几位维新志士为例。吉田松阴（1830—1859年）是维新运动的先驱者。他虽非仅受阳明学的影响，但是阳明学的行动性质和战斗精神无疑是他的重要精神力量之一。他是佐藤一斋的再传弟子。他在回忆自己的思想发展过程时说：“吾曾读王阳明《传习录》，颇觉有味。顷得李氏《焚书》亦阳明派，言言当心。向昔日孜以《洗心洞札记》，大盐亦阳明派，取观为可。然吾非专修阳明学，但其学真，往往与吾真会耳。”[1] 根据阳明学的思想，吉田松阴主张不能拘泥于既成的制度和规范，而应该根据自己的主观判断来批评和改造现实的不合理体制。他说：“草茅韦布之士，妄议朝政，诽谤官吏”，如果“寻其心，或如忧国家，明道义，则非可深咎”。他还提出“于动处认本心”，主张顺应时势，不拘成例，积极变革。他认为“以往古之死例，欲制将来之万变，何其迂阔之至”。为了实现改革社会的理想，他不计生死，在《自警诗》中写道：“士苟得正而毙，何必明哲保身。不能见机而作，犹当杀身成仁。”[2] 后来，他因积极参与“尊王攘夷”运动，被幕府杀害，表现了改革斗士的壮举。吉田松阴的高徒高杉晋作（1839—1867年），被称作“松门双璧”之一，也是维新运动的重要领导人。他读了王阳明的《传习录》之后，深受鼓舞，作诗曰：“王学振兴圣学新，古今杂说遂沉湮。惟能信得良知字，即是

〔1〕《日本思想大系·46·佐藤一斋·大盐中斋》，第563页。
〔2〕［日］井上哲次郎：《日本阳明学派之哲学》，东京：富山房，1938年，第386页。

羲皇以上人。"[1] 被誉为“维新三杰”之一的西乡隆盛(1827—1877 年)也以阳明学作为自己的精神动力，他曾摘录佐藤一斋的《言志四录》激励自己的改革行动。他说道：“行道者，举天下不足为毁，举天下不足为誉，自信厚故也。”以己心为准则，坚信自己的改革理想，这是西乡隆盛从阳明学中获得的最大力量。[2]

从德川时代初期的林家朱子学开始，直到 18 世纪中后期的折中学派，日本儒学的思想路向主要是建构性的，也就是说致力于将外在的政治社会秩序转变为内在的被社会成员认同的道德秩序。而 18 世纪末至 19 世纪上半叶再度复兴的阳明心学，虽然仍是学者书院中的研讨对象，但它带来的社会效果则是改革性的，着眼于现存社会政治秩序的解体和新制度的重建。从文化的社会历史功能的角度看，阳明学的复兴仍旧是儒学在日本历史上第二次功用性命运的延续，然而它却使日本民族在处理外来的儒家文化的心路历程中所形成的“实利性”的思维方式得到了最有效的发挥，以至成为明治维新的重要精神资源。这一点，还要在后文论及。

除心学的复兴外，江户末期儒学的另一走向是与“洋学”的联结。

7. 儒学与“兰学”(洋学)

早在 16 世纪 40 年代，欧洲文化就传入了日本，开始了日欧文化的最初接触。据最早记录欧洲人来到日本的《铁炮记》载：1543 年 8 月 25 日（公历 9 月 23 日），三名葡萄牙人来到

---

[1] [日] 井上哲次郎：《日本阳明学派之哲学》，第 389 页。

[2] 参见王家骅：《儒家思想与日本文化》，第 119—127 页。

现鹿儿岛南端的种子岛，“其形不类，其语不通，见者以为怪矣”，后经向导介绍，方知“是西南蛮种之贾胡”。这是最早来到日本的欧洲人。他们带来了许多日本人未曾见过的货物，其中有铁炮（也称鸟铳）一类的稀奇武器。它“发火时光如掣电，声如惊雷，闻者无不掩耳”。比铁炮影响更为深远的是欧洲天主教的传入。1549 年 8 月，耶稣会传教士沙勿略从印度果阿到达鹿儿岛，受到大名岛津贵久的接待，并经平户、博多、山口到达京都。沙勿略在日本活动不到 3 年，但是经他之手，受洗入教的日本人达千人。一些领主大名也入教，出现了“吉利支丹[1]大名”。天主教传教士分别获得织田信长的朱印状，将军足利义昭的布教许可证，取得在所辖领地内的一切活动自由。1570 年，以长崎为传教基地，天主教在丰后、筑前等地迅速传播。1582 年，日本分为都、丰后、下 3 个布教区，天主教徒已有 15 万，大、小教堂 200 余座。

随着天主教的传播，欧洲的科学艺术也传入日本。1549 年，沙勿略来到鹿儿岛时，带来了圣母玛利亚油画像，这是最早传入日本的欧洲艺术。1556 年，传教士艾梅达在府内设立医院，设有收容麻风病人的病房，并以外科医生资格为病人治疗，传播医术，这是欧洲外科医术进入日本之始。当时的日本人称这种医术为“南蛮流医学”。传统社会的日本人受中国华夷思想的影响，称居住在南方的“野蛮人”为南蛮。室町时期，日本称东南亚地区的人为南蛮，同时对于经由东南亚来日本的葡萄牙、西班牙人也称“南蛮”。

---

[1] 吉利支丹：沙勿略来日所传天主教——加特力教的音译，后也写成“切支丹”。大名大友宗麟、大村纯忠、有马晴信等最先受洗入教，成为天主教徒。

1582 年，在日本担任巡察使的罗马耶稣会总会长范礼安为了宣扬在日本的传教成就，增强日本人对天主教的虔诚意识，在有马的天主教学校里选拔了 4 名少年，作为遣欧使节，来到了正处于文艺复兴时期的欧洲世界。1590 年，遣欧使节返归时，受到丰臣秀吉的接见。他们用从欧洲带回的风琴、竖琴、吉他、小提琴等西洋乐器演奏，引起丰臣秀吉的极大好奇。遣欧使节还带回了活字印刷机、《世界地图册》、《世界城市图册》及地球仪等，使日本人大为叹服，改变了日本人关于“世界”的传统概念。16 世纪 40 年代后的将近一个世纪，在日本史上称作“吉利支丹的世纪”。日本人通过对欧洲文化的直接接触，大大地扩大了眼界，也为日本的民族文化输进了新鲜成分，奠定了日本近代文化的基础。[1]

然而，德川幕府建立之后，为了巩固建立不久的政权，德川家康开始禁教，至第三代将军德川家光时，又正式发布锁国令，1641 年，最终形成闭关自守的锁国体制。这种与欧洲文明的隔绝，大致延续到 18 世纪上半期。1720 年，江户幕府第八代将军德川吉宗下令“弛禁”，欧洲文化再一次在日本传播开来，但是，范围十分有限。由于当时日本政府仅允许荷兰和中国商人在长崎一带进行贸易，因而传入日本的欧洲文明，主要指由荷兰人和荷兰语书籍介绍的欧洲文化知识，称为“兰学”。另外，从中国间接传入的由西方传教士编著的天文、地理书籍也介绍了西方的学术。从欧洲文化传入的内容上看，19 世纪之前，在日本传播的主要是医学、动植物学、天文学、地理学之类，而西方的人文社会科学以及哲学还未传入，当

〔1〕 参见赵建民、刘予苇主编：《日本通史》。

时的日本人对西方的社会政治制度仅有模糊的认识。尽管如此，经过从16世纪40年代开始的百余年的浸润，再加之兰学者师徒相授，西方文化“如一滴油滴入池水，迅即布满全池”[1]。

欧洲的科技文化首先是在江户、京都、大阪、名古屋和长崎等重要城市的知识分子中传播。例如，前野良泽（1723—1803年）和杉田玄白（1733—1817年）等人在1774年翻译出版了荷兰的人体解剖学著作，名为《解体新书》。平贺源内（1729—1779年）对“物产学”进行研究，栽培了人参、甘蔗等；他还复制了“摩擦发电机”，进行电的实验，令当时的日本人惊奇不已。1774年，长崎的本木荣之选译了《天地二球用法》，介绍了哥白尼的地动说。司马江汉（1738—1818年）在日本的西洋画史上占有重要地位，也是一位杰出的思想家，他的《和兰天说》也专门介绍了哥白尼的地动说。帆足万里（1778—1852年）于1836年写成《穷理通》，概括介绍了欧洲的基础物理学。在当时的日本，也有少数知识分子对西方哲学开始关注，如兰学者高野长英写出《闻见漫录》一书，对从古希腊的泰勒斯到英国近代哲学家约翰·洛克的哲学进行了简短概述，不过，他还不能把哲学史与自然科学史分开进行述介，关于近代部分，哲学史几乎被自然科学史所取代。

兰学的传播使一些知识分子的“西洋观”发生了变化。他们开始认识到西方科学技术的进步，并且朦胧地感觉到西方社会制度的先进性，对一直统治他们头脑的“华夷”观念和中国崇拜产生了疑问。有些兰学者和接受了兰学知识的儒学

[1] [日] 杉田玄白：《兰学事始》，东京：岩波书店，1989年，第58页。

者，开始根据西方的自然科学知识进行独立的哲学思考，他们高度评价了经验科学的有用性和真理性，表现出对一种新世界观的向往。在日本思想史上占有极为重要地位的山片蟠桃就是这样一位知识分子。山片蟠桃（1746—1821 年）曾跟随中井兄弟学习儒学，向麻田刚立学习天文学，他是哥白尼地动说的最早期的信奉者。山片蟠桃从朱子学的"穷理"精神出发，充分肯定了欧洲自然科学的优越性，其在《梦之代》中明确表达了这样的观点："欧罗巴之精于天学，古今万国无与伦比。尤其环顾外国，皆以实见从事发明，谁能敌之？……故天地之事，只能听任西洋而尝其糟粕。不必怀疑西洋之术，应坚决信奉者也"；"奇哉，西洋之说（指地动说），天地之大论尽于此，非梵、汉、和（指印度、中国、日本）之管见所能及，应拳拳服膺而善思之"。[1] 关于天地，即关于自然领域，山片蟠桃认为依据实验、经验的西方科学是唯一正确的。在西方自然科学的影响下，还有一些知识分子对儒家传统自然观提出了质疑。前述的怀德堂学派的一些学者以及前野良泽和司马江汉等就是批判儒家自然观的典型。比如前野良泽在其所著的《管蠡秘言》的附录中指出，作为儒家自然观基础的五行说"仅中国一地之私言"。这些知识分子甚至对东方的封建制度提出质疑，进而肯定西方社会的合理性。司马江汉认为西方国家的人类平等观念是正确的，他说："贵称诸侯，卑为农夫商工，然若由天定之，同为人也。"前野良泽则认为儒学所影响的范围不过占世界的十分之一，而天主教的影响却遍及各大洲，而且天主教的平等观念比儒教更先进，在他看来，"以救

---

〔1〕 参见［日］三宅正彦：《日本儒学思想史》，第 214 页。

养鳏寡孤独废疾贫困之人，为立政教之根本”[1]。然而，这种立足于西方科学知识的新世界观的探索和对旧知识系统的批判，在18世纪末和19世纪20—30年代，因陆续受到幕府的镇压，在未能充分展开时即逐步萎缩了。直到19世纪40年代才在严酷的生存挑战面前重新复苏。

1840年，中国清朝政府在中英鸦片战争中惨败。这一消息同样给广大的日本人以极大震惊。他们在“圣道”抵不住大炮的严酷现实面前开始沉思，“何故堂堂仁义之大国清国败于无礼不义之丑虏英国?”[2] 此时，不仅是部分知识分子，而且有更多的日本人对以往的中华崇拜和华夷观念开始怀疑。1854年，美国以武力逼迫日本幕府缔结《日美亲善条约》（也称《日美神奈川条约》），打开日本国门。从此以后，日本不仅受到欧洲文化的挑战，而且直接面临巨舰大炮的威胁和沦为殖民地的民族危机。“开国”后，英、法、德、美等国的学术和思想也涌入日本，更加开阔了日本人理解西方文化的视野。这时日本人改称西方文化为“洋学”，而不再称“兰学”。同时，“洋学”的范围也进一步扩大，已不限于自然科学知识，也包括政治学、经济学、法学等社会科学以及西方近代哲学。

在传统文化面临西方近代文化的挑战，以及日本民族陷入空前的生存危机的形势下，传统的知识分子表现出不同的态度。有些儒学者仍然将西方文化视为“蛮夷”而大加排斥，比如大桥讷庵（1816—1862年）就是典型的代表。19世纪中

[1] 《日本思想大系·64·洋学上》，第135页。
[2] 参阅王家骅：《儒家思想与日本文化》之“嫁接儒学与‘洋学’的尝试”。

期，后期水户学派在“尊王攘夷”的旗帜下，倡导国权思想。他们将宋学中的名分论与攘夷思想结合起来，既要维护日本国家的利益，又排斥除地理知识和军事技术之外的欧洲文化。大桥讷庵将后期水户学派的主张加以理论化，写出《辟邪小言》。大桥讷庵是比水户派更加顽固的攘夷论者，被认为是攘夷派文久二年（1862 年）在坂下门袭击阁老安藤信睦（信正）的幕后策划者。《辟邪小言》代表了当时攘夷派的思想和理论。从此书第二卷和第三卷的题目——“论西洋不知穷理”“论西洋不知天”“论西洋不知仁义”“论西洋不知活机”，便可大致了解它的主要内容。大桥讷庵推崇朱子学的理气论，他说：“理无声无色，为形而上之物，虽数百显微镜，亦不可目睹”，因此西洋人所论述的“毕竟只是形气之末，决未涉及于理之本”。他认为“善之外无所谓理，理之外亦无善，穷理即穷善也”，他断言，自然哲学——洋学是不能把握“理”这一宇宙真理的。在他看来，天有本末，“本者天之心性”（以理或道为内容），“末者天之表肤，如日月之缠度，星辰之次舍等而言”，要紧的是“问天心”以定人事，而西洋的科学“毫不知天心，恃测算推步之术，跼蹐于其末而已”，“视天亦为一死物，陷于玩弄侮慢”（卷二）。依据这些思想，他进而批判西洋的解剖学不仁，或者说西洋人不辨。他还把气同质（即具有一定形态的物体）加以区别，下定义说：“气充其质中，成为四肢百体之主宰，使之自由自在运动，其妙难测，故是为极灵之物，名之曰精神，称其作用曰活机。”据此他批评西洋的医学和绘画不懂得这种精神的“活机”，其战术也只是“仅以器械为主，彼等用兵的蕴奥，不过所谓以大炮胜小炮，以多枪破寡枪”，不懂得“精神活机之妙用”（卷三）。大桥讷庵对儒学的迂腐的理解和运用，是为了反对西洋的科学和技术。在他手中，宋理学变为排斥西洋文化的理论武器，这与山片蟠桃对西方文化所倡导的“穷理”精神完全不同。

在攘夷排洋论之外，还有不少知识分子勇敢地面对日本落后的现实，理性地对待西洋文化，主张学习西方的先进技术以及社会政治制度，“以夷之术防夷”，认为只有如此才“符合三代治教”。其代表人物有佐久间象山和横井小楠。

佐久间象山（1811—1864 年）在中国鸦片战争前，是笃信朱子学的，以“程朱纯粹之学”的信奉者而自任，并立志振兴“业已衰微之正学”。1837 年大盐平八郎起义后，他认为这次起义的精神诱因在于阳明学，为了安定社会秩序，他主张重振朱子学，即所谓“正学”。然而在鸦片战争后，佐久间象山的思想发生了巨大变化。他首先认识到只靠“和汉”之学（即日本和中国文化）是不能救国家的，必须学习西洋的科学文化。他说：“方今之世，仅以和汉之学识，远为不足，非有总括五大洲之大经纶不可。全世界之形势，自哥伦布以穷理之力发现新大陆、哥白尼提出地动说、牛顿阐明重力引力之实理等三大发明以来，万般学术皆得其根底，毫无虚诞之处，尽皆踏踏实实。欧罗巴、亚美利加诸洲逐渐改变面貌，及至蒸汽船、电磁体、电报机等之创制，实属巧夺造化之工，情况变得惊人。”（致梁川星岩的信）为了尽快地了解和认识西方科技文化，他从 34 岁开始学习荷兰语，每日仅睡两三个小时，用了两个月的时间即读完他人需要一年才能读完的荷兰语文法书；然后，他开始大量阅读荷兰语的科技书与兵书。他还运用所学到的知识，分析温泉水，制造玻璃，试验从地下挖掘硝石，还亲自参与制造大炮、磁石、电池、照相机的活动。随着对西方科技的了解，他对宋理学有了新的解释。他说："宇宙实理无二。斯理所在，天地不能异此，鬼神不能异此，百世圣人不能异此。近年西洋所发明许多学术，要皆实理，只足以资吾圣学。而世之儒者，类皆凡夫庸人，不知穷理，视为别物。不啻不好，动比之寇仇。……此辈惟可哀悯，不足以为商较。"（致小林虎三郎的信）与大桥讷庵完全不同，佐久间象山没有将"理"诠释为纯形而上的概念，而是认为宋儒的"穷理"即西方的合理主义，"格物致知"和"格物穷理"与西方人对自然科学的探究是一致的。他说，"为学之要在格物穷理"，又指出"西洋穷理亦符合程朱之意，故程朱二先生格致之说放之四海而皆准。依程朱之意，西洋学术皆吾学之一端，本非他物"[1]。在这里，佐久间象山显然是将"理"的思想解释为近似于科学的实验或实证的方法。为了把他的观点贯彻到底，他批评水户学派所谓穷一木一草之理乃是无益于人事的空洞事业的观点，指出，钻研一木一草之理正是有用的学问。他说："人伦日用岂有外于物理者耶？余未见昧于物理而周于人伦日用者。"依照他的看法，"穷理"方法不是内省的方法，而是重"实测"和"实验"，是根据"能归结为规则的证据"，一步步地去把握世界。他还明确地指出："详证术乃万学之基本"，认为数学是各学科的基础，这说明他已经意识到数学方法在近代实验科学中的重要意义。

佐久间象山如同许多处在新旧交替过渡阶段的有社会责任感的思想家一样，他既要关注社会的发展与富强，又要担忧社会政治秩序在变革中的稳定，所以在倡导学习西方科技的同

---

〔1〕《日本思想大系·64·洋学上》，第135页。

时，就不能不表达自己的社会思想。由于他的“先见”知识系统是传统儒学的，因此自然会借助儒学的范畴和观念来表达自己的社会理念。他认为现实的社会秩序是需要维护的，“贵贱尊卑等级，天地自然。礼之大经有之。”为了论证这个思想，他不赞成自己老师佐藤一斋的阳明学，而是以程朱理学的“理”本体论作为世界观的基础。在《题一斋先生遗墨》中他写道：“余少时师事一斋先生，洒扫门墙两岁，颇承爱育。……虽未足以追纵于古作者，而陈意记事，受用有余，实先生之赐也。但先生主张王学，不好穷理。余则专承当程朱之规，以穷天地万物之理，为斯学起乎。汉人所未穷知，则以欧罗巴之说补之。是则所以不能与先生不异者也。”在佐久间象山看来，宋儒的“理”是哲学世界观以及道德秩序的根本理论依据，但是不免有“空疏之议”；而西方科学技术虽然注重经验或实证，然而却忽略了道德义理，“总之，到这时候，只以汉土之学不免空疏之议，而仅以西洋之学则无道德义理之研究”。为了弥补中西学各自的缺陷，将二者的优长结合起来，他提出了“东洋道德西洋艺术”[1]的思想。这是在他的一首诗中表达出来的：“东洋道德西洋艺，匡廓相依完圈模，大地周围一万里，还须缺得半隅无。”（致小林又兵卫的信）佐久间象山的这个口号，以后成为思想界描述那一时代东西方文化碰撞的典型语言。佐久间象山之后的桥本左内又对这个口号作了具体发挥：“器械艺术取于彼，仁义忠孝存于我。”一般认为，佐久间象山的这一思想是受到中国清朝学者魏源“师夷长技以制夷”的影响，与当时中国洋务派的“中学为体，西学为用”也是一脉相通

[1] 佐久间象山所说的“艺”“艺术”，系指技术。

的。不论怎样，处在同一种文化圈，又遭遇大致相同的历史困境，中日学者产生类似的问题或思想是很自然的。

这一时期，以儒学的知识系统来解读洋学的另一位重要人物是横井小楠。横井小楠与佐久间象山不同，他关注的不是西方的自然科学和工艺技术，而是近代社会的政治体制。横井小楠（1809—1869 年）出生于九州熊本藩的武士家庭，8 岁进藩校，接受以朱子学为中心的正统教育，具有很深厚的儒学教养。1839 年，他在江户结识了后期水户学派的藤田东湖。后期水户学派的华夷思想对横井小楠曾产生很大影响。1853 年美国舰队陈兵江户湾，武力威逼日本“开国”，横井小楠表示：“须大兴士气，定江户为必死战场，击夷贼为齑粉，于天地间明示我神州正气。”视欧美人为夷狄。此后，横井小楠读到中国魏源的《海国图志》，思想受到很大的震动。他开始注意了解西方国家的社会政治制度，逐渐转变了“华夷”观念，认为西方文化也有值得肯定之处。1860 年，他写成《国是三论》，提出自己的看法。他说：“在墨（美）利坚，华盛顿以来，立三大规模：一曰，因天地间惨毒莫过于杀戮，故则天意以息宇内战争为务；一曰，取智识于世界各国，以裨益治教为务；一曰，全国大总统之权柄，让贤不传子，废君臣之义，尽以公共和平为务。政法治术，以至于其他百般技艺、器械，尽地球上称善美者，悉取为己有，大扬好生之仁风。”在这里，横井小楠积极评价了华盛顿建国以来美国的“和平主义”以及民选制度，对于西方世界努力吸收外来文明的进取精神和汇集世界“善美”的智识进行了称赞。

对于中国清朝政府在鸦片战争中的失败，横井小楠认为，除了英国国富民强，还因为他们的议会政治比旧体制先进，能够统一民心，聚集国力。他说：“在英吉利（英国），政体一本民情。官吏之所行，无论大小，必议于民，随其所便，不强其不悦。”他还称赞俄国与其他西方国家的社会体制顾及民生，与儒家的三代之治相符合，“俄罗斯及其他各国，不惟广设文武学校，犹设病院、幼儿院，政教悉由伦理，无不急生民之所急。殆至符合三代治教”。

横井小楠称赏美、英与欧洲各国的社会政治制度，是为幕府末期危机四伏的日本寻找一条新生之路。他认为欧美国家的社会政治制度可以作为日本改革的范本。早在 1855 年他就提出“天下之人才共理天下之政事”的主张，1863 年又提出“日本国中共和一致”的构想。这些主张和构想明显带有近代民主政治的色彩。不过，横井小楠在理解西方近代政治文化的时候，与佐久间象山相类似，也是以儒家的思想为参照来解读的。如果说佐久间象山是以朱子学的“格物致知”思想为“先见”去评价西方自然科学，且把“格物穷理”解释为近代科学的实验方法的话，那么横井小楠则是以儒学的“天下为公”和“民为邦本”的社会理念为媒介去认识西方各国的社会民主政治，把儒家的民本思想重新解释为近代民主主义。佐久间象山的世界观的基础是“理”，他以“理”的普遍性和同一性为依据去比较西方科学技术和东方文明。而横井小楠的价值理念是儒家的普世性的“道”，他认为日本与西方各国在“道”面前，是平等的存在。在横井小楠看来，所谓的“道”就是儒家的“三代之道”，他明确地说：“于尧、舜、孔子之道之外，世上无道。”他肯定美、英、俄诸国的政治制度，就是因为它们“符合三代治教”。他提出的改造日本社会的纲领是“返回三代”。当然，横井小楠所说的“三代之道”已经包含着近代社会的民主思想，与传统儒学之“道”的具体社会内容有很大不同。他在晚年时明确地说：“我辈虽信此道，然与日本、唐土学者之学有天渊之别。”[1]

佐久间象山和横井小楠以儒家的知识系统来理解和诠释西方的科学文化和政治文化，并不意味着日本儒学的复兴。以传统的知识系统解读新的文化，这是任何社会在新旧交替过程中都会发生的正常的精神现象。像中国和日本这样的以“外铄式”的方式来接受西方文化的国家尤其如此。从社会历史变革的角度来看，这也许恰恰是传统向现代过渡或转型的一个精神特征，它表现了社会思想深层次的连续性。一个成熟的民族不应急切地切断这种连续性，而应该在自己的传统中找到新文化的生长点，进行新的阐释，注入新的文化生命，使这个生长点变为传统与现代的连接点。佐久间象山等人的思想活动也许可以给人们一些启示。他们利用传统的价值观肯定新的社会改革行动的做法，不仅可以保护社会文化生命的脉络，而且能够缓和新旧文化的冲突。日本学者源了圆在《德川思想小史》中将佐久间象山等人与中国清末的知识分子作了这样的类比：“如果从类型上看，象山可以说相当于清朝的洋务派，小楠相当于变法派，松阴相当于排满派。”不管这种评价准确与否，日本幕府末期的儒家知识分子，在面对西方强势文化的挑战时，从总体上看，基本上理性而成功地进行了应战。当然，这背后还有复杂而生动的历史原因和社会变数。

---

〔1〕 参见王家骅：《儒家思想与日本文化》，第154—159页。

从江户时代的整个思想运动的过程来看，儒家思想文化经历了一个跌宕起伏的过程。从林家朱子学派到古学派，儒学基本上承担着道德秩序建构的文化使命，然而恰恰由于它的功用性命运，日本儒学者在各自为社会寻找合理路向的同时，也在解构着朱子学的完整的思想文化体系，使它分解为各种具体的社会规范和道德准则。这个解构过程从山崎暗斋和贝原益轩开始，直至荻生徂徕结束。此后，虽然有折中学派试图对程朱理学进行价值整合，然而由于幕藩社会的变化以及国学派的冲击，日本儒学在走过了它的全盛期之后，已无法重振学风。德川时代后期，日本儒学彻底丧失了思想理论的创造力，而只是在两个方面延续自己的文化生命：一是步履维艰地继续担当传统道德的守护者，具体表现为阳明心学的复兴；二是以现有的知识系统解读陆续传入日本的西方科技文化和政治文化，这就是与“洋学”的调和。永田广志在《日本哲学思想史》中对此作了这样的概括：德川时代后期，“儒教思想还广泛残存在传统的道德观念中，但是作为学问，则是一点儿生气、创造力和吸引力也没有了，为改革幕府乃至打倒幕府而斗争的‘志士’们，虽然大多数像当时一般的武士那样，是具有儒教教养的人，是朱子学、阳明学、水户学、徂徕学的信奉者，但他们主要是对于儒学的抽象的名分论、尊王论、重视事功的王阳明精神以及徂徕学的认为学问不是治心之学，而必须是对天下国家有用之学的一般思想抱有共鸣，而具体地指导他们的政策的则是洋学的知识”。由于整个世界的历史已经走到了现代社会的门槛，随着维新运动的成功，日本儒学也就自然结束了为幕藩体制回应统治合法性的挑战，以及建构道德秩序的第二次功用性使命。不过日本儒学作为一笔传统的文化遗产，特别是它在进入日本本土文化环境之后所经历的社会选择和文化命运，以及对日本民族的精神世界所产生的影响，却值得进行理性的辨析和思考，从而为我们自己的发展多提供一个参照坐标。

第五章

“神体儒用”的辨析

——对儒学在日本历史上的文化命运的思考（代总论）

中国儒家文化自5世纪传入日本之后，在日本的精神发展史上扮演过两次重要角色。第一次，从圣德太子的推古改革到律令制度的建立，日本的权力阶层系统地吸纳了儒家的社会思想，为建立以天皇权威为中心的中央集权体制补充了合法性资源；第二次，在被称为“近世”的德川时代，儒家朱子学以道德秩序的建构回应了武士政权将天皇逐出政治中心后所遇到的合法性挑战。这两次功用性的命运，使日本的儒学与本土的神道信仰，共同构成了传统社会特有的“神体儒用”的精神结构。无论是从借鉴他国历史经验的角度，还是从思考人类共同文化理念的立场，深刻解读这种结构及儒学在其中的精神价值都是很必要的。

一、对日本儒学精神价值的三种解读

对于儒家思想文化在日本历史上所起的作用或精神价值，人们有三个不同维度的解读。

其一是哲学层面的，着眼于本体论、认识论、逻辑思维等形而上的思想命题或范畴，认为日本的儒家学者（包括朱子学和阳明学者）既没有借助儒家的思想资料创造出新的哲学思想体系，也没有形成基于本土的原创性的哲学体系。比如日本现代著名哲学家永田广志认为，在德川时代达到全盛的日本儒学，其内容偏重于伦理学和经济论（经国济民的理论，即政治及经济的理论）；其主要任务是把《大学》中作为儒学纲领所规定的修身齐家治国平天下的道理教给诸侯士大夫，教给他们持身之道和礼仪，以期“明明德”和“亲民”；通过以《春秋》笔法对历史事例作出主观的道学的评价，以正“名分”，阐明君臣之分；由此来为幕藩体制提供意识形态的支持。“认识论的问题最初不过是起了伦理学序论的作用，而伦理学本身又与经济论紧密地联系在一起，被应用到拥护幕府的历史理论上。所以，从认识论问题的发展这方面来看，可以断言日本儒学大体上是没有创造性的。继朱子学而兴起的阳明学在这方面也是没有创造性的。”[1]“日本的朱子学，既然是朱子学，那么它在哲学方面就不会留下任何有价值的东西。因为它在这方面毕竟不外是个追随者而已。”[2]

其二是社会思想史的解读，从日本儒学的历史文化功能来看待它的思想价值。认为日本儒学在两次关键的历史转折时刻，起到了价值支撑和稳定社会心理的作用。美国日本史研究学者约翰·惠特尼·霍尔认为德川时代儒学的历史文化作用有三个方面：第一，影响了整个日本民族的精神倾向，幕府及各藩（中央与地方）所开办的以儒学为主要教学内容的学校熏陶了作为社会主流的武士阶级，“在思想领域里，儒家思想的

[1]［日］永田广志：《日本哲学思想史》，第36页。
[2]［日］永田广志：《日本哲学思想史》，第114页。

传播影响了整个日本人民的精神倾向，为他们对生活采取更为入世的态度打下了基础。教育设施的增加把武士改变为有文化的阶级。同时，在社会底层的人也得到了上学的机会”[1]。第二，使镰仓幕府以来的“武治政治”向“文治政治”转化，为“武士道”增加了“文事”的价值观念。“把儒家原则应用到官吏的行为上，就产生了一种日本人称为‘文治政治’的趋势”。1615年，德川幕府发布《武家诸法度》，以法律的形式规定各层次的武士都必须兼习军事技术和儒家学问。“以山鹿素行（1622—1685）为首的一连串儒家学者都阐述了同一原则，即武士是命定的社会领袖，他们的责任是以身作则地保护、管理并领导人民。武士道自然要把两种根本互不相容的价值观念融合在一起——武士作为军事行动家的老传统和领袖是文质彬彬的君子人的新概念。在整个体制中，这两种概念间的紧张形势一直存在。武士阶级仍然是双刀阶级，而德川政府则继续其又文又武的职能。但在实际上，武士的军事职能降低了、常规化了。在武士法度中，文就在武的前面。”[2] 第三，为把外在的社会秩序转化为内在自律的道德秩序提供了理论依据。“秩序是道德的。儒家这一教条的重要性在于它提供了思想和行动的统一、哲学和政治制度的统一。学问导致文，可以使人接触道德秩序的精华，因而产生有道德的人。政府的主要任务在于帮助人们建立道德秩序。”[3]

其三是思想意义和精神价值的解读，追问儒家思想文化究竟对日本民族的文化心理、思维方式、社会政治生活等诸方面

[1] ［日］约翰·惠特尼·霍尔：《日本——从史前到现代》，第123页。
[2] ［日］约翰·惠特尼·霍尔：《日本——从史前到现代》，第149—150页。
[3] ［日］约翰·惠特尼·霍尔：《日本——从史前到现代》，第139页。

产生了怎样的影响。前两个维度可以是描述性的，而第三者的思考对我们中国人的现代社会改造则具有参照价值和借鉴意义，因此本文的重点放在第三方面。

二、儒学的功用价值

如同任何形态的思想文化都离不开具体的社会历史环境一样，日本儒学的思想意义和精神价值也是由它的历史境遇所决定的。中国儒学两次以不同的内容被运用于日本社会，这本身就意味着它不是作为完整的思想文化系统，而是根据不同的历史需要，按照“社会效用”原则来构成不同的社会意识体系。这使得中国儒学在传入日本后，不再是以深层次的价值理念为支撑的文化体系和具有鲜活文化生命的存在方式，而转变为“实用性”的日本儒学。

从推古改革到律令制国家的确立，日本在这段历史时期内所面临的根本问题是从分散的氏姓贵族的联合政体转变为以天皇为中心的中央集权体制，从而摆脱由社会资源分散而造成的战乱和社会动荡的危机。4 世纪，日本第一个统一国家——大和国建立。由于大和政权是在征服地域性的氏族集团的基础上建立的，因此它在确立天皇中心地位的前提下，必须给予大氏族首领以相应的政治和经济的支配权力。这种权力分配方式在中央表现为氏姓贵族的联合政体，在地方上则造成氏姓贵族之间的利益争夺。随着氏姓集团势力的不断扩张，皇室的统治权威受到极大削弱，最后苏我氏贵族集团控制了中央政权，天皇权威成为氏姓统治的傀儡。氏姓贵族的专权，不仅引起权力上层的分裂，也使整个社会资源原有的分配方式受到破坏。为了走出这样的政治和经济危机，就必须对原有的政治体制做一个大的调整，由以分散的氏族血缘为基础的贵族联合政体转变为以统一的地缘为基础的中央集权政府，把权力真正集中到天皇手中，以便统一调配和利用国家资源（如稻田、水利设施、税收等），达到稳定整个社会的目的。从603年圣德太子第一项改革措施出台，中经大化改新，最后到8世纪初律令体制的建立，日本完成了中央集权体制的改革。

在这100年左右的变革过程中，除实际的社会操作之外，最大的问题就是如何将天皇统治的合法性补充完整。原有的大和政权是以血缘系统来编排统治秩序的。天皇之所以能够居于国家权力的中心，在于他是原始神道信仰中日照大神的直接后裔，而其他氏姓贵族则根据与太阳家族的血缘远近来决定其政治和社会地位。天皇并不直接掌有全国领土和人民，而是通过大氏族首领间接地进行统治。这种由血缘关系构成的统治网络，在道理上是不能覆盖皇族血缘之外的社会群体的。而以地缘统治为基础的中央集权体制建立之后，天皇权威必须具有无所不在的覆盖能力。这样，原始神道信仰为天皇统治提供的合法性说明就有了明显欠缺。正是在这样的历史诉求下，中国儒家的制度文化才被日本权力集团如长鲸吸百川般地引进日本。当时的日本政府主要通过两种途径：一种是派遣留学僧和遣唐（隋）使直接学习中国隋唐的中央集权制度，以隋唐体制为改革的蓝本；二是阅读已经传入日本的儒家典籍，从中寻找所需要的思想资料。

就日本中央集权制度的核心因素——天皇权威来说，权力集团主要借助儒家的“王土王民”“天命”以及“为政以德”的思想来说明其统治的合法性与正当性。这些思想最初表现在圣德太子在推古改革时制定的《十七条宪法》中。“王土王民”的思想实质上制定了君与国土、臣民的关系准则：“君”(天皇)为全部国土和人民的最高所有者。它在理论上排除了夹在天皇与民众之间的氏姓贵族的政治权力，将国土与民众直接纳入中央权力的统治系统。这条根本原则一直为以后的大化改新和律令制国家所继承。儒家的社会思想始终是支撑以天皇为中心的中央权力集团的理论支柱，成为修补其合法性的重要思想资源。如霍尔所说：“事实上，原来是太阳族的主祭司，在奈良成了一个通过中央集权的官僚政府以绝对权威来统治全国命运的皇帝。日本皇帝这时采用了天子或天皇的称号，并利用上天授命与贤德仁慈而统治天下。这些借来的概念支持他，使他合法化。”〔1〕

儒学第二次在日本历史上扮演重要角色是在德川幕府时代，也称江户时代。这个时期的日本又一次处在历史的转折关口。社会的政体由以天皇为中心的中央集权体制转变为封建幕藩体制，天皇退出政治权力的中心，武士阶层成为统治集团。史学界称此为“武家政治时代”。虽然武士专权从镰仓时代就开始了，但从形成系统完整的封建体制的角度来看，一般将江户时代作为典型的武家政体。武家政体首先要面对的是自身存在的合法性问题。在律令制国家时代，经过儒家社会思想的论证和补充，天皇政权成为彻底而完整的合法性象征。而在“御家人”制度的基础上发展起来的武士阶层，既没有神道信仰太阳族的血统，又不能从儒家“王土王民”等思想中获得支持。如果说从推古改革到律令制时代，天皇政权所遇到的只

---

〔1〕［美］约翰·惠特尼·霍尔：《日本——从史前到现代》，第40页。

是合法性的修补或补充，那么德川时代武士政权所要回应的则是合法性的挑战。

从德川时代权力群体的心理活动来看，人们一直在努力弥合将军家族与天皇太阳家族之间的血缘距离，使武家政权能够或多或少具有血统上的合法性。德川幕府第一代将军德川家康在病逝前，要求天皇授予“东照大权现”的神号，以便使自己的子孙纳入神权的系谱中，保证武家政权的延续和稳固。大久保彦左卫门在《三河物语》的开篇中提出：“相国家康之由来，其籍日本安艺津岛，乃源于国常立尊。”国常立尊是《日本书纪》中描述的开天辟地时最先出现的神，日本神世七代中的第一代神，是与住在高天原的“天御中主神”相对存在的形成水土的地神。左卫门试图通过神谱的追溯，将德川家康的身世说成是经过天神七代、地神五代、神武天皇、清和天皇、帝法亲王及源氏而到德川氏，从而把德川将军的家系置于天皇家族的系谱中，以达到通过天皇的神威来维护政权的目的。德川时代的儒学家山崎暗斋用另一种方式来联结武家与皇家的亲缘关系。他在《神代卷讲义》中将天皇家的祖神分为两支，一支是统治天上的天照大神谱系，另一支是统治天下的素盏鸣尊谱系。天皇的权威来源于前者，武士的权威则出自后者。《东鉴历等改补序》中说：“素盏鸣尊者，可以治天下也。凡平乱者，武家之所为。天子者，执掌天上之事，于今方然。今之武家即素盏鸣尊也。……天照大神本居天上，执掌天上之事。”这就是说，国家的统治权力应该由将军来执掌，“神道衰，王风降，素盏鸣尊御治天下之权，归于武家。始于平清盛，成于源赖朝”。尽管人们努力弥合德川家族的神系缺陷，但是从族源上讲，这是无法解决的难题。

就德川时代知识阶层致思的路向来看，主要不是放在这个无法解决的问题上，而是以道德秩序建构的方式来获取社会的稳定和发展。这种思想方向，对于德川权力集团，恰恰可以起到在政治和社会秩序被全体社会成员认同的状态下，维持自己统治的合法性。整个德川时代，社会思想的主要活动大都是围绕着社会政治秩序的操作进行的。以稳定性换取合法性，可以说是德川幕府的基本统治对策。在这种对策的主导下，德川社会的根本价值是政治价值，以及与这个价值相配套的类似于“忠诚”“服从”等道德品格。

这种政治秩序道德化，或称政治价值理性化的过程，主要是由日本儒学，具体说是儒家朱子学和阳明学来完成的。日本儒家学者的主要思想任务就是通过儒学话语系统的论述，将外在的社会政治秩序转换为建立在人们内心的道德秩序。德川时代初期的林罗山朱子学（他的学派又称为“林家朱子学”）致力于儒学官学化，可以说是“政治秩序道德化”的总宣言。山崎暗斋和贝原益轩虽然在很多方面反对林家朱子学，但价值取向是一致的，他们只是为了避免由于对社会整体秩序的张扬而造成对个体生命的压抑，从而将文化的关注转到个人活动领域，强调个体性的道德选择。尊崇阳明学的中江藤树和熊泽蕃山，把山崎和贝原的思想推向极致，将道德动力与人的主体意志和主体感受联结起来，几乎彻底弱化了林家朱子学的秩序理念。此后的古学派放弃了朱子学和阳明学，试图从中国儒学的源头和原典中寻找思想资源，为不同的社会群体（如武士群体、町人即商人工匠群体等）建立具体的道德理念。古学派的思想路向虽然也是一种道德秩序建构，但是他们将道德理念具体化，这就在无意当中对儒学的整体性的文化体系进行了社会性的分解。为了避免日本儒学解体的文化命运，18 世纪末的折中学派又重新对朱子学进行了学术整合。由于这个时期的日本社会已经受到西方科技文化的很大影响，所以折中学派不仅不可能彻底回归到朱子学，反而在重整朱子学的过程中萌发了近代意识。此后的日本儒学基本丧失了道德秩序建构的历史文化功能，从而向着两个社会改造的方向发展。一是心学派的复兴，成为明治维新的主要精神动力，如中国近代学者章太炎和梁启超所说，“日本维新，亦由王学为其先导”，“日本维新之治，心学之为用也”。二是与“洋学”结合，出现了重视经验和实证的思想家，他们一方面将宋明理学的“理”本体解释为自然科学领域中的规律和法则，另一方面又维护儒学在民族精神中的道德地位，佐久间象山是最典型的代表，他的“东洋道德西洋艺”，几乎成为解读早期东西方文化交流的经典名句。到明治维新时，日本儒学彻底结束了它在德川时代所扮演的肩鼎道德建构的角色。

从文化功能的角度来看儒学在日本历史上的两次重要经历，它实际上已经消解了中国儒学在其本土所具有的文化生命，也不再是一个民族的存在方式；它成为适应日本不同历史时期需要的功用性的思想资源仓库，它两次所扮演的重要角色，也是它的两次功用性的命运。特别是在德川时代，它几乎被分解为不同社会阶层和社会领域的道德意识，充分显示了它的文化功能作用。日本学者井上清对此有一个很好的概括，他认为，在德川政府的庇护下，日本新儒学注定会存在和成长，它存在的理由是它对幕府时代日本政治利益的实际效用。中国新儒学这一概括的文化体系被分解成日本新儒学的特殊文化意识形态，它的命运是继续被分化为许多子系统，适应社会制度各个不同部分的特殊需要。“日本新儒学的历史成为实用主义学者和老师们手里进行这种分化的记录。那些学者和老师消除了新儒学在其中国本土妨碍实际分化的哲学结构和感情意蕴。”[1]

三、现世主义与直觉理性

对待儒学的这种功用性或实用性的态度，实质上表现了日本人学习和处理外来文化的一种思维方式和价值取向。这正如日本学者中村元所说，只要外来文化被判定为“有助于日本进步的工具”，具有实用主义头脑的日本人是不会计较其真理等级的认识论问题，或其价值的正统性问题的。“由于日本人天性中宽容和较为开放的一面，他们吸收外国的异质文化而没有太多的排斥。……他们对采纳和吸收外来文化是极端敏感的。然而，事实上，每种外来文化都被采用来作为日本文化的一种组成要素。无论采纳外来文化的人们的意图和呐喊可能是什么，只要外来文化的价值被认为是有助于日本进步的工具，就把它作为一种社会文化事实来接受。过去的这种态度造成了‘和魂汉才’的观念。日本人的这种传统观点是理解他们文化多重性的关键。”[2]

日本民族对待外来文化的这种价值态度和处理方式，对自身的历史发展产生了深远的影响。它使得日本在与外来文化相遇时反应敏锐、选择正确，重学习，善模仿，从而能够尽快地

---

〔1〕［日］井上清：《日本历史》，第256—257页。

〔2〕［日］中村元：《东方人的思维方法：印度、中国、西藏和日本》，夏威夷：夏威夷大学出版社，1974年，第400页。

缩短距离乃至赶上先进文明。

对于日本人善学习、重模仿的文化性格，有学者认为与日本人的思维习惯有直接关系。日本近代著名哲学家中江兆民（1847—1901年）指出，日本人在思维方式上重感觉，轻抽象，重经验，轻思辨，因此他下结论说：“我们日本从古代到现在，一直没有哲学。”[1] 这不是在广义上说日本真的没有哲学思想，而只是说明日本人的思维特点更注重实用性。日本学者源了圆在《文化和人的形成》一书中，将此定性为日本文化的“即物主义”性格。他说这种情况使日本人的思维“有明显的直观和情绪性”，他们缺乏思考复杂表象的能力，喜欢象征性的、单纯的表象，关于客观规律的知识也很贫乏，因此日本古代自然科学不发达，而在近代则表现为应用科学和技术工艺的发达，基础科学和理论思维的相对薄弱。中江兆民和源了圆对日本文化性格的分析，的确从一个方面说明了日本人对待外来文化采取实用性处理方式的原因。然而，它实际上还有历史发生学上的原因。大约公元前3世纪，日本弥生文化时代，中国的农业文明随着大陆移民的迁入而传入日本，使当时还处于石器时代的日本以“蛙跳式”的飞跃一下子跨过铜器时代，而跃进到铁器文明时代。由于如美国学者赖肖尔所说的“日本的农业文明的发轫比欧洲、中东、印度次大陆和中国晚了几千年”，因此日本人民为了自身的生存和发展，必须善于学习和模仿，唯其如此，才能尽快缩短与先进文明的距离，保存和发展自己的族群。所以我们可以说，日本民族接受外来文

[1] ［日］中江兆民：《一年有半，续一年有半》，北京：商务印书馆，1982年，第15页。

化从远古时代就开始了。善于学习和模仿与它特殊的历史处境以及保存族群的本能反应也有很大的关系。

日本大幅度地接受外来文化是从7世纪学习中国隋唐文明和输入儒家社会思想开始的。当时，日本在经济、文化方面同1000年前的弥生时代一样，远远落后于中国，并且仍残存着许多氏族社会的痕迹。日本人不仅吸收中国的儒学和佛学，而且还采用类似中国中央集权体制的官僚制度、品级制度、土地制度、租税制度、律令等等，甚至中国人的服饰和生活方式他们也学习。古人所说的日本是“衣冠唐制”“文物汉宫仪”，就极形象地说明了日本民族渴望学习先进文明的文化心态。这的确是与“原生性”文明不同的“次生性”或“继发性”文明族群所具有的品质。日本文化的模仿取向，在世界上也是罕见的。这正如赖肖尔所说：“像日本人那样自觉的、大规模的文化引进，在西方历史中是找不出同样的例子的。”〔1〕同样，本尼迪克特也说：“世界史上还难以在任何其他地方找到一个主权国家能如此出色地有计划地输入文明的例子。”〔2〕日本民族善于学习和吸纳外来文化的特点，一直延续至今。它使日本在向现代社会转型的过程中走了一条省力的捷径。

在学习和吸纳外来文明的历史演进过程中，日本文化还培养出自身特有的再创造的精神性格。中国文明是一种“原生性”的文明，它习惯于沿着自生脉络去进行创造。而日本文明在发生学上缺乏这种原创力，因此它最智慧的选择，就是善于融合其他先进文明的成果。在传统社会，日本民族的综合能

〔1〕［美］埃德温·赖肖尔：《日本人》，上海：上海译文出版社，1980年，第45页。
〔2〕［美］本尼迪克特：《菊花与刀——日本文化的诸模式》，杭州：浙江人民出版社，1987年，第49页。

力集中体现在“和魂汉才”上；在近现代，则体现于“和魂洋才”或“士魂商才”上。所谓综合能力，不是简单地将先进文明拼凑在一起，而是博采众家之长，根据自己民族的价值取向和实际需要进行再创造。因此有学者认为，“说日本民族没有创造能力是不准确的，它缺乏原创性，但有再创性。日本民族必须站在其他文明的大厦上进行新的组装。它不会成为发明者，但可成为综合性的修改者”〔1〕。

善于学习和模仿还造就了日本文化特有的审时度势，顺世应变的智慧。中江兆民说：“日本人极其明白事理，很会顺应时代的必然趋势前进，绝对不抱顽固的态度。”〔2〕日本学者中村元也说：“对各种现象作静的把握，这是东方人的特征，是中国人及印度人的思维方法的一个明显的特征。但是，日本人对于现象的变化却有敏锐的感觉。”〔3〕日本民族极具随机应变的特性。每当与外部异样文化发生碰撞时，日本民族都会作出积极的反应，并通过模仿、学习和引进促发文明的飞跃。日本历史发生过四次质的飞跃，几乎每一次都是在与外部文化的融合与调适中完成的：公元前3世纪到公元前4世纪的弥生时代，在接触中国铁器和农耕技术文明之后，日本列岛从原始社会跃进到农耕社会；6世纪到7世纪，通过大规模地移植中国隋唐文化，又进入发达的古代文明时期，建立了中央集权的政治体制，成为儒学文明圈的一员；17世纪前后，在儒家朱子学的支持下，形成了有完整社会意识相配套的成熟的封建文明；在近代，日本又迅速地抛弃了“和魂汉才”的模式，而

〔1〕张旅平：《文明的冲突与融合——日本现代化研究》，第49页。
〔2〕［日］中江兆民：《一年有半，续一年有半》，第16页。
〔3〕［日］中村元：《比较思想论》，杭州：浙江人民出版社，1987年，第176页。

选择了“和魂洋才”的富国战略，在较短的时间内跻身于亚洲以至世界强国的行列。当然，日本文化这种随机应变、灵活反应的特点，也与它的文明成分大多取自外来文化有相当大的关系。由外来文明综合而成的文化成果，即使历史再久远，也不是自己民族老祖宗的东西，它与自己民族的精神气质、文化心理以及生存方式没有深层的血脉关联，因此，也就不会成为沉重的历史包袱。在社会变革或转型时期，无论是“汉才”抑或“洋才”，部分甚至全部放弃它们，都不会引发民族的心灵阵痛。有学者说，日本民族在社会转型时，没有“深度的痛苦”，也许就是这个原因。与中华民族相比，中国文明主要是自创的，是自身之物，转换起来像“脱毛”（准确地说，应该是“脱胎换骨”）；而日本文明大多是外来的，是身外之物，转换起来似更衣。〔1〕

日本民族对待外来文化的处理原则，可以用文化的现世主义和理性主义（当然是直觉理性，即企图在现象界中去把握对方的绝对价值）来概括。这种现世主义和理性主义在行动上自然会导致实用主义的态度，一切以自身的生存、安全和发展为准则，选择抑或放弃，扶植抑或封杀，都由族群和利益集团的需要而定；对于外来文化所蕴含的深层次的价值理念和普世主义的人道关怀没有探讨和解读的兴趣。有学者就日本民族对待儒学的实用态度作了这样的评价：“中国对儒教的解释是生命主义与人道主义的，而日本的解释则是民族主义和尚武主义的。”〔2〕

〔1〕 参见张旅平：《文明的冲突与融合——日本现代化研究》，第50页。
〔2〕 参见张旅平：《文明的冲突与融合——日本现代化研究》，第50页。

四、禁教、锁国中的功利选择

日本文化中的实用主义原则，不仅是对儒学，也表现在对待包括基督教在内的西方文化的态度之中。当然，基督教是在16世纪中叶传入日本的，为了论说的方便，我们将它放在西方文化的大范畴中思考。

欧洲文化直接传入日本，最早是在16世纪40年代：1543年葡萄牙人在种子岛登陆，带来许多令日本人惊奇的西方物品；1549年，耶稣会传教士沙勿略从印度果阿到达鹿儿岛，传播基督教（这里所说的基督教是广义上的，沙勿略所传，实际上是天主教）。

基督教传入日本的初期，统治集团的态度是比较宽容的，甚至还采取了一些保护政策。比如，织田信长发给天主教传教士朱印状，将军足利义昭发放布教许可证，保证传教士的活动自由。但是到了16世纪后半期，日本的战国时代即将结束，封建国家的统一进程也在加速，统一日本的丰臣秀吉看到基督教传布得过快，势力发展迅猛，便采取了查禁基督教，驱逐西方传教士的政策。德川幕府建立以后，德川家康虽然对传教士表示友好，但是始终没有撤销1587年丰臣秀吉发布的驱逐令。后来，他发现基督教对于日本社会的渗透和影响非常之大，不仅边远地区的大名中有基督教徒，就是将军的亲密层“谱代”中也有改信基督教的。特别是天主教深入民间，将农民信徒编成“讲”[1]组，开展宗教活动，致使幕府害怕“一向宗”暴动事件重演。于是在1613年，根据德川家康的命令，以第二代将军德川秀忠的名义，发布了《天主教徒放逐文》，开始彻底查禁天主教。当然，也有史籍认为，德川政府查禁天主教，与信仰新教的荷兰人、英国人有关。这些人来日进行贸易，挑拨幕府与信仰天主教的葡萄牙人、西班牙人之间的关系，使幕府对天主教有所警觉，因此对天主教的传播采取了禁止措施。[2]

德川家康禁教，开始于“冈本大八事件”[3]。1612年3月，德川家康处死有马晴信、冈本大八，宣布禁止基督教徒在骏府、东京等直辖领地内活动。次年12月，下令在全国范围内禁止基督教，任命大久保忠邻为禁教总奉行。1615年，大阪夏战中又发现丰臣派中有许多基督教徒，因此，德川秀忠于1616年重新颁布禁教令，强迫百姓改宗，对坚持不改者进行残酷镇压。1623年，禁止日本船开往菲律宾及西班牙船从菲律宾开往日本。这一年，英国人主动退出日本的贸易。1624年，与西班牙断交。1628年，幕府命令长崎居民用脚踩踏基督和圣母玛利亚像，以此方式测验信仰，拒绝践踏的，便被认为是基督教徒，要受虐待或处以死刑。据统计，从1614年至1635年，因拒绝弃教而遭屠杀的基督教徒共达28万人之多。1633年，德川幕府开始从单纯禁教转向锁国。从1633年至

[1] “讲”，原为学僧在寺院讲读经论之意，后转意为集会。德川时代时，“讲”作为宗教和地域结合的集会组织。

[2] 见赵建民、刘予苇主编：《日本通史》，第120页。

[3] 冈本大八是德川家康近臣本多正纯的警官，与天主教大名有马晴信勾结，并接受其贿赂，后经幕府发觉被捕。他在狱中上书德川家康，告发晴信曾毒杀长崎奉行长谷川藤广。德川家康赐死晴信，处冈本大八火刑。

1639年，幕府先后四次颁布“锁国令”。其要点是：（1）禁止日本人出航海外，如有偷渡者，应处死罪；已去国外定居的日本人，不许返回。（2）禁止基督教，驱逐葡萄牙人（因传教者主要为葡萄牙人）。（3）禁止外国船前来贸易，但允许荷兰东印度公司的船只进入日本，只限其在长崎进行贸易。（4）垄断内外信息交流渠道。1641年，幕府又把在日本的荷兰人从平户迁到长崎的出岛，隔绝他们与日本人的接触。至此，日本除了与中国、荷兰限于长崎的贸易，断绝了与外界的联系，终于从禁教开始形成了闭关自守的锁国体制。

德川幕府从禁教到锁国，一般被指责为使日本居于世界潮流之外，在孤立状态中停滞了两个世纪。对基督教以及相关的欧洲文明的打压，也许是“宽容和较为开放”的日本人唯一的一次对外来文化的排拒。这个排拒一直持续到明治初期。据永田广志所说，明治元年，政府还在长崎地区逮捕了3000多名信徒，明治六年才撤除对耶稣教的禁令。然而，如果从具体的历史背景来解读，禁教与锁国恰恰是“宽容和较为开放”背后的实用主义原则的反向运用。换句话说，禁教与宽容，锁国与开放，都是日本生存和发展、秩序和安全的需要。亦如霍尔所说：“这个对比是很有戏剧性的。”[1]

从历史环境来看，德川政府采取禁教和锁国的政策，除了国际贸易的因素，根本原因在于日本国内的政治需要。所谓国际贸易的因素，就是霍尔说的，“西方贸易者离开日本，在很大程度上反映了日本在地理上偏离了世界的主要贸易路线，而

---

[1]［美］约翰·惠特尼·霍尔：《日本——从史前到现代》，第144页。

1600年以后，西方对偏远的东亚边缘的兴趣降低”[1]。

就当时日本的国内状况来看，首先，从战国大名激烈角逐中刚刚建立起来的德川幕府，需要巩固统一的国家政权，而基督教的迅速扩展和对社会的深度渗透，使权力集团“十分畏惧基督教，以至于在几十年中都对从西方进口的书籍和其他印刷品实行严格的检查”[2]。对于统一不久的政治权力来说，稳定社会，消除一切可能造成分裂的因素，是首要的政治对策。基督教的传入，正好处在日本历史的关键路口，因此也就很难避免被打压的命运。“我们确实知道闭关政策保证和平，而德川幕府只是在和平环境下才能发展它的政治机构和经济、文化资源。”[3]

其次，地处日本西南部沿海地区的九州及靠近濑户内海的一些地方诸侯，为了从海外贸易中牟取暴利而带头信奉基督教，并允许在自己的领域内传教。1580年，九州的一个大名大村纯忠甚至把10年前开港并正在发展为日本西部最大贸易港口的长崎及其附近的茂木地区献给耶稣会作为领地。而传教士们为了大规模地传教，便采取强制手段，先让国、郡的统治者信教，再由他们发布命令，迫使臣民悉数入教，骚扰各地。这里的关键是，那些信奉基督教的大名，通过海外贸易致富，并从西方国家输入洋枪火炮等新式武器和技术，壮大自己的经济和军事实力，从而达到与幕府分庭抗礼的目的。这对于刚刚统一的日本来说，有着极大的分裂危险。德川幕府为了消除地方大名拥兵自立的能力，采取禁教和锁国的政策，一方面收回

[1]［美］约翰·惠特尼·霍尔：《日本——从史前到现代》，第122页。
[2]［美］约翰·惠特尼·霍尔：《日本——从史前到现代》，第144页。
[3]［美］约翰·惠特尼·霍尔：《日本——从史前到现代》，第144页。

地方大名对外贸易的权力，另一方面又将对外贸易垄断在自己手中，增加中央政府的财力。由此可以看出，禁教与锁国，既是幕府体制自我保护的一项措施，又是强本弱末（强化中央，削弱地方）的长期战略。“德川想阻止西部大名，不让他们私自通商，这也反映了中央政权仍在努力反对大名地方自治的程度。”[1]

最后，在近百年的诸侯混战的废墟上建立起来的德川统一政权，极需要与新的社会等级秩序相配套的统一的社会意识形态，当时幕府倡导的神道、儒教、佛教“三教一致”的观念就是有力的文化对策。在《天主教徒放逐文》中，可以看出德川幕府的思想立场：“日本乃神佛之国，尊神敬佛，专行仁义之道，正善恶之法。……彼天主教徒辈，厌弃神道，诽谤正法，损义伤善。……今幸承天命，为日本国之主，执掌国政盖有年矣。外显五常之至德，内归一大之藏教，是故国富民安。经曰：‘现世安稳，后世善处。’孔夫子亦曰：‘身体发肤，受之父母，不敢损伤，孝之始也。’欲全其身，惟有敬神。宜早斥彼之邪法，以期使吾正法日益昌盛。”[2] 对于德川政权刚刚建立的政治社会秩序来说，神、儒、佛都有利用的思想价值。神道可以保持日本民族的精神统一。佛教可以组织武士官僚之外的普通民众。从17世纪初到中期，德川幕府逐步推行的宗门整编与本山分寺制度，就是用佛教组织民众的策略。所谓“宗门整编与本山分寺”，就是强制民众必须成为某个特定寺院的施主，并皈依于这个寺院，有的藩主甚至强迫民众归属与

---

〔1〕［美］约翰·惠特尼·霍尔：《日本——从史前到现代》，第122页。

〔2〕转引自［日］信夫清三郎：《日本政治史》第1卷，上海：上海译文出版社，1982年，第20页。

其家族信仰毫无关系的寺院；在各寺院之上再建立本山寺院，统一管理各个分寺。如此一来，通过本山寺院管理各个分寺，各分寺管理民众的方式，幕府便将全国纳入统一的秩序网络之中。德川政权主要通过两个系统来控制全国：一是幕藩系统，将地方大名纳入政治秩序；另一个就是本山分寺系统，将普通民众编入社会秩序。至于儒学，则担当着社会意识形态的主角，成为德川时代道德秩序建构的主要思想资源。相对于神、儒、佛来说，基督教不仅没有思想的利用价值，甚至还与德川政权的思想立场相对抗，它宣扬的“天主创造”“人间平等”等观念可能极大地消解了德川社会的秩序理念。

以上三点构成了德川时代特殊的历史需求。由于基督教没有功用价值，因此德川政府禁教也就成为“实用主义”原则的题中应有之义。然而，依据同样的实用精神，德川幕府在禁教和锁国之后，并不排斥对自己国家有用的欧洲文明。这与中国清政府有很大不同。中国在实行“闭关”政策之后，统治者和一般百姓便关起门来过自己的日子。中国官吏，甚至海关的官员，都是不见洋商的。日本人则与此相反，他们在锁国之后，仍然双眼向外。政府禁止平民百姓搜集外面的情报，但是自己却十分关注海外的信息。德川幕府向荷兰东印度公司和唐船打探情报，并将其编为《荷兰风说书》和《唐风说书》（“风说”意为传闻）。通过“搜集情报的活动”，正确判断海外形势，是德川幕府的对外策略之一。当时的日本人虽然感到西方的压力，但是并不惧怕。1637 年，也就是在“锁国”的同时，幕府曾制定远征吕宋的计划，其目的在于“颠覆基督教传教士的根据地”，同时禁止他们向琉球群岛渗透。原定于 1638 年派出远征军，但因国内发生天草和岛原农民起义而取消计划。日本关注海外的变化，既是为了巩固和稳定国内秩序的需要，也是向外扩张，与中国争霸东亚的需要。“一般而言，在古代，扩张性民族总是关注外部信息的，因为这是扩张之必要条件之一；而非扩张民族往往是不会这样做的，因为无此必要。由于经常关注海外情报，日本就比中国更了解外部世界，更清楚国际形势。这一点，随着时间的推移，越发显得重要了。”〔1〕

除了双眼向外打探海外信息，当时的日本政府对于已经传入日本的欧洲文明采取了两个实用性的对策：第一，禁止基督教，驱逐某些西方国家的人员和传教士，而保留荷兰人。第二，继续吸纳对日本没有意识形态威胁的西方文明，如自然科学和工业技术之类。这正像永田广志所说：“欧洲文化传入日本，是从战国时代耶稣教和洋枪炮传来以后的事。禁止耶稣教以后，洋枪炮制造法、炮术、筑城术等仍然有所发展。”

德川幕府在锁国后之所以不驱逐荷兰人，是因为他们不在日本传教，并接受日本政府对他们活动的统治。此外，留住荷兰人也可以保留获得外部信息的通道。正是在这种实用对策的保护之下，锁国之后，西方文化仍然可以以“兰学”的形式继续对日本发生影响。这表明日本锁国的目的非常明确：杜绝对自己不利的因素，利用对自己有用的一切条件。比如幕府老中松平定信在自传《宇下人言》中说：“余自宽政四五年，搜集红毛之书（荷兰等书籍）。蛮国精于理。尤以在天文、地理、兵器以及内外科治疗方面获益匪浅。然此或成好奇之媒介，或成坏事之根源。虽应予以禁止，然禁而犹不能止。何况

〔1〕 张旅平：《文明的冲突与融合——日本现代化研究》，第67页。

此尚有益。”不仅是权力集团，就是幕府时代的知识分子对此也异常清楚。日本儒学后期水户学派的大桥讷庵，是坚决的攘夷论者，他排斥西方的社会理论和人文精神，然而却明确拥护学习西方的科学技术。他在《辟邪小言》中表示，“西洋学说中有一二可取者”，尤其认为西洋式的“大炮亦必备之器”。他认为西洋虽无“道”，而“艺”是卓越的。从现代的科学眼光来看，这当然迂腐可笑，但这却可以说明，当时的日本朝野，对西方文化的实用心态是一致的。

当时传入日本的西方文明主要涉及医学、军事、冶金、地理、天文等应用学科。一般来说，孤立状态会造成文化的停滞。然而德川时代的长期和平与安定，却造成经济增长，引起了名副其实的文化高涨。如霍尔所说：“闭关锁国政策的影响并不全面，并没有决定整个时代。事实上，日本也没有在 17 世纪中叶变成僵硬的模型在此后的两个世纪中停滞不前。尽管和世界其它地方隔绝了，德川时期还是个文化和制度都发展的时期。诚然，当时欧洲有许多重要科学和政治的概念奠定了现代社会的基础，而日本和它们很少接触；但在不少其他方面，日本在这些年里加强了它的国家和文化基础。”[1] 日本在德川时代之所以能够继续发展，与它对欧洲文明（兰学）的有效利用有着直接关系。对于兰学的保留，使得日本即使在锁国的情况下，仍然能够保持与外部世界的通道，为传统的社会思想体系不断加入新的成分，从而使社会始终具有精神活力。

作为一种社会思潮，日本的“兰学”始于 18 世纪初，其标志是日本科学历史学的先驱及兰学鼻祖新井白石于 1713 年

---

〔1〕［美］约翰·惠特尼·霍尔：《日本——从史前到现代》，第 122—123 页。

和1715年所写的《采览异言》以及《西洋纪闻》。《采览异言》是地理著作；《西洋纪闻》是禁教以后第一部研究西方的著作。在这部著作中，新井白石把西方的自然科学同基督教的有关造物主、天堂、地狱、不灭的灵魂等观念区别开来，指出前者的优越性和后者的非科学性，从而打破了当时日本人将西方文化与基督教混为一谈的偏见。他特别提出欧洲的“形而下”文化是有价值的，并且和基督教有所不同的，即便在禁止后者的条件下，也是具有可以吸取的性质的。[1] 从现代的观点来看，新井白石的思想显然有许多历史的局限，但是在当时禁教锁国的日本，在人们普遍对西方文化缺少理解的情况下，新井白石的观点却有很大的价值。正如永田广志所说：“这一点作为后来移植洋学的思想准备，必须给予高度的评价。”[2] 特别是他对于世界地理和西方世界的介绍，极大地开阔了日本人的眼界。1716年，幕府第八代将军德川吉宗为了进行“享保改革”“殖产兴业”，下令解除从荷兰输入书籍、翻译和学习荷兰语的禁令，使得以前被幕府所垄断的兰学很快普及到了民间，并最终形成“兰学运动”。当时的日本人，对于豁然展现在眼前的欧洲文明，无不感到新奇和激动。兰学家杉田玄白在其《兰学事始》一书中写道：“从此，世人遂对该国运来之物感到新奇，喜爱其舶来之一切珍品，不论多少，闻稍有好事者无不常爱搜集之。尤以正相值良候（田诏意次）当道执政时，世上适为华美繁花之最盛期，彼（荷兰）船年年运入气候测验器（晴雨表）、寒暖测验器（寒暑表）、震雷

[1] 参见［日］永田广志：《日本哲学思想史》，第122页。

[2] 参见［日］永田广志：《日本哲学思想史》，第122页。

测验器（来顿瓶）、水液轻重清浊测验器（比重计）、暗室摄影镜（暗箱摄影机）、现妖镜（幻灯机）、观日玉（遮光镜）、呼远筒（扩音器）等各种物品，此外，各种钟表、千里镜（望远镜）和玻璃制品之类为数甚多，大家深为这些东西之奇巧所吸引，赞叹其穷理之微妙，自然，每年春天当荷兰人参谒幕府时，其居住聚会人甚众。”随着兰学的兴起，以后在日本又相继出现了俄罗斯学、英吉利学等等，它们合称为“洋学”。与此相应，日本也出现了一批与儒学家和国学家不同的兰学家和洋学家。

兰学（包括洋学）的兴起与发展，不仅给处于锁国之中的日本保留着近代的科学技术，使日本人逐步接受了“亲试实验主义”的实证精神，而且还使他们的视野、心态乃至价值观发生了极大转变。这种由“即物性”的实用主义原则所引出的深层次的精神世界的变更，也许恰恰表现了历史智慧的“狡猾”，然而却值得人们，特别是有着类似经历的中国人去思考。

第一，地理观和世界观的转变。在引入西方近代思想以前，日本作为儒学文化圈中的一员，基本上是在“华夷秩序”的范畴内看待世界秩序的。虽然到了幕府后期，随着日本民族意识的增强，开始有了建立“大君外交秩序”的诉求，但是，他们的视野仍然限于朝鲜、琉球、东南亚诸国。在日本人的眼中，不仅以上地区，就是西方国家也是“夷狄”。丰臣秀吉时期，日本曾狂妄地打算击败中国明朝，以自己的国际秩序取而代之，让日本天皇当中国的皇帝，把日本的地位交给亲王，并且将宁波码头当作日本的一个港口。[1] 然而这也只是“华夷秩序”内部调整。在接触到近代地理学的知识之后，日本人开始从东亚中心文化的传统中解放出来，知道无论中国，还是日本，都不是世界的中心。1775 年，杉田玄白在其所著《狂医之言》中指出：“地者为一大球，万国分布于上”，“所处皆居中”，“并无何国居中土”。此后，大槻玄泽在 1788 年著的《兰学阶梯》中进一步阐发了杉田玄白的思想：“腐儒庸医不知天地世界之大，迷惑于中国诸说，效彼而称之为中国，或称中华之道，殊属错误。舆地为一大球，各国分布于上，皆居其中，虽自然划分区域，但均尊称自己所处之地，中国自称为中土、中原、中华、中国，或称华洛、神州。荷兰称本国为日耳曼，为中土；我邦亦自称为中国；英吉利以其都邑为经纬度之起点，等等，称本国时盖皆有此种情况。以坤舆方域之大而言，惟非洲之埃及可谓世界之中央。中国、日本地处东隅，荷兰等国位于西北。然我国以对中国之傲称，尊之为中华之国，并以华人、华舶、华物等相称，又何故耶？盖我国慕效中国之年代久远，自然欣赏而未顾及其他，且又过分昧于地理状况，耳闻目睹有限，仅知唐及天竺之名；甚至荷兰亦被视为中国所属，或以中国之外皆为蛮夷而不值一提，其学识何其粗浅狭窄耶！”[2] 从这长段的论述中可以看出，此时期的日本人不仅有了新的地理概念，而且有了相对平等看世界的视野和心态。世界观和地理观的转变，还使得日本能够冷静地按照当时的国际秩序和惯例处理外事问题。例如，1862 年，佐久间象山在向

---

[1] [日] 信夫清三郎：《日本政治史》，第 1 卷，第 9 页。

[2] 转引自 [日] 信夫清三郎：《日本政治史》，第 1 卷，第 60 页。

幕府写的上书稿中说：“如今若将朝鲜、琉球称为夷，彼等小国亦未必甘受。况将东西洋之大国贱为夷狄，只能认为此国（日本）之无礼也。”[1] 冷静、理性、客观地观察和对待外部世界，就能够认清世界发展的一般趋势，从而合理地定位自己国家的发展步骤。

第二，文化价值观的变化。如前所述，从推古改革、大化改新，特别是律令制国家建立之后，由于地理环境的原因，日本人只能认同中国文化，主要是儒家文化。可以说，中国文化是日本人开化和启蒙的第一个思想体系。随着西方文明向东亚的渗透以及日本兰学的产生，日本人开始认识到东西方文明，具体地讲是传统东方文化与近代西方文化之间的差异，从而文化认同开始向西方近代文化倾斜。

日本人文化价值观的转变和思想启蒙的动因，除天文、地理学之外，最早和最重要的便是医学，即西方近代的以解剖学和实验为基础的医学。早期，日本的医学主要受中国传统医学的影响，强调行医经验、阴阳平衡以及五行相生相克的朴素辩证法。西医传入日本之后，日本医生很快发现西医书中的解剖图与中国文献的记载有很大出入。通过实验和解剖，日本人发现西医的理论是正确的。1774 年，前野良泽和杉田玄白等五位医生翻译了《解体新书》，对西医解剖学真正认可。由人体解剖学的正确认识引发了对中国传统文化的质疑。当时的日本人虽然仍肯定中国的学问“颇为伟大”，“具有历史意义”，是“智慧的源泉”，但已不再是唯一的源泉。例如杉田玄白认为，

---

[1] 转引自［日］依田憙家：《日本的现代化》，北京：中国国际广播出版社，1991 年，第 41 页。

中国只是东海岸的一个国家，而真正的医学知识必须建立在全世界的普遍根据之上。医学上的转变开阔了日本人的思想文化视野，他们明显感到原有知识的贫乏，需要大规模接受西方近代文明。

不仅是自然科学，对于西方的近代社会科学，日本人也表示了极大的认同。幕府末年，加藤弘之（此后的东方帝国大学校长）在缅怀往事时说，在他进入培理来航时建立的蕃书调所之后，"发现许多其他书籍，一些从未被任何人利用过的书籍。当我研读它们时，我发现它们是非常令人感兴趣的；我首次看到诸如哲学、社会学、伦理学、政治学和法学那样的书……由于这些书，我的观念开始转变"。1862 年被派往荷兰莱顿，后来成为明六社奠基人的西周在他的咨询报告中说，除了规定的研究，他还希望考察"那些为笛卡儿、洛克、黑格尔和康德所提倡的东西"，因为在他看来，"在这些学科的研究中，有不少内容将足以促进我们的文明"。[1]

文化价值观的转变，不仅拓展了日本人的文化认同面，而且为明治维新做了充分的精神准备。维新阵营中的许多志士具有开阔、机智、先进的头脑，与文化视野的变化有极大关系。

第三，对商业价值的认同。传统社会的日本很受儒家"重农抑商"思想的影响。随着对西方文化的推崇，许多日本人逐渐认同了重商主义的价值原则。武士出身的兰学家本多利明说："日本既为海国，航海、运输、贸易当然为国君之天职，首要之国务。向万国派遣船只，攫取所需物品及金、银、铜运回日本，充实国力，乃海国必然采取之方法。"他认为，

---

〔1〕 转引自张旅平：《文明的冲突与融合——日本现代化研究》，第 122—123 页。

西方各国之所以强大，是因为“世界各国之物产与宝货皆群集于欧洲”，如果日本与世界各国发展贸易，便会“渐次富裕，并由富裕而强盛”，“与外国之交易为提高自身之国力，亦与战争相同耳”。他还告诫日本权力集团，锁国只会使日本成为“孤岛”，“仅以本国之力治国，则国力渐弱，且皆农民当之，农民连年减少乃自然发展趋势。”

第四，现代统一的民族和国家意识的觉醒。7、8世纪时，日本输入了中国的制度文化，建立了中央集权的统一的律令制国家。然而，由于本土的历史条件所决定，大约从9世纪中叶藤原氏专权开始，天皇统一政权开始衰落。从12世纪镰仓幕府武家权威出现以后，日本一直处于封建的藩国分割状态，虽有德川时代的武士统一政权，但仍然是幕府中央与藩国相对自治的分封体制，特别是皇室机构已彻底丧失了政治权力，仅仅成为精神象征中心。欧洲近代文明传入日本之后，逐步唤醒了日本人的民族统一和国家集权的意识。如果说中国隋唐文明的冲击首次唤醒了日本民族统一和帝制意识的话，那么欧洲近代文明的冲击则导致日本人这方面意识的第二次觉醒。

从现代化政治变迁的一般规律来看，不同的历史遗产决定了不同国家的改革道路。按照亨廷顿（S. P. Huntingtun）的说法，有两种传统的政治体制：官僚帝国制与封建等级制，“在一个官僚政体中，权力已经集中，而这一政体最重要的问题是如何通过官僚机构来推行现代化的改革。在封建制或其他权力分散的政体中，革新政策的先决条件是必须集权”[1]。日

---

〔1〕［美］亨廷顿：《变革社会中的政治秩序》，北京：华夏出版社，1988年，第152页。

本维新前的政治体制显然属于亨廷顿说的第二种情况。也就是说，在近代西方文明浪潮的冲击面前，日本必须首先实现国家和民族的统一，将分散的封建政体改造成中央集权制的政体。当时的日本维新人士，为解决国家政体设计了三种方案。第一种方案是“诸侯联合体”或“幕府诸侯会盟”，这是模仿19世纪初德意志邦联（Deutscher Bund）的模式。第二种方案是以幕府为中心的大君政体。第三种是“天皇制君主政体”。相比较而言，第一种政体虽然与传统的幕藩体制在形式上有所不同，但并没有本质区别，因为它仍保留了封建体制。尤其是在内忧外患的形势下，它甚至有可能“开全日本国内争乱之基，导致四分五裂”，因此很快就被否定。维新人士认为，“当今世上提倡大名联盟之说”，会“妨碍一国之文明开化”，只有采取“摩那尔奇”（荷兰语Monarchie的音译，意为君主政体）制，才能“改变全日本封建制度”，促进民族统一，推进国家的文明开化。从政体的实质来说，君主政体也就是统一的中央集权的帝国体制。在这一点上，第二种大君政体和第三种天皇政体都是相同的。仅有的区别在于中心的载体，是以幕府为中心，还是以天皇—朝廷为中心。就当时日本的国内情况来看，幕府虽然有现成的历史条件和优势（比如福泽谕吉及其同人都一度支持幕府建立君主制），但是在解决现实的困境上显得非常无能和保守，已无法担当改革的重任。于是，人们只好将视线转向皇室机构，在“王政复古”的旗帜下建立了明治中央集权政府。不过，这绝不是古老帝制的再版，而是被注入现代性和现代文化要素的新政体。比如，武士渡边华山就认为新的政体应该像西方国家的社会结构那样，具有一种和谐性，有助于自然科学、技术和艺术，以及伦理和政府管理的发展，

“个人可依据其天性的命令选择其自己的目标，专心研究伦理和政府管理，以及艺术和技术。因此没有个人的抱负会被轻视。人们只在没有致力于就天性而言适合他们的任务时才受到谴责”[1]。

五、不忘主体：神道信仰的保有和发展

从以上的述论中可以了解到，在实用性原则的主导下，“天性宽容而较为开放”的日本，在17世纪，因为族群的生存和发展的需要，对于同样是外来文化的基督教，却采取了严厉的打压政策，进而从禁教发展到锁国。不过，实用原则的最大特点，就是它的灵活性。它可以根据环境的变化，以及不同时期不同层面的需求来设定不同的变数。因此，日本即使在“锁国”当中，仍保留了“兰学”以及相应的输入洋学的通道。这又为近代意识的觉醒留下了精神空间，也为维新运动和社会改革作了历史性的铺垫。然而，我们应该看到，这只是一条由生存需求和利益扩张而推动的功利性的线索。借用中国哲学的概念来说，它只是形而下之“器”或“用”的推进。日本在跨入近代社会门槛之时，作出“脱亚入欧”的选择，以“和魂洋才”替换“和魂汉才”，以西方近代的科技和政治文化取代儒家的社会人伦理念，既是物质社会层面的“以用易用”，又是实用原则的逻辑必然。但是，如同任何社会的变革一样，日本社会的发展，除浮面的“用”的变动之外，还有“体”的常规和潜约。这就是在深层次影响着日本民族精神的

---

[1] 参阅张旅平：《文明的冲突与融合——日本现代化研究》，第123—125页。

神道信仰和作为日照大神人间象征的天皇权威。在明治维新时期，由神道信仰所支撑的天皇权威，不仅成为凝聚人心、动员社会的精神力量，而且还成为在复古包装下现代统一民族国家的政治符号。正像霍尔所说：“在紧急关头，天皇又回到了政府的中心。长期以来，名义上统治的天皇和实际的权威，分别存在，未始非福，因为在面对外侮的危急时刻，天皇是全国新的凝聚点。旧的秩序在超常的、更古老的信念的名义下，受到攻击，而这种信念最有日本特色。”〔1〕霍尔所说的“最有日本特色”的信念，就是日本本土的神道信仰。这种神道信仰所起的民族动员作用，无论是在推翻德川幕藩旧体制，还是在争夺区域霸权试图改变世界秩序之时，都是不能低估的。“日本人民把他们国家主义的意识指向天皇，也就第一次地团结成为一个国家。到 1905 年，日本已经战胜了中国和俄国这两个国家。这两场战争都是全民战争，需要全国的努力。”〔2〕当然，对于日本以天皇为中心的国家主义所导致的军国主义灾难，我们应该以普世性的人道主义和人类正义来批判。因为此问题不在论域之内，所以在这里我们不作涉及，而仅就具体的历史变革来讨论。

值得深思的是，在西方近代价值观的影响和推动下，日本的西方文化拥护者也以绝对主义（absolutism）国家观的方式提出了建立现代统一国家的诉求。如兰学家本多利明（1744—1821 年）指出，要想实现发展商贸和拓殖的历史使命，就必须使万民忠诚于一个君主，由君主统一一切政治力量，实现国

〔1〕［美］约翰·惠特尼·霍尔：《日本——从史前到现代》，第 203 页。
〔2〕［美］约翰·惠特尼·霍尔：《日本——从史前到现代》，第 236 页。

家统一。日本史学家井上清说，“这是绝对主义国家之先声”[1]。由此，我们看到，最古老的与最现代的，最本土的与最世界的思想文化在统一民族国家的目标上形成了一个交叉点，而明治维新恰恰是在这个交叉点所构成的历史合力的推动下取得成功的。传统与现代的交叉点往往是历史进步的转折点。谁在这个点上把握住机会，作出合理的选择，谁就能跨入新的发展阶段。

从日本的思想发展史来看，神道信仰作为日本民族的精神主体，即使在儒学全盛的江户时代也没有断掉它的发展脉络。这如中村元所说，日本民族在努力吸收外来文化的同时，“也努力保存从他们自己的过去继承下来的价值准则。他们一方面追求民族的统一，同时允许异质因素的共同存在”[2]。正因为如此，日本在明治维新时，才能够以保持精神价值的连续性来获得社会变革的秩序性。霍尔对此问题的评价值得重视。他说：“在从传统秩序到新的政治秩序过渡的关键时刻，日本人对西方冲击的反应的突出特点在于它成功地保持了民族的凝聚力。许多别的国家在这一时刻分崩离析、陷入内战。日本人的政治‘革命’，几乎说不上是什么革命，因为它只是在武士阶级这一老的掌权集团中进行，并且是以忠心和政治价值的连续性为依托的。正像有些人所说，日本不过是举行了一场基本上有控制的政治反应，‘从上层’搞了一个‘现代化’。”[3]

日本神道信仰体系在江户时代保持在两个层面上，一是神道文化学者在思想领域中的活动，二是作为民间信仰存在于普

---

〔1〕 参见［日］井上清、铃木正四：《日本近代史》，北京：商务印书馆，1972年。
〔2〕 ［日］中村元：《东方人的思维方法：印度、中国、西藏和日本》，第400页。
〔3〕 ［美］约翰·惠特尼·霍尔：《日本——从史前到现代》，第188页。

通民众之中。就学者层面来说，神道学说是以原始部族宗教为基础，通过对日本古典（特别是《日本书纪》）的阐发而形成的日本本土宗教体系。不过由于神道在尚未发展成熟时，中国的佛教和儒学就传入了日本，因此作为日本本土文化的神道教在儒、佛的影响下就难免发生变形（modification）。如永田广志所说，当移植中国思想进入日本时，“这些思潮由于和日本原有的意识形态交织在一起，就不能不发生变形。表现在各种形态和方法上的神佛调和、神儒调和以及神、儒、佛、老调和就是典型的，而且是最大的变形。众所周知，即使复古神道号称是没有同外来思想发生调和的、纯洁的‘古道’，实际上也是由这种外来思想所准备、所培植的；而且在作为它的独一无二的典据——古典著作中也包含着很多中国思想”[1]。

从思想形态来说，日本江户时代的神道教大致有三类。第一种是神佛调和的神道学说。这种思想形态早在奈良时代就以修验道和神宫寺的形式出现了。其代表思想是“本地垂迹说”，即认为神道信仰中的诸神都是佛教中“如来、菩萨、观音”等的“化身”。如卜部兼俱就认为，“胎金两部之大日如来佛，一切诸佛菩萨之总体也。大日如来之生身，已显现为吾国之本主、日月两神之尊形”[2]。

第二种是神儒调和的神道学说。永田广志将其称为“理学神道”或“儒学神道”。这种神道思想偏重于以儒学来解释神道。比如著名的儒学家熊泽蕃山在他的《三轮物语》中，完全用儒学思想来解说神道。他认为，“天地之神道无形象而

[1] [日] 永田广志：《日本哲学思想史》，第10页。
[2] 转引自 [日] 三宅正彦：《日本儒学思想史》，第61页。

成为人人之性，名称用唐土文字来表示也好，借琉球文字来表现也好，其实体乃天地一源之神道也”；他以儒学的“太虚”来比附日本神道，说“太虚之神道”；又用神道的三种神器（八咫镜、天丛云剑和八坂琼曲玉，是日本传统的说法，此三种神器又是皇位的标志，是历代天皇继承的三件宝物）来附会儒家的“智、仁、勇”三种道德。儒学神道最典型的代表是德川时代早期儒学家山崎暗斋，他的“垂加神道说”在日本古代思想史中影响很大。山崎暗斋在他的《神道五部书》中将宋理学与神道加以融合，以阴阳五行来配合神道的“天神七代”：“天神第一代，天地一气之神，自二代至六代，是水、火、木、金、土之神，第七代，则阴阳之神也”；又提出“造化、气化、身化、心化”的范畴，以造化、心化比喻天神七代，以气化、身化比喻地神五代。这种比附虽然毫无思想创造，但它却为神道信仰赋予了理论色彩。

第三种是自称为纯洁的，不带有任何佛教、儒学成分的复古神道。复古神道与复古国学都是以日本古典为依据，所以在学理上也就有着某种渊源关系。按照永田广志的观点，神道的发展促进了日本国学的深入，“一般说来，国学除了神代纪以外，还是以王朝时代的历史、制度、文学为研究对象的学问，也就是说，它还是包括神代史、古代史、有职故实（古代的典章制度）、古代文学（尤其是歌学）的学问，所以，它和主要以神代纪为依据的、作为宗教意识形态的神道基本上是不同的东西。尽管这样，毫无疑问，神道的发展，不但促进了神代史的研究，还促进了对王朝时代的历史、制度的研究。……这是因为神道被理解为和王朝紧密结合在一起的日本固有之道的缘故”[1]。复古国学的主要宗旨在于从佛教、儒学这些外来的文化中，剥离出日本历史以及本土文化的本来面目，找出日本民族自身的精神脉络。比如日本国学的顶峰人物本居宣长（1730—1801年），他从古典的文献学和语言学出发，通过学理的阐释，要求人们相信日本神典的真实性，坚持认为神代卷的记述乃是当时的真实事实。本居宣长这样做的目的，一是保持日本“神统”的延续，二是以神道论证现实政治，特别是德川幕府存在的合理性。他说：“天下之民都是当时由天照大御神交给东照御祖命（东照，即东照宫，指德川家康；御祖指皇祖；命是对神或贵人的尊称）代代大将家治理的人民，国也是天照大御神交给他治理的国。”这是将德川家族纳入皇祖神系，以此来说明它有神道的根据。

与复古国学有所不同，18世纪后半期到19世纪中叶出现的复古神道，虽然仍以日本古典为依据，但是他们不走文献学或语言学之类的学理路子，而是借用某些知识，力图建立一套神学体系。比如本居宣长的学生平田笃胤（1776—1843年），改造了本居宣长的神话解说，并把宇宙论引入神道思想。他认为天御中的主神，是“主宰一切宇宙万物”的（《古史传》卷一），从而消解了本居宣长的多神论倾向，强调了一神论的观念。此外，平田笃胤还把日本古典中的创世神话同天文学的知识结合起来，创造了独特的神学世界形象，完成了复古神道的神学体系。

三种神道的思想形态虽然各有不同，但其精神主旨却是一致的：以论证“日本神国”“天皇神圣”这一“神统”来保

---

[1] [日] 永田广志：《日本哲学思想史》，第123页。

有和维系日本民族的文化认同和精神主体。例如神佛合一的“本地垂迹”说虽然采用了很多中国佛教的思想资料，但在宣示自己的主旨时明确说明，所有的论证都证明“惟一神道之血脉”始于天神太祖，传于代代天皇，日本“国是神国，道是神道，国主是神皇。……一神之附属，永传万乘之王道。天无二日，国无二主”（《惟一神道名法要集》上），把日本说成是万世一系的、天皇君临的、无与伦比的国家。[1] 无论这些神道思想是怎样的粗疏和生硬，它作为一个民族的精神和情感的归宿，却使日本人即使在佛教、儒学、西洋文化的强势冲击下，也没有断裂自己的精神命脉，而将文化生命保持下来。像霍尔所说：“神道始终是日本人民和他们社会制度及祖国的主要纽带。”[2] 这种文化生命的保持不仅使日本始终是以一个文化统一体来面对和吸收外来文化，而且将整个社会联络为一个具有活力的有机结构，在国家发展的关键时刻产生重要作用。霍尔认为，“作为政治秩序的精神支柱和个人与社会的重要纽带，神道继续通过庞大的神社网为日本人民服务。当然天皇本人保持着神道中最高祭司的地位，他主持祈求供奉在伊势的皇家女祖先的仪式。大多数的武士家庭都保持着和祖先神社的联系，作为尊重家世荣誉的象征。德川家在日光围绕家康神社举行的仪式，是最引人注目的。在社会的较下层，每个村子、每个町，都有保护神的神社把德川社会的小部件黏合起来。作为德川政治等级和它所附着的社会结构的精神支柱，神道保留着它的中心地位。面对着国外传来的宗教或哲学，神道对日本人

---

〔1〕 转引自［日］三宅正彦：《日本儒学思想史》，第 61 页。
〔2〕［美］约翰·惠特尼·霍尔：《日本——从史前到现代》第 45 页。

有一种和国家的统一性，这种感觉随着德川时代的发展而日益重要。德川闭关政策所创造的孤立世界中，神道传统所孕育的‘日本的’感觉，将在日本历史的重要关头重新出现”[1]。霍尔的这一长段论说应该对我们理解日本的“神统”有所启发。

对于“神统”的保护，几乎是所有日本人的自觉意识。比如林罗山，是日本儒家朱子学的鼻祖，他是坚定的“以儒治国”论者。然而，他只将儒学视为治理国家的理论依据，至于国家和民族的精神主体，他认为只能是神道。他写有《神道传授》《本朝神社考》等著作，坚定宣扬“我朝神国”的思想。在他看来，“神道乃王道也”，“神道即理也”，“心外无别神，无别理。心清明，神之光也。行迹正，神之姿也。政行，神之德也。国治，神力也。”他把自己的神道称为“理当心地之神道”。在林罗山的思想体系中，儒家朱子学的中心范畴“理”与神道是一致的，儒家的道德品格正好是神道的外在表现。再比如本居宣长的复古国学，最后的结论就是“我皇国之古道，天地自然，既圆亦平，人之心词难以尽言，故后人难以得知”（《国意考》）。

从日本近代的思想动向来看，神道思想之核心“神国”与“皇统”，具有两种社会文化功能：一是在社会陷于危机，需要重新积聚和动员社会力量进行变革之时，以神道信仰为合法性支撑的天皇，可以不受任何意识形态的阻碍回到权力中心，将“神统”与“政统”合而为一，在相对稳定的秩序中号召国民进行社会改革，既起到凝聚作用，又可抑制各地方诸侯混战。日本明治维新能够较为顺利地成功，且革新后又没有

---

[1] ［美］约翰·惠特尼·霍尔：《日本——从史前到现代》，第141—142页。

出现中国辛亥革命那样的混乱局面，是与天皇—朝廷这个中心的作用分不开的。二是启发了人们的国权意识，进而产生现代民族国家的观念诉求。比如本居宣长极其强烈地提出了日本优越地位和尊皇的观念。他除了论证日本为天照大御神的本国，皇统连绵不坠，还举出日本大米质量好，物产丰富等具体例证，以说明日本应该是一个不依附任何国家，在世界上应占有一席之地的独立的民族统一体。如永田广志所说，这种“国权主义”的意识，“是反映了走向全国规模的中央集权制（正确说来，应该是绝对主义 absolutism）的一种模糊不清的动向，而这种动向本来就应该是令人预感到来自社会上层的、全国统一的动向，所以它采取了尊王的思想形式，并不奇怪”[1]。神道信仰作为日本民族的精神主体与现代社会意识相衔接，这其中的内涵的确还值得我们继续思考。

六、在工具理性与价值理性的张力之间

对儒学的功用性的定位和对神道信仰的主体性的保有，构成了日本民族特有的“神体儒用”的精神结构［在“用”的层面上，准确地说，还应包括基督教在内的西方文化，因此也可以符号性地表述为“神体儒（外）用”］。不过，这种精神结构中的“体”和“用”，与中国儒家思想中的“体用”范畴不同，它们之间没有理性主义的贯通。也就是说，“神体”只表现被称为“和魂”的日本民族的主体精神，并不需要与“儒用”构成规约或范导社会行为的有机价值系统。这也许就

〔1〕［日］永田广志：《日本哲学思想史》，第 235 页。

是乔治·桑瑟姆爵士所说的“日本人的抗拒并作用于外国影响的‘坚实而不吸收的个性之核’”。在“神体儒用”的精神结构中，儒学最多只是用来证明“神体”的真实存在或永恒价值，到了复古神学阶段，连这种包装和资证也被抛弃了。不过，客观地说，儒学在日本的传统社会中，影响和作用是很大的。然而，它也“只是被吸取作为某种适用的工具”[1]，或如中村正直所说：“中国的道德主义，所谓孔孟之教，儒者之道，即使在我国，从应仁之朝至今，虽盛衰兴废，因时不一，上从朝廷百官，下至闾巷百姓，几乎是自觉遵守执行，使秩序得到维持。”[2] 总之，如前文所说，儒学在日本是社会秩序和政治制度建构的理论资源。

在中国传统文化中，儒学的“体”和“用”，是以“理一分殊”的方式构成的有机的价值系统。“体”是“道”（在宋明理学中又称之为“理”），“道之大原在天”，也就是说，体是根本的或终极的价值理念，“用”是依据“体”而引申出的各种行为准则和道德规范，即所谓“大经大法”的礼法制度。概言之，社会运作和人的行为，都必须符合“天理”或“天道”。人们在对社会产生疑问时，常常会由具体困境追问到“天理”何在，就是这种价值系统的反映。这种“体用一致”或“体用贯通”，也构成了中国人的精神结构或思维模式。用李泽厚的话说，它“不仅是某些思想家们或精英阶层的书籍理论、思辨体系、道德文章，而且它已成为规范整个社会活动

---

〔1〕 李泽厚：《中日文化心理比较试说略稿》，载《原道》第5辑，贵阳：贵州人民出版社。

〔2〕《明治启蒙思想家全集》卷三，第326页；转引自徐水生：《中国古代哲学与日本近代文化》。

和人们行为的准则和指南；并且百姓日用而不知，由文化而心理，不仅极大地支配和影响了人们的思想、理解和认识，而且也作用于人们的情感、想象和信仰，构成了内在心理的某种情理结构”，正是它，支撑着中国人的“一个世界”。[1] 这个“世界”是与日本民族非常不同的“精神世界”。

如果借用马克斯·韦伯的社会理论不十分恰当地比附“神体儒用”的话，“儒用”相当于工具理性，“神体”相当于日本民族精神中的价值理性。日本作为现代化的后来者国家，同样面临着两大课题：一个是格尔申克隆所说的“借用技术”问题，即需要引进先进国家的科学技术；另一个是亨廷顿所说的“建立现代政治共同体”，即形成一个现代统一的民族国家。[2] 日本在前现代时期所形成的“神体儒用”的精神结构，比较适当地成为解决这两个课题的历史遗产。就工具理性层面的“儒用”来说，由于没有终极价值延引出来的价值判断的牵制，所以能够很快地“以用易用”，放弃儒学，引进洋学。由“和魂汉才”转变为“和魂洋才”，既不会发生情感上的冲突，也不会牵扯深层的理性原则的链条。再从建立现代共同体来看，当日本处在内忧外患的社会危机中时，天皇所表征的神道信仰马上能够唤起人们文化心理上的归宿感，使人们迅速集结在“尊皇”的旗帜下，拥护国家统一政权的改革决策。这就是“神体”这一价值理念所起的作用。就现代社会转型的文化功能而言，“神体儒用”也许可以说使工具理性与价值理性构成了适度的张力。

---

〔1〕 李泽厚：《中日文化心理比较试说略稿》。

〔2〕 参见罗荣渠主编：《现代化：理论与历史经验的再探讨》，第114页。

与日本相比，中国的现代化启动，却长时期地在“人文天道观”之“体”与社会政治世俗框架之“用”的中间痛苦地选择、考量、徘徊。由于“人文天道观”与“礼法制度”之间贯穿着理性主义原则的链条，因此任何实质性的变革行动，都必然会牵动整个价值系统，引起社会的震荡，所谓“牵一发而动全身”。由于各种大小问题都会陷入新旧意识形态的严重纠纷、剧烈冲突和长期论战，以至产生鲁迅所慨叹的“连搬动一张桌子也要流血”的悲剧。

这种对价值理念的执守与实践变革之间的矛盾，在中国传统儒学中又称为“经”与“权”的关系。中国传统儒学认为，任何社会变革都只有在终极价值观（经）所允许的范围内才能动作。董仲舒说：“权虽反经，亦必在可以然之域。不在可以然，故虽死亡，终弗为也。”[1] 朱熹也说：“论权而含离经，则不是”，“权只是经之变”。[2] 这里的意思是说，“权”有“可以然之域”的限制，不能离开“经”来讲“权”，不能越出终极价值理念及其所衍生的伦理框架来讲变革和灵活。由此可以看出，以天道和人道合一的中国传统儒学，其理性主义的原则性（经）非常强大，构成了规约全社会的伦理原则，其实用性、适应性、灵活性比之倡导“权外无道”的日本儒学远为僵滞局促。日本只是将儒学运用于社会秩序的建构方面，基本没有接受中国儒学中的终极价值理念，即使谈及天道观或天理观，那也只是将其“法则化”而已（三宅正彦语）。日本神道只是论及“神国”和“皇统”而没有类似中国儒学

---

〔1〕 董仲舒：《春秋繁露 · 玉英》。

〔2〕《朱子语类》，《朱子全书》卷37，上海：上海古籍出版社，合肥：安徽教育出版社，2001年。

的世俗教义和礼法体制，也就是说没有终极价值与世俗框架之间的勾连，因此当社会发生浮面秩序的变革时，整个民族心理就不会受到铭心刻骨般的伤痛。

但是，我们必须知晓，如果打破一个民族精神结构中的“体”与“用”之间的合理张力，就会由非理性导致实践上的盲目行为乃至对人类造成巨大破坏。中国儒学的体用模式虽然有可能造成经验行为中的滞后性，但是它却使人们对于行为的合理性保持自觉的追问，即做事要“讲出一个道理”，要“有个说法”，这样可以有效地消除社会生活中的任意性和破坏性，而日本则完全不同。由于“神国”和“皇统”是一个不能质疑的存在，没有任何理性原则可以对其考量，它们是日本民族的最高目的，因此，为了这个最高目的，任何手段、任何行为都是合理的，这就很容易在实践行为上取消是非善恶的标准。比如附着于神道信仰之上的“忠”，在日本被解释为彻底献身的非理性的情感态度和行为准则，它高于世间人事的是非标准和理性了解。正如森岛通夫在《日本为什么会成功》中所说：“忠诚的意义在中国和日本也不相同……孔子所说的‘臣事君以忠’，在中国被解释成臣子必须以一种不违反自己良心的真诚去侍奉君主；而日本则把此话解释为‘家臣必须为自己的君主奉献出全部生命’。”由此可见，忠是与神道信仰相联结的，它指向的是超越是非善恶的最高存在，具体来讲，就是日照大神在人间的代表天皇，因此，不可能成为理性研讨、了解的对象，绝对服从便成了唯一准则。从古代武士道为藩主战斗，不论是非，但问输赢，只讲“恩义”，唯“忠”是尚，到第二次世界大战全体军民为天皇誓死血战，不惜“一亿玉碎”，而天皇一声令下，也可以立即投降，绝对执行。

这种军国主义给人类带来的灾难，与日本民族“神体儒用”的精神结构有着不能回避的联系，也可以说这是工具理性与价值理性彻底撕裂的恶果。

日本的现代化采取了军国主义的道路，这固然有政治、经济各方面的原因和契机，比如日本现代化理论研究学者富永健一就指出，由于日本的改革没有兼顾广大贫困农民的利益，因此“来源于贫困农村的陆军，充当了日本法西斯主义的支柱”。不过，文化心理方面的渊源也不容忽视。比如被称为“日本伏尔泰”的福泽谕吉，他在大力倡导引进西方文化时，并没有注意吸收西方文化中包括基督教在内的人文主义精神，他对于西方自由、人权、平等之类的价值理念也只是作经验实用价值的阐说，在《文明论概略》中他提出：“君主也好，民主也好，不应拘泥名义如何，而应求其实际。”他甚至认为，“日本人当前的唯一任务就是保卫国体，保卫国体就是不丧失国家的政权”，“要尽忠就要尽大忠……为皇统绵延增光”；而“唯有吸取西洋文明，才能巩固我国国体，为我皇统增光这又何必踌躇呢？应该坚决吸取西洋文明”。这种实用原则的态度与中国现代启蒙者康有为、严复、胡适、陈独秀等人相距甚远。康有为等人主张，从理性上或重估或否定传统以接受西方观念和学说，并真心相信而努力实践之，无论进化论也好，民约论也好，自由主义也好，共产主义也好，都要经过理性的考量，来接受和重建自己的人生信仰，指导实践活动。他们在改革中国社会的时候更为关注人类公理的存在。最典型的表述便是“在建设富强中国的同时也建设一个合理的世界”。

从“神体儒用”的辨析中，我们或许可以得到某些启示，而其中应该重点思考的问题则是，如何在维系“体”与“用”

之理性贯通的同时，保持二者之间的合理张力。换言之，既要使“工具理性”不受意识形态的牵绊而造福于良序美俗的社会生活，又应使本民族传统的信仰，内具更深远的涵义，即普遍适用于人类的价值理念。“普遍适用”是就其实践功能而言的。它有两重要义：一是在生存层面，把自身群体与其他群体，皆视为“义等休戚，好同兴废”的命运整体，所谓“共生”；二是在价值层面，不仅珍视自身的存在价值，而且以他人同为有尊严有自由的价值存在者，所谓“共存”。共生与共存，在中国传统经典中，被表述为“万物并育而不相害，道并行而不相悖，小德川流，大德敦化”；在西方大哲康德那里，则为大自然赋予人以自由的权能，而自由的最高目的在于成就，而非毁灭；在印度圣哲室利·阿罗频多的语境中，它是内化的精神追求，“转化自己，由之亦转化人类”。中、西、印虽各有其表，然用徐梵澄先生的话，则可概括为“一皆为之节文而归于善生也同”[1]。这里的“善生”是一个“集合概念”，亦可谓之“观念丛”。它不仅表示所有人（无论分属哪个民族、国家、群体）皆是生存性的生命体，更是价值性的存在者；而人类社会的所有制度设计和行动施为，都应将这双重生命的日臻完善，作为根本依据。无论传统、现代、未来，抑或富强的中国与合理的世界，或许只有“善生”，才是可普遍践行的理念。这是我们作为“人”的人类，在任何时空中都应深加体悟和有所作为的。

[1] 徐梵澄：《异学杂著·序》，杭州：浙江文艺出版社，1988年。

再版后记

本书写就至今，已有二十余年了。其间于2009年再版，那时未尝觉得有甚不妥。然而，又十年过去了，依现在的眼光观之，已多有不足了。

本书写作的初衷，是以传统与现代之间的接续和转型作为思考背景，而其中的关切问题，则在论证从传统文化的精神内核中延引出形塑现代社会的价值基点。就大端来看，似无甚违错。因为，如果将现代社会视为人类整体发展过程中的一个阶段，那么，这本身就意味着现代与传统是一必然的联结，而非定然的断裂；甚至可以说，传统是现代的历史性的先决条件，现代化启动的根源亦存在于传统社会之中。就具体的历史境况而言，我们可以从多个视域去分析和解读这个根源。本书的着重点放在某种精神的统述之中。本书的预设是这样的：“如何使一个国家或民族所选择的现代化形式具有生命力，其关键在于从传统社会中，延引出一条能够使现代人类健康前进的文化之路。这是深层次的联结，也是决定现代人命运的基点。不如此，我们就无法建构一个支撑现代人全部生活的价值系统，从而失去凝聚民众、整合认知的精神之魂。理性而智慧地对待传统，是达到形塑合理现代文明形态的重要路径。”据此，笔者在分析作为传统重要内容的日本儒学时，提出了“神体儒用”

的观点，一方面阐发“神道”信仰在日本历史中始终没有丧失精神主体的地位，作为一个民族的心理和情感的归宿，即使在佛教、儒学、西洋文化的强势冲击下，也没有断裂自己的精神命脉，而将文化生命保持下来。故此，在明治维新这一向现代社会转型的关键时刻，日本能够以保持精神价值的连续性来获得社会变革的秩序性。有学者这样评价道：“在从传统秩序到新的政治秩序过渡的关键时刻，日本人对西方冲击的反应的突出特点，在于它成功地保持了民族的凝聚力。许多国家在这一时刻分崩离析、陷入内战。日本人的政治‘革命’，几乎说不上是什么革命，因为它只是在武士阶级这一老的掌权集团中进行，并且是以忠心和政治价值的连续性为依托的。日本不过是举行了一场基本上有控制的政治反应，‘从上层’搞了一个‘现代化’。”另一方面，论证儒学传入日本后，虽然在历史中产生过重要影响，但也不过是说明政治合法性以及建构社会秩序的理论资源，正如有些学者所说，它“只是被吸取作为某种使用的工具”而已，换言之，儒家之道在日本的文化传统中，是实用性的或功能性的，端在“使秩序得到维持”。

如果借用马克斯·韦伯的社会理论，“神体”相当于日本民族精神中的价值理性，“儒用”相当于工具理性。借此，笔者对日本和中国之儒学作了一个尝试性的比较，认为，日本民族特有的“神体儒（或曰“外”）用”的精神结构，其“体”与“用”之间没有理性主义的贯通；“神体”只表现被称为“和魂”的日本民族主体精神，并不需要与“儒（外）用”构成规约或范导社会行为的有机价值系统；而这与日本现代采取军国主义的道路，或许有着深层次的关系。中国传统儒学的“体用”范畴，是以“理一分殊”的方式构成的有机价值系统；这种“体用一致”或曰“体用贯通”的精神结构，虽然可能造成经验行为的滞后性，尤其在实质性的社会变革时期，导致新旧意识形态的严重纠纷、冲突或长期论战，不过，却能够使人们对于行为的合理性保持自觉的追问，由此可以有效地消除社会生活中的任意性和破坏性。如何使传统之“体”或曰一个民族的精神主体，在现代社会的历史进程中，成为联结传统和当下时代的有效的价值之基点，笔者只是给出了“保持价值理性和工具理性之间，既有理性贯通，又有合理张力”的思路。20 年后的今天，无论中国抑或世界，事势变动之繁，情态起伏之大，远远超出传统与现代之基本关系的论域。依笔者的体会和思考，只有在各民族多元的精神主体之内，诠释出超验性的具有普遍适用性的人类“本体”，方有可能构建出“心同理同”的命运共同体。由于不能作较大的调整，故在本书的结尾处，尝试性地提出“善生”之范畴，而对其之论述，则只适合放在另外的作品中进行了。

是为后记，以见教于方家。

2023 年 6 月 18 日